协同发展战略下的京津冀公共服务均等化问题研究

—— 基于河北省视角

李茂 著

SPM 南方传媒 | 广东人民出版社
·广州·

图书在版编目（CIP）数据

协同发展战略下的京津冀公共服务均等化问题研究：基于河北省视角 / 李茂著. — 广州：广东人民出版社，2022.7

ISBN 978-7-218-15781-8

Ⅰ. ①协… Ⅱ. ①李… Ⅲ. ①公共服务—研究—华北地区 Ⅳ. ① D669.3

中国版本图书馆 CIP 数据核字（2022）第 088537 号

XIETONG FAZHAN ZHANLÜE XIA DE JINGJINJI GONGGONG FUWU JUNDENGHUA WENTIYANJIU: JIYU HEBEI SHENG SHIJIAO

协同发展战略下的京津冀公共服务均等化问题研究：基于河北省视角

李茂 著

出 版 人：肖风华

责任编辑：马妮璐
执行编辑：高玉婷
责任技编：吴彦斌 周星奎
装帧设计：WONDERLAND Book design 仙境 QQ:344581934

出版发行：广东人民出版社
地 址：广东省广州市越秀区大沙头四马路 10 号（邮政编码：510102）
电 话：（020）85716809（总编室）
传 真：（020）85716872
网 址：http: // www.gdpph.com
印 刷：三河市中晟雅豪印务有限公司
开 本：787mm×1092mm 1/16
印 张：20.5 **字 数**：255 千
版 次：2022 年 7 月第 1 版
印 次：2022 年 7 月第 1 次印刷
定 价：88.00 元

如发现印装质量问题，影响阅读，请与出版社（020-85716849）联系调换。
售书热线：（020）87716172

前言

京津冀协同发展上升为国家战略并稳步推进。2014 年习近平总书记对京津冀协同发展工作的展开这样强调："实现京津冀协同发展，是一个重大国家战略，要加快走出一条科学持续的协同发展路子来"。直接将京津冀协同发展上升为国家级别的发展战略，这三个地区的经济社会发展也随之进入了均等化发展的全新阶段。尤其是习近平总书记对于京津冀三地功能定位和发展导向作出了一系列的指示批示，让京津冀协同发展有了更加明确的发展思路和方向，是科学推进京津冀协同发展的重要遵循。2015 年《京津冀协同发展规划纲要》通过了审批，其中十分明确了要重点以疏解北京的非首都功能为主，寻找疏散北京过度密集的人口和非核心产业的有效解决办法，和交通、生态环保、产业升级转移三个率先突破等顶层设计，这也表示着京津冀协同进入了具体实施阶段。在国家规划出台的基础上，2016 年 4 月 22 日河北省委省政府印发了《河北省推进京津冀协同发展规划》，明确了自觉服务服从京津冀区域协同发展的功能定位，主动参与并融入"以北京为核心的世界级城市群、区域整体协同发展改革引领区、全国创新驱动经济增长新引擎、生态修复环境改善示范区"建设中，期望河北省加快转型步伐，全力打造全国范围内的重要现代化商贸物流基地、产业转型升级示范区、新型城镇化和新型城乡统筹发展示范区、以及京津冀生态环境支撑区等。

作为京津冀协同发展核心承载地的“千年大计”雄安新区获批开建。2017 年 4 月 1 日 ，中共中央作出了这样的决定，在河北省的保定市的部分县区及周边要建立雄安新区，其目的就是承接北京密集的人口和工业产业，雄安新区的功能是对北京的人口结构和工业布局有一个舒缓的作用，让北京有一个“喘息”的空隙，同时还助力京津冀的协调发展，对北京、天津和河北三地城市的空间结构布局进行调整和优化，培育创新驱动发展新引擎。2018 年 4 月 21 日，中共中央国务院正式发布了《河北雄安新区规划纲要》，提出要“坚持世界眼光、国际标准、中国特色、高点定位”，对于构建北京首都功能的定位和疏散一些重叠非必要企业这一点要紧紧抓牢尽快开展工作，将雄安新区建成全国高质量和高水平发展的样板和新型的社会主义现代化城市。2018 年 12 月 25 日，国务院正式批复同意了《河北雄安新区总体规划（2018—2035 年）》，并要求在建设中必须抓住雄安新区战略定位，疏散非首都功能的“牛鼻子”一定要紧紧抓在手里，以“高校、科研院所、医疗机构、企业总部、金融机构、事业单位等非首都功能”为重点，通过体制机制改革创新、营商环境改善、科学规划布局和公共服务水平的提升，积极主动对接疏解需求，促进生产要素合理有序流动。自 2019 年开始，建设雄安新区的工作已经进入了实质性进程中，有京雄城际、京雄高速等 67 个重点项目开工建设，总投资超过 3000 亿元人民币，并着手制定实施户籍、教育、医疗、住房等鼓励政策，为高起点承接非首都功能疏解夯实基础。

随着京津冀协同发展的深入，三地公共服务领域的协同也进行了积极的探索，并取得了阶段性成果。在医疗服务方面，截至 2019 年底，河北与京津合作医疗机构达到 430 多家；三地医学检验结果互认项目达 36 项，互认医院达 300 家；医学影像资料共享程度不断加深，实现诊疗网络适时链接的医疗机构数量大幅增加；河北省 14 个统筹区全部实现上线试运行，全省 90% 以上的二级及以上公立综合医疗机构和 30% 以上的乡镇卫生院已纳入跨省异地就医直接结算系统。在教育协同方面，河北省与京津高水平中小学探索开展多种跨区域合作办学模式；全省有 146 所职业学校与京津地区的 313 所职业学校或企业开展了实质性合作；河北省高校参与或牵头组建了师范类、医学类等 8 个京津冀地区高校协同创新联盟，参与的京津地区高校达到 17 所；在河北高校认定的光伏技术、国学传承与发展等 35 个协同创新中心中，吸纳京津两地高校 22 所、科研院所 39 个。在交通出行协同方面，“一卡走遍京津冀”的出行模式已初步形成，全省 11 个设区市 900 余条城市公交线路约 1.5 万辆公交车及石家庄地铁完成了信息系统升级改造，实现与京津“一卡通行”。

但是客观而言，当前河北省与京津的公共服务差距依然巨大，且公共服务领域的发展差距已成为进一步深化京津冀协同发展的阻碍。由于历史、行政体制、发展速度等多方面因素，目前京津冀的公共资源分配不均衡，在公共服务方面河北省落后于京津的程度较为悬殊，阻碍了三地在各领域进行互补发展和协同合作，会对河北省承接北京迁入的非首都功能产生不利影响，同时也阻碍了京津冀协同发展的进程。按照公共服务决定各类资源要素流动的相关理论，推动三地公共服务均等化是确保产业成功对接转移、京津冀城市群顺利形成的重要基础。如果没有社会事业和公共服务的协同发展作为先决条件，北京和天津对河北各类资源要素的虹吸效应就无法得到根本性扭转，在市场自发调节作用下很难实现京津冀协同发展的初衷将北京首都功能疏解到河北的目的，与之相对应的产业转移和城市群建设也必将受阻。

所以从河北省视角对京津冀公共服务均等化进行系统深入研究具有重大的理论和现实价值。一方面，就现实价值而言，河北公共服务短板已成为经济协同发展深入推进的关键短板。另一方面，就理论价值而言，京津冀协同发展作为重大的区域协同发展实践，其整个过程需要相关理论的指导，而对这个过程中成功经验或失败教训的总结凝练，也是对既有理论的丰富和完善。

本书试图从理论上勾勒出京津冀三地公共服务协同发展的可行路径，并将其上升为具有中国特色区域协同发展的一般性规律，作为中国乃至世界区域发展实践的参考。

目

录

第　一　章

区域协同发展与公共服务均等化问题概述

P A R T 1

| 第 | 一 | 节 |

区域协同发展的基本概念与中国探索

一、区域协同发展的基本概念

（一）协同学的概念

赫尔曼·哈肯（Harmann-Haken）创造了协同学，他是一位德国物理学家。他建立的这门交叉学科最初研究物理、化学、生物系统中的自组织过程。协同学英译为 Synergetics，最初的含义被翻译为合作的科学（science of cooperation），所表达的意思是当总系统发生相变时，总系统下边的子系统也会协同发生相变，由于这种协同作用最后一致引发质变，其不仅改变了结构体系的构成，而且还形成了新的不一样的功能和结构。协同是系统结构的一种状态：系统的每个要素相互协调合作，以确保系统的整体功能大于其每个要素相加起来的功能总和，这不仅展示了系统中每个要素的协作过程，并且体现了结构状态的优化。学界对协同学赋予的标准定义是：研究由开放系统的不同子系统之间的非线性相互作用产生的协同作用，这使系统按照从混乱到有序的状态，从低级到高级的顺序排列，并且又从有秩序转变成混沌的一种具体机制和相同规律的综合理论。

无序的混沌状态和有序的协同状态是人类社会和自然界存在的两种形态。但无序和有序两种状态并非一成不变，当达到某种特定条件时，两种状态可以互相转化。系统中各种要素如果能够在外力作用下相互协同发展，那么系统将具备超越要素功能总和的新功能；如果各种要素无法协同，系统可能变得杂乱无章，十分混乱，要素的各自功能也无法充分发挥。因此协同现象广泛存在于各领域中。

（二）区域协同发展的基本概念

关于区域协同发展，众多学者从不同角度给出了各自的观点进行界定。黎鹏于 2005 年提出，区域经济的协同发展是区域单元与区域经济成分之间的协调共生，形成一个高效、高度有序的自治整体，并且是一种关于区域内各单元和经济成分“一体化”运行和协调发展的区域经济发展形式，这种区域经济的发展模式对区域共同发展能起到促进和增强的作用。穆东指出，区域协同发展是良性循环的过程，是整体系统与其子系统一起进步的相互联系、相互配合、相互促进的发展过程。协同发展不是一个系统的问题，而是综合性、整体性和内生性同时发展的集合，这就是内部子系统之间的动态作用与促进的交互，以及对它们交互程度的反映。王力年和滕福星等学者于 2012 年提出对于区域经济的协同是这样认为的，是区域间经济要素的个体独立运动和相互联系运动都是这在一定条件下完成实现的，它们之间要通过相互控制与帮助完成它们之间的相互合作，在完成合作的同时也让每一个要素自身得到独立的发展。进而主导整个区域经济体系的发展趋势，使整个区域经济体系从旧的结构状态向新的结构状态发展，实现经济要素依法发展、区域内与外的经济互利互惠发展、区域经济社会全面包容、合作、可持续发展。高波等学者是从相互依存的角度来描述的，指出发展起来的发展被认为是不断运动和变化的，既有数量上的变化，也有内部质量上的超越。在同一区域使用不同的方法和措施，使每个要素之间形成一种和谐的关系，最终逐步演变成各要素之间互利共赢的局面。还有一种观点以省际毗邻边缘区域为主要研究对象，认为区域经济的协调发展是指区域系统内部和不同子系统之间共同配合、互促互进和一起协作后形成的和谐发展的良性循环。这是一种整体性、综合性、内部性的集合，反映出了所有子系统之间的相互关系以及动态的作用过程。著名经济学家厉以宁认为，研究区域协同发中应重点从产业和利益视角出发，共同发展是在不平衡与发展之间寻求相对平衡的过程。主要内容是协调各区域的产业和利益关系，按照区域发展的总体方案，建立相符的分工与合作体系。俞甫功、宋子和、张长生等学者指出，区域经济协同发展是指在区域国民经济发展过程中其是一种区域的经济发展模式，是为了实现区域经济间优劣互补、共同发展和繁荣，从而保持整个区域经济的快速增长，同时更好地掌握区域间经济的差距，让这种差距不超出范围之外。李琳和刘莹于 2014 年提出，区域经济的协调发展其实是一个过程，在这个过程中各经济要素共同存在并且相互协调共生一起提升和发展，进而这些要素合作产生的强大合力推动区域经济从原始到发展，从无序到有序，从低级到高级的动态转换。共同促进变化是一种“互生、合作、共生、共赢”的内在增长机制，从而促进大区域经济体高效有序发展的进程。

基于以上国内专家学者对区域协同发展的概念及其含义的分析，结合本书的研究重点，我们对区域协调发展的概念进行如下定义：区域协同发展是一个涉及经济、社会、资源和生态的综合系统，其通过内部机制的建立和运行，实现当地的资源的合理分配和最优使用，进而使社会效益、经济效益达到最大化。同时区域间协同发中会带动社会、文化、生态等核心要素相互作用与促进，共同推进区域的经济发展，使其从无到有，从乱序到秩序，从停滞或缓慢增长到快速进步，这些转变远远超过了这些要素功能之和产出了新特征的区域协同效应，最终实现区域体系的有机整合。在整个区域协同发展的过程中，物质、能量和信息的交换和传递不断发生，这与自组织的特征：开放性、脱离平衡、有非线性因素和涨落相一致。

二、区域协同发展的相关理论

（一）国外相关理论

大多数学者觉得最早研究区域经济的学者是德国的经济学家杜能（J.H.V.Thunec），他在 1826 年发表了一本著作《农业和国民经济中的孤立国》，在这本书中他第一次提出了“区位”的观点，因此大多数学者认为杜能是第一位提出区域经济发展观点的人物。1960 年罗斯托（W.W.Rostow）出版的《经济增长的阶段》堪称名著，其中提出了关于经济增长非常有名的五段论：传统的社会、为起飞制造基础阶段（过渡阶段）、起飞阶段、迈向成熟阶段、群众高消费阶段。这个阶段中起飞是经济增长过程中一个“重要的分水岭”，是“在困难重重的荆棘丛中仍然保持稳定增长、最终穿过荆棘的时期”。换一种说法是，一个国家想要让经济维持稳定的增长，就要到达起飞这个阶段，这样“复利这种现象就会成为人们习以为常的一种结构或惯性”。在区域经济发展中第三阶段和第五阶段可以称之为“反败为胜”阶段，如果发挥的能力足够强大则完全可以超越其他地区的发展，但是区域经济发展到底属于哪个阶段还是要看核心要素：产业的改革创新和科技的进步。

梯度转移理论。梯度转移理论假设区域经济发展是不均匀的、并且不同区域的发展是递进的关系，观点这样认为区域产业结构的发展有着决定性的作用，但是产业结构又往往是由区域经济部门的发展决定的，尤其是在一个产业的生命周期中经济部门主导产业发展阶段，对产业结构的发展有着直接影响。生命周期理论是梯度转移理论的源头，梯度转移理论的内容主要包含三点：第一，产业结构是决定性因素，其直接影响区域经济的好与坏。第二，高梯度地区往往是经济发达的地区，大多数创新产业都是来源于此，之后这些产业便逐渐向低梯度地区转移和靠近促进地梯度地区的经济发展。第三，梯度转移是一个复杂的过程，其需要一个层次接一个层次的通过城市系统向外扩展。

平衡发展理论。这项理论认为，区域间的经济要素是相互依赖和相互补充的，如果只是看中某一个地区或者某一项优势去大量的投资和过度关注，那么其他地区的发展就会停滞不前发展受到阻碍，这样所有的地区经济都不会得到良好的发展；其宗旨就是促进不同区域经济的共同发展，这项理论是和哈罗德 - 多马（Harold Dormer）新古典经济增长模型整合后演变出来的，它的主要出发点是希望利用不同地区的产业的相互作用来共同促进经济的增长，最后达到拉进各地区之间发展差距实现均等发展的目的。在这个理论中还包含了两种具有代表性的理论，那就是罗森斯坦・罗丹的大推进理论和纳克斯的平衡增长理论。

大推进理论。这项理论在均衡发展中是十分具有代表性的理论，其是罗森斯坦・罗丹（Senstein Rodin）在他的《东欧和东南国家工业化的若干问题》中写到的。核心思想是无论是发展中国家还是某一地区对能够促进国民经济增长的每一个部门进行投资而且投资的规模必须要大还必须得同时进行投资，以此来促进投资部门经济的平均增长，最后达成整个国家或地区的国民经济得到快速增长和全方位发展的目的。

平衡增长极理论。该理论主张的是不论是部门还是产业应该同时进行投资来促进经济的发展和增长，这种模式适用于发展中国家想要从贫困中快速地走出来，但是对于现实中经济的增长发展产生了一定的不利影响。因为想要实现每一个地区都均衡增长，对于国家政策制度产生过渡的依赖，但是却没有考虑到政府也有失灵的时候，一旦出现了政策失灵的情况那么所有的投资将会是面临一个巨大的损失和灾难性的场面，这种发展模式极度的限制了市场调解的自由发挥和成长发展，最后导致的后果将是阻碍了经济的发展。纳克斯（Nax）认为在经济发展过程中存在着两个恶性循环：第一，人们的低收入水平导致需求的降低，需求的减少会造成市场的不景气，市场前景不好就会吸收不到好的投资水平，资本的减少又会降低劳动的生产率最后人均国民收入不理想。第二，人们的工资水平低那么储蓄就会减少，之后投资减少，资本的不足造成低效率的劳动生产力，又造成人们的低收入。如果想要打破这两个恶性循环，其关键就是资本，只有形成足够的资本才会有良好的投资预期，市场的有效需求就会提高，进而促进资金的流通，提高国民经济的增长，最后达到区域经济增长的效果。

点轴开发理论。基础来自增长极理论，早期萨伦巴（sarumba）和马利士（Malice）就对这项理论有了深入的研究并且提出了此观点，他们的理论观点指出，在经济发展的进程中要重视"点"的增长极影响，同时更要关注到"点"的作用，"点"不仅可以形成"轴"，还对区域经济的发展有十分重要的促进作用。随着一些重要交通工具和道路的建立和开通（例如，铁路、公路和水路等），将不同地区的人们生活逐渐联系了起来，不同地区物资的流通交换增加了物流量和人流量，降低运输成本会创造出良好的资金流动和投资环境。无论是国家还是某个地区的发展进程，生产要素很大一部分汇集在一个"点"上，然后有一些线状基础将这些点接连起来形成了"轴"。这就说明了"点"与"轴"结合组成了一个区域经济开发系统。

分工贸易理论。其基本原理可以追溯到国际分工贸易的理论研究，广泛应用于区域分工和经济外贸交易的分析研究。分工贸易理论依据的理论基础主要有亚当·斯密（Adam Smith）的绝对优势理论、大卫·李嘉图（David Ricardo）的比较优势理论和赫克歇尔·奥林（Heckscher Olin）

的要素禀赋理论等。分工贸易理论的主要思想是：第一，地区的劳动分工是区域经济发展的动力和源泉，经济发展是一个以分工为介质，制度结构的变化为核心，自我发展演变的非均衡的过程。第二，若两地区之间生产同一种产品，但却存在不同的机会成本，这就会产生比较优势，然后每个地区按照“两优取大优，两劣取小劣”的原则进行产品的生产加工。第三，注重要素禀赋之间的差异，其决定着产业的贸易往来，经济规模的大小又决定着产业内部的贸易。

新经济地理学理论。对于经济学来讲，新经济地理学的出现在于将空间概念引进经济体系，它不同于以完全竞争和报酬不变为假设的传统经济理论，与经济地理学理论也有所不同，经济地理学理论研究的区域经济的假设是规模经济、薪酬增长、不完全竞争三个条件，这种条件下的研究与新古典经济学比较，经济地理学的研究在现实生活中更容易实现。

空间经济自组织。俄国哲学家、医生 A.A. 伯哥但诺夫（Бергданов A.A.）对组织结构演变过程的一系列规律进行了定义。20 世纪 40 年代，路德维希·冯·贝塔朗菲（(Ludwig Von Bertalanffy）重复了组织形态学创始人伯哥但诺夫的某些结论，将自组织原理运用到复杂系统的研究中并取得很好效果，因此成为了一般系统论的创始人。自组织是一个独立的整体不借助外力的干预，仅仅靠组织系统内部的自我协调和组织分化成某一组织或趋向某一个目标。

循环累计因果理论。1957 年，缪尔达尔（Gunnar Myrda）提出了地理二元经济结构理论，又被称为循环累计因果理论，从理论上讲优先发展发达地区经济对周边地区和偏远地区不会产生明显的促进作用，周边地区怎样还是怎样，贫穷依旧贫穷，落后依旧落后，甚至会产生不利影响和负面作用，将周边地区、偏远地区与发达地区之间的差距越拉越大。

耗散结构理论。1986年普里戈金（I.llyaPrigogine）通过对时间流的高度敏感性创立和发展了耗散结构理论，除此之外还缺少不了现实世界中无序、不稳定、多样性、不平衡和非线性关系的研究。“耗散结构”是一个没有平衡性质的自由开放性系统，它通过频繁的物质交换获得外界资源和能量，当外界环境发生改变并且达到一定阈值时，就可能从之前杂乱的没有章程的状态转变成为一种在某一空间或功能上的稳定有序的状态。只有在不平衡的不封闭的这样的体系中并且这个体系里的每一个要素之间有着复杂而无线性的关系时，子系统才会与外界进行往来：交换物质和能量。就这样在内部驱动作用下引起自发进行组织的现象，在“涨落”的作用下诱导发生突变，从之前的稳定态变成了另外一个全新的稳定态。有四个耗散结构的特征一直伴随着区域经济的协同发展，第一是系统开放，指的是区域间在经济上存在联系；第二是非平衡状态，指的是理想意义上的平衡状态，现实经济生活中无法实现的那种绝对意义上的均衡；第三是非线性关系，指的各要素之间复杂的相互作用；第四是“涨落状态”的存在，指的是区域经济发展过程中会随时存在一定的扰动因素；正是因为这四个耗散结构的特征为区域经济协调发展的耗散结构理论奠定了基础。

（二）国内关于区域协同发展的相关研究

我国区域协同发展理论的研究多数建立在国外的研究理论基础之上，我国学者根据国情探讨区域发展的成果，主要集中在五个方面：即区域协同发展的内涵、影响区域协调发展的因素、对于区域协同发展的评价、区域协同发展机制的建立、区域协同发展的战略。

1. 关于区域协同发展内涵的研究

从区域协同发展含义的角度研究，大多数学者认为区域的协同发展就是区域之间的相互依靠相互开放与共同发展，且缩小区域间的差距并维持在一定范围内。例如，蒋清海于1995年指出，区域协同发展是各区域在全开放条件下区域间形成的状态和过程，这个状态和过程是互相依赖、相互适应、共同进步和共同发展的，系统的内部机制是否能够稳定运行对这种状态和过程起着决定性的作用。覃成林于1996年提出，区域协同发展就是增加不同地区之间的经济往来和资源上的流动、让地区之间的关系日益密切起来达到一个相互依赖彼此的程度，进而保持住各区域间经济持续发展的这样一个过程。徐现祥、舒元于2005年提出，省份区域间的协同发展的核心内容就是落后省份的经济追赶发达省份的经济，以经济增长的角度来看，区域协同发展处在了趋同的研究范畴内，实质上这种观点是将区域的协同发展看作成区域经济的协同发展来进行研究的。陈耀于2006年提出，以区域协同发展的目标来看，其发展的重点就是公共服务水平实现均等化，让不同地区的居民们都能够享受到协同发展带来的成果，享受到大致相同的公共服务，不仅要让居民们看到国家快速发展的好处，还要让他们享受到这种红利和丰收的硕果。

2. 关于区域协同发展影响因素的研究

从区域协调发展的影响因素来看，不同的发展阶段存在着不一样的影响因素，但是这些因素大概可以分为传统因素和新因素。传统因素主要包括资金、人力资本、区位、文化和历史等因素。当中的资金因素会产生很大的影响，尤其是国际直接投资（FDI）会对国家的经济产生直接的促进作用，对区域协同发展产生最大促进作用的是外商的直接投资。陆大道于2003年提出，在传统因素和新因素中传统因素的作用在逐渐的变小，新因素的影响力度在逐渐代替传统因素的影响强度，尤其是在科技、信息和生态环境等方面的因素正在逐渐发挥着更大强度的影响。吴传清、刘方池、孟令国认为，科技的变革与创新对区域经济有着决定性的作用，所以要牢牢抓住科技创新的任何一个机会进而来获取区域经济的长久稳定和持续的发展。李亚玲、汪戎、李忠强等认为，地区间的不同人力资本也影响着区域协同的发展，并且不同的人力资本产生的作用效果也有所不同，因此在区域协同发展过程也要注意关注人力资本的影响。社会经济越来越趋向于国际化，因此像科技、信息和网络等这些新的要素在发挥着越来越重要的作用，在以后的区域经济协同发展过程中，要着重关注这几方面的因素。

3. 关于区域协同发展效果评价的研究

从对区域协同发展的各种评价来看，相当一部分学者使用了实证的方法来评价区域协同发展，他们建立各种测量的指标体系，这些指标主要是来测量区域的经济、人口、资源等与社会之间有多大程度的协调度。毛汉英、张晓东、张佰瑞分别从县级区域、省级区域、全国空间布局这三个层面出发，对经济社会中的人口、环境与资源之间的协调发展进行了研究，同时也研究了经济和环境之间的协调度。李雪铭、余娟、李孝坤于2005年分别对大连、广西、重庆的情况进行了调查研究，主要研究内容是大连居民的居住环境和经济的协调度，广西人口资源与经济综合发展的程度，重庆市居民资源环境和经济的协调程度。2003年，国家发改委宏观经济研究院研究结果给出了评价区域经济协同发展协调度的基本指标，一是人均可支配收入的协调程度；二是人均可享有基本公共产品和公共服务的协调程度；三是地区发展保障条件的协调程度。

学者们对如何评价区域协同发展的研究内容不尽相同，每一位学者对于协同含义、影响因素以及目标途径的理解都存在着自己的理解的观点。但总的来看，大部分研究是比较早起的研究，研究的内容大部分是从传统因素的资金和人力资本入手的；研究科技、信息和网络等新因素的较少，研究历史文化这类因素的学者也是少之又少；并且将协调度与区域发展相结合起来进行研究的文献也是极少的。因此这些文献研究出来的结果并不全面只是有针对性的对区域经济协同效果进行的研究，不能够得出有效的结论和成果，依旧没有找到如何促进区域协同的发展以及区域经济的协同发展能否促进国民经济的增长。

4. 关于区域协同发展各相关主体作用的研究

从建立区域协同发展的各种不同机制来看，发展机制是要有市场、政府和企业三方主体来实现，在学界这一点达成了普遍共识，对于区域协同发展的机制来说，三方主体该如何分配任务以及分工合作来完成区域之间的协同发展，每一位学者又持有各自的观点与看法。

第一种观点，区域协同的发展进程中要多加注重市场所起到的作用。樊明于 2006 年提出，一个规范的标准的市场制度是实现区域发展均等化的最根本路径，国家对于某些地区在基础设施以及其他方面上的政策或者财力的倾向，一些地方政府通过各种方法从中央财政中获得更多的支持等，这些方面的表现其实是属于计划经济时代的。

第二种观点，在区域协同发展进程中政府起到的作用是最大的。张庆杰等于 2009 年指出，加快完善和调整我国区域管理体制，认真剖析控制对象的地位和作用，并且在不同层面：国家和行政区层面提出了建议，提出了如何促进区域协调发展、经济体制的改革与创新的思路与规划。

第三种观点，在区域协同发展进程中，政府和市场产生的作用强度是一致的。周绍杰于 2010 年提出，通过优化和调整市场体制、促进跨区治理以及改善环境来共同完成区域的协同发展，同时促进经济增长、维护生态环境与推进区域的均衡性，如果想要实现这三方面的同步促进就需要改变以前的考核机制：只是单方面的注重经济增长，通时还需要的是区域之间的最好能够自主的有经济上的往来合作、对发展规划共同探讨、还要利用好财政政策的指导。

第四种观点，在区域协同发展进程中，政府、市场和企业三者缺一不可。田扬戈于 2000 年指出，区域经济的发展需要政府、市场和企业三种协调机制，单独的一方协调机制不能够完成协调区域经济发展这项重大的任务，只有这三种机制相互作用，进行合理的分工才能够起到协调区域经济发展的良好进行的作用。其中市场是基础，企业是对市场进行调解，政府能够控制市场的失灵时刻保障企业和市场和稳定运行。每一方都担任着不同的角色，三者缺一不可只有政府、市场、企业共同发挥作用，区域经济的发展才能够正常进行。

5. 关于区域协同发展实际策略的研究

从区域协同发展落地实践的角度看，区域协同发展相关策略的研究具有很强的应用性，所以研究协调发展的战略是研究整体区域协调中的主要内容。而相关研究主要从四个重要视角展开：

一是，要素和商品市场化。区域之间想要保证经济的协调发展，那就实现各要素之间的自由流动和商品能够进行自由交易。陈栋生于 2004 年提出，跨区域间的流动是实现协同发展一体化的重要因素，尤其是在高技术人才、资金投入、劳动力和高新技术方面，同时要关注的还有区际的商品和服务之间的往来以及产业的承接转移。胡鞍钢于 2004 年指出，生产要素之间的自由流动，发挥每一地区自身的独特优势是产业发展的重点，只有按照这种模式发展每个地区才能够获得更大规模的效益，无论是从全国市场上还是区域市场上。徐现祥、李郇于 2005 年指出，分析完长三角区域的经济发展后得出了这样的结论，市场的不流通阻碍了区域经济的发展，其起到的阻碍强度达到了 50%，可以说是相当高的阻碍力度了，所以要想实现区域的发展就要打破每个省与每个省之间的界限，以实现跨省边界进行贸易及其他方面的交易为主要目标。

二是区域产业协调发展。陈彦旭于 2008 年提出，区域协同发展最核心的主体是产业，产业的协同发展主要是分工要合理和联合协作，利用古诺模型对纵向和横向产业合作产生的合作力度进行分析，得出的结论是：想要更好地实现区域产业的协同发展，就要引进并使用各种高新的生产技术。周肇光于 2007 年指出，区域的主导产业随着产业结构、经济、技术的变化而变化的，所以投资外商企业时，要注意适时对发展政策进行合理的调整，把握好外资企业和民族企业之间的关系，这样才能对我国区域内的产业结构进行布局控制和战略制定，进而促进我国社会主义的进程以及市场经济的稳定发展。

三是，区域空间结构优化。周民良于 2000 年指出，经过一些实证研究，南方的经济增长速度高于北方的经济增长速度的主要原因是所有制结构发生了变化，尤其是非国有经济、区域产业布局、固定投资产业、市场发展的成熟度等这些方面。如何能够减少各地区之间的差距、推动协调发展，政府要制定出合适的调整政策，同时要学会借用市场力量促进各经济要素之间的相互流动。赵改栋、赵花兰于 2002 年提出，产业和空间结构对区域经济增长有着很大的影响，随着现代经济的不断进步与发展，他们两者之间的关系也是越发紧密并且相互作用的强度也越大，越来越影响着区域经济的增长。陈栋生于 2005 年提出，“三大阶梯，四大板块，三驾马车，三类病灶”是对我国区域经济结构布局的大致概括，在政府政策的覆盖区域中再进一步划分成“政策点击区”，就能由大及小的进行更加有针对性的解决区域间的各种问题。

四是，制度和政策措施。政府应该制定更加详细的针对区域发展的政策和产业政策、健全法律法规以及制定完备的社会保障制度，只有在良好的制度和政策条件下市场经济才能够正常稳定的运行。徐国弟等于 1994 年指出，国家对于制定区域政策和产业政策均是从不一样的角度出发的，其落实的政策效果也是不一样的，因此两者各有所长、相互促进，是辅助作用是缺一不可的关系，不能产生政策倾斜的现象。刘英奎等于 1997 年提出，产业政策的规范性与科学性，使全国范围内的产业结构更加合理，地区之间的也是合理分工、相互促进，出现了一片和谐的产业生产景象；市场的不断变化与经济的不断增长，生产要素之间的自由流动，以及各地区之间的要素禀赋也在发生改变，这些变化都是区域经济的差距在逐渐拉小，在推动着协同发展的实现。

三、区域协同发展良性运行的内在机制

（一）既有理论依据

根据既有研究，动力机制和保障机制共同构成了区域协同发展的机制。动力机制是核心，其推动了区域协同的发展；保障机制属于辅助机制是进行维护的，主要进行信息传递、组织与协调、利益保障等，其实又是三种子机制：信息传导机制、组织协调机制、利益保障机制，这三种机制与动力机制称为区域协同发展的四大机制。第一种，动力机制是整个区域协同发展的动力源，其主要来自内部驱动和外部驱动，内部驱动是通过协同发展的最大利益也就是协同价值来实现的，外部驱动是通过政府的权利和市场的运行机制相互作用来完成的；如果想要让动力机制运行起来就需要找到动力源让系统运行起来，这样系统运行的第一步就完成了。第二种，信息传导机制主要是对信息进行传递和反馈，在区域协同发展的过程中不论是激发动力源还是主体与子系统之间的沟通合作又或者是利益的保障都需要有信息的传递，因此信息传递贯穿于整个区域协同发展过程之中。第三种，组织协调只有在系统运行中才能够有所体现，其利用市场调节和政府干预将分散在不同地区的要素整合在一起，让这些要素共同为区域的协同发展作出贡献，同时还会对系统运行的秩序进行维持。第四种，利益保障机制是保证参与协同发展的主体都能得到均衡的利益分配，主要是实现利益分配的均等化，同时还是保障系统的重要基础。（如图 1-1）

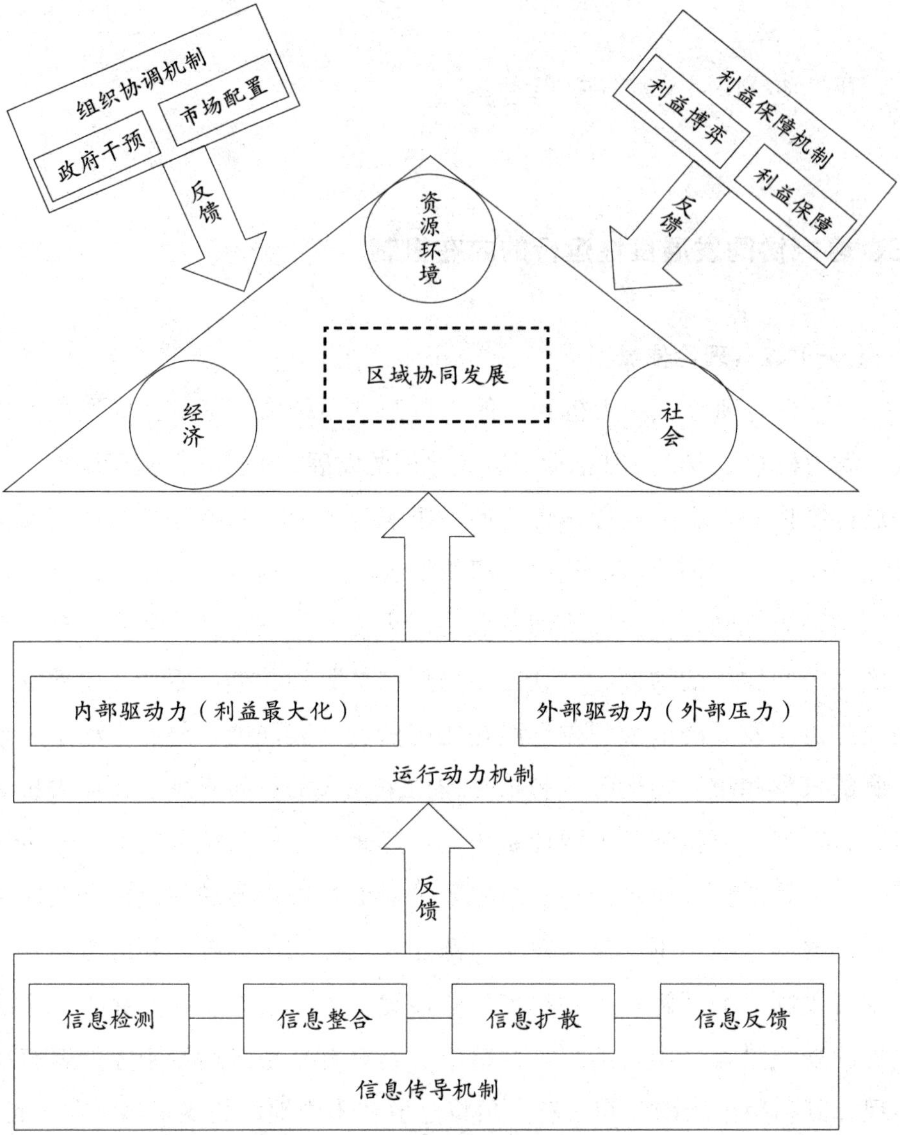

图 1-1　区域协同发展机制框架

按照这种解释，可以将区域协同发展的动力分为两部分：一是内因，内部驱动力；二是外因，外部推动力。

区域协同发展的内部最大驱动力就是每一个主体都实现自身利益的最大化。以协同学的观点来看，不同的发展目标导致系统和子系统之间的不同的协同任务，发展目标起着一个决定性的作用，系统内的参与主体的最初目的就是要实现经济或者利益的最大化。因此，区域协同发展中需要维护的最关键的动力源就是利益的最大化。

第一，若整个区域和各主体想要实现利益最大化，其前提条件就是维系各子系统的协同发展。下面我们将从三方面的协同发展为例进行分析和解读，见表 1-1。

表 1-1　不同子系统之间协同发展的表现和结果分析

<table>
<tr><th></th><th>表现</th><th>结果</th></tr>
<tr><td rowspan="2">经济子系统与环境子系统协同</td><td>环境子系统为经济子系统顺利发展的提供了资源和物质，所以区域环境的好坏势必会影响到经济的发展</td><td rowspan="2">实现了两个子系统在更高层次的协同发展</td></tr>
<tr><td>经济的增长会使技术进步，高新技术将提高资源的使用率或者寻找到的其他新的可再生可持续的替代性的能源；例如，因为技术进步，所以我们能够使用太阳能、利用风能发电，利用这些天然能源可以降低使用煤炭资源对环境造成的污染，从而又进一步促进了环境子系统的发展</td></tr>
<tr><td rowspan="2">经济子系统与社会子系统协同</td><td>经济社会的发展会促进社会经济的增长，因为社会发展得到了资金上的支持，基本公共服务设施得到改善，同时也提供了更多的就业机会，促进了社会的稳定</td><td rowspan="2">促进了经济的转型和升级</td></tr>
<tr><td>社会中高新技术和高素质的劳动力促进了经济的发展：经济总量上的增长和质量上的提升</td></tr>
<tr><td rowspan="2">社会子系统与环境子系统协同</td><td>社会子系统的教育、医疗以及保障方面服务水平的提高，不仅能够让人们拥有更高的知识素养和健康的身体，还能够让人们以更好的精力投入到工作和研究中去，从而促进科学技术的发展和进步；更高的技术对于环境的治理和修复能够起到很好的帮助，进而改善环境质量</td><td rowspan="2">促进了人们日常生活环境的质量和社会面貌的焕然一新</td></tr>
<tr><td>良好质量的生活环境能够让人们心情舒畅，有了愉悦心情后便能以更加积极的态度对待生活和工作，人们在各方面素养的提高促进了社会的全面进步与发展</td></tr>
</table>

第二，如若各区域内的子系统不能顺利的进行协调发展那么参与协调发展的主体的利益将会受到损失。下面依旧是以三方面系统的不协调发展为例进行分析，见表 1-2。

表 1-2　不同子系统之间不协同发展的表现和结果分析

	表现	结果
经济子系统与环境子系统不协同	如果经济想要有所增长那么就需要有资源和物质的支撑，一味追求经济的增长速度，势必会需要更多的资源和物质基础，这便会加大力度去开采更多的资源，进而造成环境恶化，增加环境再生的负重压力	阻碍经济的发展
	如果要想治理环境和修复环境系统，不仅需要大量的资金，还可能会对一些产业进行限制（如停工、停产等）	
经济子系统与社会子系统不协同	由于不均衡的经济发展和长期存在的虹吸效应，导致发达地区人口过于密集，落后地区的人口结构和人员素质表现则远不如发达地区，这影响了社会的均衡发展	对经济的发展产生不利的影响
	过高和过快的人口增长率会让社会占用更多的土地资源和资金等	
社会子系统与环境子系统的不协同	社会系统中人口过度膨胀会造成人们抢夺资源的现象，同时还给社会带来了更多的生活垃圾，不利于环境的保护，对环境子系统的发展产生负向作用	对人们的生活水平和质量产生一定的影响
	过度强调环境保护就会由于产业的停滞不前导致经济的下滑，降低人们的就业机会和收入水平	

综上所述，我们可以得出，区域协同发展有着某种复杂性和多样性的特征关系。若区域内的每个子系统能够相互协调合作，区域经济、社会环境和资源就会实现和谐稳定的发展。

文化是促进区域协同发展的外部驱动动力。赫尔曼·哈肯（Herman Harken）在提出“协同学”这一概念当时就指出，在社会系统演变过程中文化扮演着十分重要的角色。文化的表现形式在人类认识和改造世界过程中是一种积极的意识形态并有着促进和引导的作用，且对于个人进步、企业发展、经济发展甚至社会进步都有深远影响。若能成功形成相关区域文化的协同发展，就能很好地指引区域协同发展的价值取向和行为导向。

四、区域协同发展中的现实保障机制

将限制发展活力和动力的因素一一铲除，充分利用市场机制发挥其最大的作用。樊明认为，规范的市场经济制度是区域均衡发展的前提条件，中央政府对某些地区有倾向的给予资金以及其他方面的支持或者各地方政府使用各种手段从政府中获得更多的利益，这些表现都是计划经济时期所存在的。因此政府职能要实现深度的转变，优化制度改革，切实减少对市场不合理的过渡干预，在实现区域经济均衡发展的道路上消除一切阻碍以及市场弊端，实现资源和生产要素能够自由地在跨区域间进行秩序的流通，提高资源配置的高效性和公平性。

运用好市场、政府这两种资源和手段。周叔莲、魏后凯指出，政府和市场在区域经济发展过程中有着十分重要的作用。他们重点指出了政府使用经济、法律和经济等这些其可以掌控的手段来推动区域经济在多个层面的发展。吴殿廷指出，政府和市场是区域发展的两种协调机制。区域经济发展第一步是达到基本的市场经济要求，第二步是要学会利用市场机制；如果政府想要推进区域经济的协调发展，就必须通过市场机制来完成。

利用好政策、文化的推动力。政策的执行的目的就是将协同价值放大，刺激协同主体的共同需要，激励主体实现自发意识上的协同。在高级协调发展阶段，协调文化是一个动力源，同时文化也是一种动力生产机制承担了助推器的功能。文化能够将实现思想、理论和舆论赋予到物质的生产过程、交换过程、分配过程和消费过程中，并在某一程度上对经济发展的方式和方向产生了影响，其具有的是一种社会引导性的作用。

创新优化区域互助机制。鼓励在区域内开展多层次、多形式、多领域的合作，推动产业进行跨区域的转移和共建产业园区等，积极促进区域间进行新的区域合作，形成一个有机构保障、计划承接、利益分配、刺激约束、资金和信息共享、协调政策的机制。发达地区要创新对落后地区的对口帮扶和支援方式，加大在科技、教育和人才等的支持力度，提升落后地区独立自主发展的能力，更进一步深化对口支援从单方收益到双方收益的转化。创新驱动是区域协同发展的最根本动力和战略上的选择。创新驱动力获得的高收益主要是来源于科学技术，高收益促进了经济的高速增长。在区域间的创新驱动就是优先发展科技领域，挖掘创新资源和更高的技术，在区域间形成创新共同体，进而达成创新机制内部的合理化分工和稳定有序的合作，形成区域间发展创新的新格局。

完善区域内在协调机制。组织内部的协调机制首先要构建的就是横向和纵向协商相结合的框架，主要是“决策 - 咨询参谋 - 执行 - 仲裁”几个层面的内容。协调政策的制定包括顶层设计和专项政策，顶层设计是区域协同发展的最高目标，也是保证区域规划顺利发展的根本保障，主要表现在区域协同发展的整体规划和机构设置。整体规划要实现多方面公共事务的布局安排，即对区域的经济发展、生态环境保护、土地利用、交通设施建设等安排。组织机构强调的则是权利上的分配，形成一条由上至下的命令线，保证传达的畅通无阻。专项政策是针对更加具体某一方面的政策（例如，产业生产、环境保护、土地资源和基础设施等）；其实就是把顶层设计的政策内容安排在了具体的时间和空间上，并且对每一个方面都进行了细化的安排。

建立共建共享机制。根据城市的交通和信息网络，对每一座城市的功能进行合理的定位，对于港口城市要强化其与产业之间分工的合理性，促进城市间不同功能的优势互补性以及经济的往来，构成一个有明确分工、合理布局、以及协调的功能的现代化的城镇网络系统。在公共服务的基础设施上，如医院、学校等，这些组织机构对于引导人口在跨区域流动和企业跨区迁移等方面的力度都是十分高效率的。在交通设施上，调整和优化城市的道路体系，加强微循环系统和分支路网的建设、打通“断头路”、加快城际和市郊铁路的建设等，以区域内高质量的交通运输服务，来促进产业布局和区域人口结构合理性的实现。

建立信息共享平台。信息平台的建立应该是多层次的和全方面的，不仅包括经济、社会和资源等方面，还应该包括整个区域、省市级别和区县级别等这些层面在内。经济发展上，一方面要有产业、行业和企业等多维度组成的一体化的信息平台，另一方面还要有人才、科技和资源能源等多要素信息共享的平台；在社会发展方面，主要是要有医疗、文化信息来源和高校教育资源等这几方面的组成的信息共享平台；资源环境上，主要是要有生态环境的保护和治理构成的信息共享平台。

完善利益保障机制。利益保障机制由三个机制组成：分享机制、分摊机制和补偿机制。分享机制使区域经济发展过程中获得的利益合理分配给参与的每一个主体。分摊机制是虽然不会产生直接地利益，但是其却对区域协同发展的进度产生了直接的影响，一些项目成本制定好之后都是由分摊机制来进行成本的平均分摊的。补偿机制是指区域中的某一方主体以自己收益为零或者为负，但是这样能够为区域内的其他主体带来收益，这个项目就产生外部正向效应；一般在这样的情况下，协同主体的受益方应该给予利益受损方对应的补偿，最后协同主体之间均能够在区域内获得利益，那么这个项目就能够很好地被执行。

五、我国区域协同发展战略的历史演进与当前重点

区域协调发展是我国长期以来指导地区经济发展的基本方针。新中国成立初期，我国区域经济发展较不平衡，东部沿海地带以其 12% 的国土面积聚集了 70% 以上的工业，为平衡沿海与内陆的工业发展，我国提出了工业均衡布局战略，推动工业布局向中西部区域转移[①]。改革开放时期，国家提出区域带动发展战略，重点支持东南沿海区域发展，随着东部地区因资源短缺等问题而步入瓶颈期，国家提出西部大开发战略，以缓解资源短缺、区域发展差距大等问题。2003 年后，国家提出统筹区域发展、振兴东北老工业基地、中部崛起等战略，将区域发展推向了板块式 + 网络式发展中，让东、中、西、东北等各自发挥自身优势，推动区域互补的网状发展模式[②]。党的十八大之后，区域发展不均衡的状况有了好转的迹象，中央根据这种形势又紧接着提出了“四大板块 + 三大战略”的计划，将京津冀地区、长江三角带地区和粤港澳大湾区等的发展上升到了国家级别的发展战略。在此基础上，国家提出提出要着力解决区域发展不平衡和不充分的问题，十九大提出区域协同发展战略，其目的就是为了解决区域不均衡发展的相关问题。2019 年《粤港澳大湾区发展规划纲要》的出台，又为区域协同发展添上了浓墨重彩的一笔。

（一）我国区域协同发展理念及政策演变过程

新中国成立以来，党组织在不同时期对区域协同发展问题上进行了探索和研究，并产生和形成了不同阶段的发展观点和理念，制定了特定时期

---

① 杨庆媛，鲁春阳，张鹏飞. 新中国成立以来我国区域发展战略回顾 [J]. 科学，2011，63(5)：6 - 39

② 肖翔. 改革开放以来党协调区域发展战略的历史演变与启示 [J]. 中国特色社会主义研究，2017(5)：26 - 3

内的区域发展政策，这些政策为我国区域协调发展的道路上提供了借鉴和宝贵经验。

1.1949 年～1978 年

新中国成立初期，最重要的就是生产力的恢复和调整工业结构布局，将生产力分散于全国各地，实现全国范围内的生产发展，以此来实现沿海和内地经济的平衡发展。1953 年，党开始制定发展计划，第一个五年计划就此诞生了，之后便拉开了中国经济平衡发展战略布局的序幕。而后国际区域局势的变化，导致党对区域发展的观念进行了转变；在第二个五年计划和第三个五年计划中，为了保障安全和备战我国进行了三线建设，将大部分工业企业转移到内地这样就形成了沿海地区和内地均衡发展的全新格局。

这一阶段“平衡”是我国区域发展理念的关键词。中央为治理区域协调发展的不合理问题制定了一系列的相关政策并最终达到了期待的效果，调整了我国的经济结构，对内地区域的工业系统也进行了全新的建立和优化，为社会的发展创造了良好的发展条件。但同时也面临着一些困难。一方面，因为过于重视国防和重工业的发展，在一定程度上对基本公共服务领域的区域协同关注不足。另一方面，完全的计划经济模式不利于资源要素的自由流动，造成区域经济发展的结构和布局缺乏足够的灵活性，过度地强调平衡，导致了投资重叠、趋同的产业结构等严重问题。

2.1978 年～1990 年

改革开放初期，国际上的局势有所缓和，和平与发展逐渐成为了当时的主题，因此就迎来了第三次科学技术革命的到来。当时国家积极的总结各种经验教训，及时的审时度势一改之前的发展观念，将“均贫”模式转向了“非均衡”模式，先集中力量发展沿海地区，以效益优先原则制定了“两个大局”、“先富带动后富”两个思想观点。由于当时中国的经济比较落后，没有足够的资金支持，因此只能将资金投入到部分拥有优势的地区，当时就是将资金更多的投入到了东部地区，让东部地区先发展起来然后带动西部地区的发展。当时的这种发展模式对之后我国经济的发展产生了极为深远的影响，因此也形成了沿海地区发达、内地经济落后的一个经济格局。

改革开放为我国经济发展创造了伟大的举世瞩目的业绩，当时我国经济维持了长达十几年的高速度增长，摆脱了经济贫困落后的局面，解决了人民的温饱问题，为实现小康社会奠定了坚实的基础。但是，这一时期为了谋求快速高效的经济发展，也导致了贫富差距越拉越大、社会矛盾不断突出、生态环境污染日趋严重等一系列的其他问题。“非均衡”发展模式的这些弊端引发了越来越多的关注，学术界也开始反思单纯追求 GDP 增长的经济增长模式和先富带动后富的区域发展格局所造成的负面影响，并不断探寻可行的解决路径。

3.1990 年 ~2012 年

从 20 世纪 90 年代末开始，我国区域发展到了另外一个新的发展阶段，其发展理念更多注重的是区域的协调发展，主要是用一些政策制定让经济发达的东部地区带动内地较为落后地区的发展。1990 年提出对于我国的经济布局要有进一步改进和完善；第八个五年计划中强调各地区经济在发展进程中要注重分工的合理性和专业性；1995 年提出将粗放型的经济增长转变成集约型的经济增长模式；在第九个五年计划又再次强调了在区域发展过程中要注重协调性。自 21 世纪来，中央制定了很多有针对性的发展规划，并且这些规划的地区都是大型区域；1999 年制定了西部大开发展略；2003 年制定了振兴东北老工业基地战略；2006 年制定了中西部崛起战略；这三个战略与东部优先发展战略一起称为“四大板块”战略。2008 年的世界金融危机，让全球的每一个国家都进入经济的调整期，在这期间又有了很多科技创新，每一个国家都在为复苏经济寻找新的动力源，因此我国对于区域经济的协调发展也更加重视。2011 年的“主体功能区”战略，把我国的国土分为了四个功能区域：优化开发地区、重点开发地区、限制开发地区、禁止开发地区。

4.2012 年～至今

2012 年之后，我国经济进入了一个新常态。在 2016 年提出了“创新、协调、绿色、开放、共享”的新发展理念，还提出了京津冀地区、长江经济带和成渝双城经济圈这三大区域协调发展的战略和倡议。2019 年出台了《粤港澳大湾区发展规划纲要》，对于粤港澳大湾区的协同发展起到了推动作用，进一步丰富了我国的区域协同发展政策。

（二）当前我国区域协同发展的四大战略

十八大以来，在复杂的政治经济形势下，政府提出了京津冀协同发展战略、长江经济带、粤港澳大湾区和成渝双城经济圈战略四大协同发展战略。其中京津冀协同发展主要是辅助北京找到疏解非首都功能的方法，同时促进天津经济和河北经济的增长；长江经济带则是通过发达地区经济带动周边地区经济来解决经济增长困难的问题；粤港澳大湾区的建设要充分发挥这几个地区的综合优势，将内地和港澳地区有一个更加深层次的合作与联系，强化粤港澳大湾区在社会经济发展中的作用，与此同时还可以推动“一国两制”的全新发展实践；成渝双城经济圈是我国西部地区发展水平最高、发展潜力较大的城镇化区域，有利于引领中国西部地区发展，拓展全国经济增长新空间，推动长江经济带和丝绸之路经济带战略契合互动。

1. 京津冀协同发展战略

首都北京的地理位置十分重要，因为北京所具有的经济发展功能在区域经济发展中有着十分重要的战略意义。近些年来，京津冀地区的发展取得了良好的进步，三地区经济有所增长，完善的社会保障，交通的一体化发展等都得到了发展，但是发展进程中也会有一些问题的出现，区域一体化程度低、城镇结构不均衡、环境污染日益严重等这些突出而尖锐的问题。京津冀地区发展阶段各不相同，经济发展要素配置的行政干预突出。京津冀协同发展是我国经济发展的新常态，在适应新常态的同时不能以牺牲我们赖以生存的自然环境为代价，在发展的同时注重环境的承受载荷与不均衡的问题。要加快转变经济的发展模式，探索并挖掘刺激经济增长的动力源和增长极，调整区域发展格局不仅是现实的需要，同时也满足了更好地研究区域经济协调发展机制体制的需要。

2015 年 6 月，印发了《京津冀协同发展规划纲要》(以下简称《纲要》),《纲要》清晰界定了京津冀这三地区的整体地位以及不同的功能定位，三地的功能形成了一个优劣互补、和谐发展和相辅相成的发展体系，还继承了分工协作、共同发展的理念。这次对于经济的规划有三点不同，第一，和首都经济圈的地位相比，更加强调了参与主体的平等性和主动融入性。第二，和之前三地区的功能定位相比，突出了北京市核心，同时也强调了天津与河北对于经济发展的诉求，这次的功能定位更加具有合理性。第三，和之前的发展战略相比，整体和区域联系得更加紧密，强调了三地发展要服务于区域整体的发展。

2. 长江经济带建设

长江经济带从地理位置上看指的是长江沿边的经济圈。长江经济带有着优良的交通运输基础：长江黄金水道和沪昆干线，一共贯穿了是一个省份和城市，可想涉及范围之广泛，长江经济带是我国区域经济发展中十分重要的一个地区。无论是从生态、经济发展、城镇化布局、政府治理水平的提升等哪一个角度来看，该地区的区域经济协同发展都很容易完成，因为长江经济带的生物是多样性的、发展潜力也是巨大的、涉及的范围更是无比的广泛，所以该地区的协同发展可以促进我国市场的统一，优化区域协调发展的机制体系。

长江经济带协调发展战略的重要内容主要有五点：第一，建设生态文明，将经济发展与环境保护之间存在的各种矛盾想办法进行解决，修复生态环境。第二，促进经济的协同发展，通过市场机制和政府机制来建设良好的经济市场环境，以经济合作的方式推动企业和资本之间的沟通合作，以此来促进航运资源与航运业务的合作。第三，共建共享基础设施，发挥长江黄金水道的作用，将基础设施进行网络化的结构布局，实现设施共享。第四，社会事业协同发展，对就业服务进行规范统一，跨区域间突发事件的管理机制进行完善，加大扶贫力度和政策支撑的强度等。第五，促进沿线政府的协商合作，打破行政分割和市场壁垒，推动经济要素有序自由流动、资源高效配置，进而促进长江经济带、沿海城市群之间的协同发展。

3. 粤港澳大湾区建设

粤港澳大湾区涵盖了九个城市和两个特别行政区（广州市、深圳市、珠海市、佛山市、惠州市、东莞市、中山市、江门市、肇庆市，香港特别行政区和澳门特别行政区），这些地区经济十分活跃、经济开放程度也极高，在国家发展规划中的地位极为重要。2019 年 2 月 18 日，中共中央、国务院颁布了《粤港澳大湾区发展规划纲要》（以下简称《纲要》）并作出指示，各相关部门要根据实际情况认真贯彻落实这一发展规划。《纲要》要将粤港澳大湾区打造成为世界级别的城市群，促进"一国两制"的实践内容，密切了内地与港澳的合作联系，促进了内地与港澳之间的人员就业流动，促进港澳发展以及长期稳定的繁荣发展。粤港澳大湾区的建设是国家从更长远出发，站在全球化的布局上作出这一重大谋划，同时也是让香港和澳门保持长期稳定和繁荣的重大决策；这一决策让港澳同胞和祖国人民共同联系在一起，共同承担起让中华民族实现伟大复兴的中国梦，同时也分享到祖国繁荣富强的丰富成果。

4. 成渝双城经济圈战略

成渝地区从地理位置上看位置极佳，地处盆地、与湘鄂相邻、接通西藏、连接云贵和陕甘，在西部地区中拥有最高的发展水平和巨大的发展潜力，同时还是长江经济带和“一带一路”规划中很重要的组成部分。成渝地区的双城经济圈战略，推动了中国西部的发展并有一个“带头人”的引导作用，开拓了我国经济增长的新空间；有利于发挥西南和西北地区的合作与经济往来、国内和国外的沟通等其特有的地理优势；有利于我国西部对城镇化发展探索出全新的发展模式，从而带领当地的居民就近开展城镇化建设，为了加快推动成渝双城经济圈的全面发展，2011 年和 2016 年分别印发了《成渝经济区区域规划》和《成渝城市群发展规划》，在城市群规划中提出将成渝地区打造成国家级别的城市群；到 2030 年，要实现成渝地区城市群的历史性跨越，转型成为世界级别的城市群。根据数据显示，截止到 2018 年，重庆和四川两地的总生产值超过了 6 万亿元，约占全国生产总值的 6.6%。

|第|二|节|

公共服务的基本概念及外延

一、公共服务的基本概念

“服务”作为一种理论上的概念和实际发生的行为是只有当社会发展到一定程度之后才会产生的。“公共服务”是在“服务”的基础之上产生的，其概念发展主要有三个阶段：社会政策学派与公法研究阶段、公共经济学研究阶段、新公共管理阶段。

（一）“公共服务”概念诞生阶段

19 世纪后半叶，瓦格纳（Wagner）想通过财政政策在社会上的作用来拓展政府的职能，瓦格纳是德国的社会政策学派的代表人，他提出了这样的观点：政府的功能不是只有维护市场这单一的作用，其还可以有提高社会文化和福利的功能作用，他还提出了公共服务的定义。20 世纪初，莱昂·狄骥（Leon Dickey）对“公共服务”概念给出了这样定义：“任何因其与社会团结的实现与促进不可分割、而必须由政府来加以规范和控制的活动，就是一项公共服务，只要它具有除非通过政府干预，否则便不能得到保障的特征。”

（二）“公共产品”被明确提出阶段

凯恩斯（Cairns）是英国的经济学家，他的相关理论在公共产品方面来说是具有十分重要的引导和借鉴意义的。1929 年，凯恩斯的《就业、利息和货币通论》问世之后，便让传统的西方经济学对政府有了全新的看法，尤其是政府职能范围的定位。并且凯恩斯还批判了萨伊定理和新古典主义的观点，其认为萨伊的“供给自动创造需求”是不正确的，他的观点是：市场上的自由竞争可以维持资本主义经济的均衡，但是政府是需要进行干预政策的，政府强有力的干预来引导消费偏向和刺激投资，使需求水平和就业水平相互适应。凯恩斯还提出了从总量的视角出发、在宏观层面上的经济概念，这让每一个国家都能够受用。1954 年发表了《公共支出的纯理论》，他首次提出了“公共产品”的定义。萨缪尔森（Samuelson）认为公共产品具有“任何一个人购买公共产品都不会让其他人减少购买的”的特性。与此同时萨缪尔森还指出，市场因为有着不完全竞争以及其他不可控制的因素所以可能随时存在着市场失灵的现象，这就需要政府的干预指导来进行调节。政府的调解方式是提供公共服务和产品，政府作为供给主体是因为政府具有强有力的控制力，能够快速提高效率、促进社会的和谐稳定以及维持经济等。有的政府试图矫正市场失灵这一类问题，但是这样的做法并没有产生很好的效果，市场失灵还是可能会在某一可出现，其随机性决定了不可能完全被消除掉；政府用促进平等的方式诸如收入再分配等来表示社会对穷人和残障人士的关心，以此来稳定政策效果并努力调整和缓解经济周期的高峰和低峰时期，减少社会成员的事业率和通货膨胀率促进经济的高速增长。

（三）“公共服务”成为公共管理的核心内容阶段

1978 年，新观点取代了传统观点，新公共管理取代了传统公共行政，之后这两者研究的中心便成了“公共服务”。20 世纪 80 年代，美国和英国学者掀起了对新公共管理探索的热潮，其实就是思想和实践之类的管理活动，主要内容是借用私营企业和工商企业的管理方法来管理公共部门。在公共服务中公共行政官员是掌舵人，在其中是“船长”和“裁判员”的角色。而在《新公共服务——服务而不是掌舵》中对于新公共管理的掌舵问题，登哈特（Denhardt）夫妇进行了充分的分析，他们重视公民地位，强调了公民才是主体，要重视公民的意愿和公共权利，要给公民说话发声的权利，公民的表现才是公共服务质量好与不好的最直接反馈，只有更加注重公民，才能更好地实现公共利益[①]。

新公共服务理论的核心主体就是公民，这个理论其实是在新公共管理理论的基础上进行扩展的，在赞同新公共管理理论观点的同时也提出了新的公共行政理论，新的公共服务理论更加关注民主的建设、更能体现公民的价值和更能实现社会需要的。新公共服务理论的内容被概括为：第一，政府的职责主要是服务不是掌舵。政府的核心功能是了解和掌握公民心理意愿，并努力帮助公民实现自身的价值和利益，而不是拟定方向对社会进行操控或驾驭，在社会运行和管理进程中政府扮演的应该服务者和裁判员的角色，并致力于建设更公平公正的社会运行机制。对于可以提供社会公共服务的部分，政府应该学会下放权利，让市场充分发挥它的决定性作用，让公共服务体系变得更加多元化[②]。第二，全方位考虑，制定合理的决策。政府要明白在全方位发展当中的站位，其在政策制定时要注重全方面的发展不可有所偏倚，设计要科学合理，同时要注意收集民众的意见，这样才能让公民参与到当中来。在政策实施阶段，可能会有一些权利扩张的问题，政府作为主导人可能会有“只缘身在此山中”的原因，这一问题需要及时的解决，虽然政府是政策实施和制定的主体，但是也需要有一定的

---

① 罗伯特·登哈特.公共组织理论[M].扶松茂等译，北京：中国人民大学出版社，2003：207.

② 谢廷.从新公共管理理论到新公共服务理论[J].政治研究，2011，(22)：47-48.

约束，但是如何对政府进行有效的管控和约束，这便是要研究和探索的核心重点，不能任由政府独大，有时候也需要对政府进行适当的约束，这样才能提高政府的管控能力和行政效率。第三，把实现公共利益放在政府工作的首位。公共利益是社会发展和改革的持久动力，政府只有认真履行好管理职责，树立以人为本的思路，充分重视公民的价值和利益，能够为公民提供一视同仁的公共服务，注重弱势群体的利益的实现，才能更好的创造公共利益和价值，制定以公众利益为导向的行政体制，实现社会的发展和进步[①]。第四，正确认识公民价值，做到服务于民。政府是服务者，公民是被服务者，两者之间是主动和被动的关系，所以国家公务员的工作内容就是履行好为人民服务的这个国家赋予的角色，但是受到法律制度不够健全、经济市场体制建设不够完善和官本位思想严重等因素制约，如果政策的制定者仅仅把公众看作是简单的政策被实施者，那么所谓的服务型政府只不过是一种字面意义上对原有制度的改良，缺少了实质性的公民的参与和监督；因此要重视公民的利益，从他们的利益角度出发，科学制定合理的方针政策，提高办事效率，树立良好的政府形象。

从以上四点可以看出，“公共服务”就变成了一种职能，履行这项职能的主体是公共部门，服务内容就是提供公共产品和服务，服务对象是所有公民；公共服务和公共产品主要是对城乡间的公共基础设施进行改善或者新建重建、提高社会就业水平、发展公共事业（社会保障、医疗、教育、文化、卫生、体育等），还有一些是公共信息的发布。在为社会公民提供各种公共服务和保障时，也努力创造公民参与社会、政治、经济和文化的条件，将政府打造成为公民提供各种服务的全新模式。

将公共服务的概念分四个角度来理解。

政府角度：公共服务的概念与私人服务不同，他们在提供服务的过程

---

① 汪向东，姜奇平．电子政务行政生态学[M]．北京：清华大学出版社，2007．

中所使用的权力和资源不同。公共服务连接的是公民和国家之间的一种权利和责任关系，是为了满足公民的社会需要，保障社会中的每一位成员都参与到政治、经济和文化活动中来。

职能角度：社会管理、公共服务、市场监管和经济调节是政府的四大职能。目前，在社会发展的条件下政府逐渐有了新的角色，其职能角色在一步一步向公共服务倾斜靠近。

公共产品性质角度：政府是使用公共权利和公共资源来提供服务的，具有显著的非排他性和非竞争性。

综上所述，公共服务的概念可以理解为政府为了实现社会成员的最根本生活条件和最基本的发展权利，使用公共权利和公共资源去提供教育、卫生、基础设施等公共事业产品和服务，从而确保公民和其他社会组织顺利发展的全新服务模式。

二、公共服务的主要内容

（一）公共教育服务

公共教育服务是政府根据自己国家的实际状况为适龄入学人员提供基础性的公共教育服务，我国的公共教育服务主要有：普惠性的学前教育、九年义务教育、其他阶段的教育。公共教育服务具有：公共性、普惠性、基础性、发展性。

公共性是人类的一种社会属性，基本公共教育服务的公共性主要表现在三个方面：（1）公共教育服务主体是政府主导的公共机构，并非个人私人能够组织的，政府在制定公共教育政策时是以公民的利益为出发点考虑的；（2）公共教育服务是具有公共性的公共领域而非私人领域；（3）公共教育服务是为社会的公共利益服务的，社会中任何一个接受过教育的人的活动都是社会整体活动中的一部分，并且对社会的发展产生着影响。所以公共教育服务是以社会成员个体的发展来带动社会整体的进步发展的，可以说公共教育这项服务是推动社会前进步伐和民族事业发展的一个动力所在。普惠性是指为不论处在什么阶层的群众提供基本公共教育服务，并且所提供的教育服务是普罗大众的、不存在歧视的、不以盈利为目的和具有较高质量的教育服务，目的就是让每一个人都能平等享受公共教育的服务。我国教育大家孔子曾经就提过“有教无类”的思想，这一思想体现了教育的民主性。普惠性是为了让每一个人都有平等的受教育机会，进而更好地参与到经济社会的发展中，有助于实现社会的共同富裕，建立和谐稳定的社会。基础性是在教育系统中公共教育是最基本的，其对整个教育体系的发展有决定性作用，但是教育在人类发展中有着一个基础性的地位，并且关乎社会主义现代化建设的全局。因此公共教育除了在教育体系中发挥着重要作用之外，其对我国社会的发展、民族的复兴和祖国富强都有很大的影响。因为教育能够为社会培养各类各界的人才，校园是向社会输送人才的发源地，各类精英人士经过校园教育知识的熏陶和洗礼之后，经历各种挫折和成功之后，他们将带着才能来更好地建设自己的祖国和家园。发展性在公共教育服务上体现在两个方面：一方面是可持续的发展性；另一方面是发展是以人为本的。由此得出，公共教育服务发展过程不仅要遵循普遍的社会和教育规律还要遵从每一位学生的身心发展规律，让学生得到全面的、和谐的、个性化的和优良的可持续性发展。公共教育从身体和心理两大方面对学生进行了全面计划的培养，主要包括治理、身心健康、情感问题、意志能力、道德品质以及个性特点等覆盖面广泛的照护服务，就是为了让每一位学生发挥出自身最大的潜能。公共教育服务是政府提供的一项广泛受公民支持的项目，这项服务能够覆盖到每一个人，其促进了每一个人学生时代的身体及心理的健康全面发展。

（二）公共医疗服务

公共医疗服务与人民大众的身体健康密切相关，直接影响着一整个国家或者一整块地区人民的健康医疗事业。公共医疗服务是政府供给和实施服务的，主要提供的服务有与人们生命健康相关的基本医疗，对大病的预防尤其是传染病的预防、监控和医治，对药品供给环境的监管，相关健康知识、教育的宣传与疫苗的接种等。从医学领域的分类来讲，公共医疗主要是一种医疗上的措施，面向的是社区和社会，其中与医院这种机构组织来说：医院面向的主体是个人。从经济学领域来讲，经济学家们认为公共医疗并不完全是在公共医疗领域上的含义，经济学家们从经济学视角出发，觉得公共医疗应当是由政府来给予财政支持的健康服务或手段。

公共医疗服务不论是在哪个国家或者哪个发展阶段的国家都是具有政治意义的，但是不同的国家对于公共医疗服务的界定是不一样的。有的国家就将公共医疗当作是一种福利事业，无论怎么看待公共医疗或者卫生医疗，主要核心不会变，那就是政府需要对全部公民的健康负责。每一个国家也会根据国家公民的健康需求、经济水平、社会发展以及文化传统等，来制定向公民提供公共医疗服务的方式。大体来说，政府提供医疗服务的方式主要有两种：第一种是颁布各种医疗保障制度条文，政府作为中间代理人帮助公民向医院购买各种自己想要得到的医疗服务，其中的购买费用是政府根据国家经济社会的发展水平来决定的，或者是政府进行包办，亦或是政府和民众各按照一定的比例来共同承担；第二种是在经济发达富裕的国家，政府成立公立的医疗机构，公民能得到免费的医疗服务或只需要花费较少的钱便能够得到较高质量的医疗服务，而且政府会向公民提供市场上不愿意提供的一些与医疗有关的公共产品。由此可见，公共医疗在社会上的定位是十分清晰明确的，那就是向社会宣传健康教育知识，预防传染病、疫苗接种等。从政治角度观察，就是向经济困难的人群提供免费或者低收费高质量的基本医疗服务。

非排他性。医疗公共服务的对象是社会全体群众，包括任何一个人，任何一个个体都可以通过自身的办法或渠道获得公共产品带来的好处。例如，国家颁布的关于医疗行业的法律法规每一个人都适用；医院不能有排除性地为任何一个去医院看病的患者进行诊治，任何一个人都可以进入医院去看病；疾病预防知识的宣传面向的也是全社会成员。以上这些例子都很好地说明了公共医疗服务具有非排他性。竞争性，当公共医疗服务的资源充足时，增加新的患者并不会带来资源使用上的不足，这种使用成本可以忽略不计，因此这时公共医疗就不存在竞争性。当公共服务医疗的资源供给不足时，又很多个体要得到它时，就会造成公共医疗资源的缺乏，此时的医疗公共服务就具有竞争性。

外部性。公共医疗服务具有很明显的正外部性，表现出来的特性其公益性。例如，国家面临一些疾病上的防疫时，政府为社会公民提供的疫苗接种、医治等都是免费的；当下就有很好的例子，2019年末爆发的新冠疫情，政府对于新冠疫情患者的免费治疗更加体现了这一公益性的特点，对于这些公共产品的提供不仅能够预防传染，而且还能够对患者进行诊疗救治。普遍规律是，医疗服务水平与生活质量呈正相关分布。当公共医疗在发挥其正外部性时，在另外一方面衍生出来了一些负外部性的问题。例如，医疗资源使用上产生的一些废物、制药企业造成的污染垃圾、医患关系紧张、医闹医托等，对于这类负外部效应政府部门需要发挥好监管职能。

（三）社保公共服务

社会保障作为公共服务的重要组成部分，其是对于社会公民从出生开始直到死去这段生存发展过程中提供的一项基础性的保障，与公共服务所起到的作用不相上下。社保公共服务是汲取社会共识后建立起来的，政府以它的强制力进行建立的一种政府是供给主体，来保障人们基本生活和提高生活水平的稳定性的社会安全保障制度。社会保障体系主要有：社会救助、社会保险和社会福利等项目。社会救助主要是针对的是不能保证自身最基本的生活水平的贫困群体和受灾群体，例如，最低生活保障制度，还有其他方面的一些救助制度等，对于这类人群政府往往会以现金和物品补助资助的方式对他们给予帮助，让其渡过难关以维持最基本的生活。社会保险是一项防范风险的机制，服务的对象是企业职工，让其在社会工作中拥有的一项能够化解风险的保障机制，其实就是人们口中经常说到的“五险一金”中的五个保险，即企业职工养老保险、医疗保险、失业保险、生育保险和工伤保险。然而对于那些没有参加工作的公民或者自主创业的公民来说，他们所享有的不是这五种保险，而是其他类型的保险：城乡居民养老保险、城镇居民医疗保险，而且只有这两种保险，因为他们并没有参加工作，所以不涉及失业、工伤和生育保险。因此社会保险中使用最广泛且资金投入量最大的就是养老保险和医疗保险，这两个险种直接影响人们的养老问题和看病就医问题，是每个公民普遍具有的问题。社会福利是一种综合性的福利制度，其综合性主要指服务对象的广泛性，其可以为全体社会成员提供公共福利，可以为单位员工以及家属提供职业福利，可以为儿童老人提供儿童和老人福利，还可以为残障人士提供残疾福利等。主要表现有：在节假日期间我们可以免费使用高速交通；为困难残疾人发放生活补贴；为企业的职工提供物品以及现金上的奖励；发放一些儿童津贴等。社会福利的发展推动了社会向更高水平的走向。

社会保障公共服务与人民生活息息相关，关系到人们“老有所养、病有所医、学有所教、住有其屋”等。社会保障制度建立以来，我国不断对其进行完善和调整，因此社会保障公共服务不断扩大的覆盖人群，越来越高的保障水平，让公民享受到越来越全面和越来越好的保障。

（四）公共文化服务

在 2006 年的十一五计划中第一次提出了“公共文化服务”，“公共”

一词从表面上看有公众的、大众的意思。“文化”一词又在《论文化的内涵与外延》中分为十二类：理论思想、语言文字、教育、一书、公共文化设施等，可见文化种类之多。所以可以将公共文化的内涵大概定义为：借助一些活动、制度或者社会等物质，表现出公共文化的表层物质形态的同时也体现出深层的文化精神内涵。从对公共文化的定义中可以看到，服务于人们最根本的要求就是要保证让公民们享有最基本的文化权益，提高公民的文化素养，同时也是提升国家文化软实力的重要组成部分。公共文化服务是由国家进行主导的、社会力量进来参与，向公民提供能够满足他们文化需求的公共文化产品、文化设施以及文化活动等一些与文化相关的服务。公共文化服务以满足公民精神文化需求为目标，以维持社会发展必要的文化环境为向导，并且为公民提供文化产品、服务和相关制度的总称，是现代公共服务体系的一部分。公共文化服务主要有以下三个特征。

广泛性。公共文化的服务对象是所有的社会成员，可见涉及人员之广泛；只要是社会上的任何一个人都有权利享有公共文化的服务，都有能够得到公共文化产品和服务的权利，每个公民都是公共文化服务的享受者，这是国家从法律意义上规定的。

非竞争性和非排他性。从公共文化提供的公共服务来看，公共文化服务主要包括设施开放、资源使用，以及人才、资金、技术和政策保障等方面的内容都是用于公民集体的，并不是说分配给一部分人之后，另外一部分人享受到的服务就会减少；公共文化服务是具有开放性质的供集体使用和享受的，因此具有相对的非竞争性和非拍他性。

公益性。公共文化服务的最基本的特性就是公益性，也称为非盈利性。一部分文化服务是以获取利益为目的的，这样的文化服务不能被称为公共文化服务，公共图书馆、文化站和博物馆等一系列政府建立的便民文化设施，以及相关组织开展送戏下乡等文化活动均不以赚钱为目的，而是以向社会成员传播美的文化享受作为追求目标。因而相关组织是以维护社会成员的公共利益为立场进行提供的公共文化服务，其力争实现社会效益的最大化，公共文化服务具有公益性这就是与一般市场文化的不同之处。唯有实现公共文化服务的公益性，才有最大的可能性是公共文化服务体系建设在正确的轨道上运行，才能最大程度上实现广大人民群众的文化利益。

三、公共服务的相关理论

所有的公共政策制定都是有相应的理论依据的，当然对于公共服务也不例外。截止到现在，有很多学者都对公共服务有所研究，大部分学者主要集中于研究四个理论：公共产品理论、福利经济学理论、公平与正义理论、新公共管理理论和新公共服务理论。

（一）公共产品理论

古典学派的大卫·休谟（David Hume）是公共产品理论最早源头的开始，他通过例子向人们解释政府和公共物品的关系以及搭便车现象。对于公共产品的定义，在他的《人性论》中是这样描述的：对于独立的个体来说并不会产生特别强烈的优势或者是好处利益，但是对集体的利益却是很大的，因此是社会发展当中不可缺少的一部分，政府对于公共产品的供给和利益享受者的权利要起到保护作用。亚当斯密（Adam Smith）主要研究了公共产品的供给方式、产品分类以及资源的获得渠道，他是从国家的政府职能角度来研究的，并且认为政府只需要提供最基本的服务就可以了。1954 年，萨缪尔森（Samuelson）对于公共产品提出了两点重要的特征：一是非竞争性，一个人购买公共产品不会影响其他人对公共产品的购买也不会影响其他人的购买偏好和购买力度。二是非排他性，任何人在享受公共产品或者是公共服务的同时，阻碍不了别人的享有权利。

基于公共产品的特征出现了“搭便车”的现象，这样私人不能有的不能或不愿再提高公共产品只能由政府来提供。一般情况下，基本公共服务作为一种纯公共产品只能由政府进行提供，其实纯公共产品除了具有公共产品的两大特性之外，还具有高额成本，并且需要大量的资本投入，高风险且收益慢等特点。私人的力量毕竟是有限的，所以只能供给主体只能是政府。如何让公共产品的供给达到均衡状态，让学者们进入了更深层次的思考公共服务的供给效率，效率最高就要想办法实现“帕累托最优”，政府提供公共产品所需的边际成本与公众为公共产品支出的税金相等。可以看出公共服务的最主要的供给主体依旧是政府，但是政府和市场比较，资金是会受到限制，并且政府的资金投入部分有限，并非只是用于公共服务，大部分资金使用在比较促进经济增长的经济领域；有时候政府的事务权利分配不明确时就会出现“一刀切”的现象，但是政府直接提供公共服务又会有效率低下、供给渠道有限以及供给模式僵硬等问题。对于供给如何实现均等化，各地经济状况的差距势必会导致地区基本公共服务的不均衡化现象，政府就要想办法通过调整优化并完善政府的转移支付来解决这些问题。

（二）福利经济学理论

福利经济学是经济学界的一个理论基础，主要研究社会经济福利的内容，这门学科是由英国经济学家霍布斯（Hobbs）和庇古（Pigou）创立的。福利经济学经过了旧和新两个发展阶段，在旧福利经济学中的代表人物就是庇古，他从基数效用的基础上提出了两个福利命题；新福利经济学的代表人物就是意大利的帕累托（Pareto），他是以序数效应论为基础的，提出了实现“帕累托最优”的实现条件。

庇古的两个福利命题：第一，国民总收入越大社会经济的福利就越大。从国民收入角度出发，想要提高社会的经济福利水平就要提高国民的总收入水平；政府需要将生产资源分配给每个生产部门，当边际社会的纯产值和边际私人的纯产值一致时，就会使社会的经济福利最大，但是由于市场的失灵，两个纯产值往往是不相等的，所以就需要政府适当的干预和相应的措施来应对市场的失灵。第二，国民收入分配越均衡社会经济福利就越大。这是从收入分配是否均衡的角度来看的，边际递减效应反映出当一个人处于及其贫困的状态时，人的边际效用最大。简单来说就是同样的金钱给到一个贫困的人可以达到最大的用途，但是给到一个不差钱的富人手里就起不到很大的作用；穷人说不定可以解决温饱，但是富人可能都不够买一杯咖啡。所以可以通过将富人的部分收入分配给穷人，让他们在收入分配上实现均等化，就可以使社会的经济福利增加。所以增加社会经济福利的途径有两种，将资源进行合理分配给各生产部门以增加国民总收入，通过收入再分配的方式消除国民收入分配的不均等。

改革开放来，国家关注更多的是经济发展，所以在实现经济社会飞速发展的进程中出现的贫富差距问题引发了很多的社会矛盾和冲突。由于我国正处于社会转型期，基本公共服务的实现意义就显得尤为重要，在全面深化改革阶段财政支出上对完善公共服务的支持上表明了均等化的走向；政府财政资金更多的向落后地区和偏远地区的转移是边际递减效用的表现，财政支持的重新分配优化了生产资源配置，使分配区域均等化提高了社会经济福利，并且缓解了社会矛盾。

（三）公平与正义理论

对于公平与正义理论，国内国外的学者都坚持对公平和正义的探索和研究。古希腊时期，关于“正义”的问题，柏拉图（Plato）研究过，亚里士多德（Aristotle）也研究过；柏拉图认为只要服从统治就会有一片和谐的景象，这就是“正义”。亚里士多德认为正义是以平等的秩序为基础的，在政治上分配公正就能维持和谐幸福的景象。近代的一些思想家卢梭（Rousseau）也对正义提出了不同的看法，卢梭认为国家的建立应该是契约型的，不论是什么样的人都不能区别对待，穷人和富人享受的权力和利益应当相同，以期社会达到一个公平的状态。在20世纪，约翰·罗尔斯（John Rawls）在前人的多项研究中提出了“正义论”，其中有三个关于正义的基本原则：平等的自由原则、机会平等原则与差别原则，这三项原则让社会全体成员都能享受到公平的服务提供了保障。我国古代时期虽没有直接对“公平正义”进行过核心解释，但是诸子百家的各类学说论断的都是关于追求公平社会的内容。新中国成立以来，中国共产党人丰富和发展了马克思主义公平思想，以毛泽东为首的共产党人改变了旧制度下的不公平的分配方式，积极探索分配平等和经济增长的关系问题。而以实现共同富裕为主要内容的社会公平与正义是邓小平发展思想的价值目标[①]。

如何判断一个社会制度的好与不好，这个判断准则就是公平与正义，想要了解社会是否在公平、和谐、稳定的发展就要通过基本公共服务的表现来观察，主要是公共服务是否实现了均等化。其实公共服务均等化的目的就是让社会里的每一位成员都能够公平公正的享受到政府提供的服务和权力，对于发展落后的地区有所侧重和财政上的转移实现较大的边际效用，缩小和发达地区之间的差距，进而促进社会发展实现整体的公平正义。但是公平并非绝对意义上的，也不是简单平均化的相等，是在维持公民最基本的生活水平和保证其最基本的权利的基础上，这是一个“底线均等”的原则，可以在这个原则的基础上存在合理范围的差距，可以因地制宜发展每个地区的优势，生产资源和当地的实际情况相结合更好地促进各地区的经济发展；地区经济有增长便会带动整个社会的经济增长，进而实现基本公共服务的均等化发展。由于我国的一些农村地区和落后地区经济

① 刘云凤.近代以来西方公平思想在中国的传播及影响[D].扬州：扬州大学，2017.

比较缓慢、资金薄弱，所以政府可以将政策有倾向性的针对这些地区，使更多的贫困人口享受到国家的福利，在一定程度上降低贫富差距和收入差距，与此同时实现社会的公平与正义。

（四）新公共管理理论和新公共服务理论

20世纪70年代，福利国家制度在发达资本主义国家盛行，由于政府更深入的调控出现了经济滞涨和突出的社会矛盾等问题，西方国家为了脱离这种困境进入到全面改革的模式，这场改革是前所未有的、大规模的持续改革。这个过程中出现了很多经济理论，其中“新公共管理理论”就是在这个时期提出来的。新公共管理以“经济人”为假条件设，尊崇市场价值导向，建议政府要借鉴私用部门的管理经验和广泛应用私营部门的管理办法，让资源配置与人员绩效联系在一起，进一步提高公共管理部门的效率和质量；要重点关注战略的管理，理论指出政府的主要任务就是政策的制定，其应该负责宏观上的战略，具体的操作由市场来完成；还要分清国家和社会的界限，正确处理政府和市场的关系。减少国家的过度干预，将部分公共服务项目和社会管理以委托或承包的方式让渡给社会市场，当有重要的问题出现时，政府将权利授予给市场或者以分权的形式让市场来解决；假设政府是“企业家”公众是“顾客”，那么公众就是政府要服务的主体，他们能最直接对公共服务进行评价和评判，所以政府要以公众的需求为主，提供公众需要的公共服务。

新公共服务理论是登哈特（Denhardt）夫妇提出来的一种新的管理理论，该理论觉得公民才是公共服务消费的主体，所以要建立以公民为本的公共服务的全新模式，进而代替了新公共管理理论中的“企业家政府”模式，转变了政府的职能，强化了公民的参与度，更多的关注公共利益而非自我利益，建立为新型的公民服务的政府。该理论提出七大原则：政府的职能是服务而非掌舵，不是控制或驾驭社会而是帮助公民实现共同利益；

公共利益是目标而非副产品，公共利益才是管理者的责任；思考的战略性和行动的民主性，管理者和公民共同参与执行契合公民需求的政策；公众不是单一的公共服务的接受者，政府与公众不同于企业与顾客的关系，而是合作关系；责任不是单一的，公务员应对公共利益、宪法法令、其他机构等综合复杂因素负责；重视人而不是只重视生产效率，强调通过人来进行管理的重要性；比起企业家精神，公民权和公共服务更重要，管理者不是企业家，应该致力于公共利益①。

综上所述，不论是从新公共管理还是新公共服务的角度来看，政府作为公共服务的主要供给主体，首先要以公众的需要和公众的利益为前提，同时给予公众更多的话语权，加大公众的参与力度，最好建立能够表达民意的结构机制或者设立收集公众意愿的民政部门，为了方便了解公民的真正需求意愿和真实的想法，打破之前的“自上而下”的僵硬传达模式，达到真正意义上的满足公众需求，提高政府供给效率。

四、公共服务与政府的关系

在现代社会中，政府的主要目的就是为公民提供高质量高效率的公共服务。近年来我国十分重视公共服务设施的建设和维护，因此就逐步形成了具有国家特色的公共服务体系，自我国进入全面小康后，公共服务与政府与公民之间的关系越来越密不可分。那么为什么公共服务需要政府提供呢？公共服务作为政府提供的一种公共产品，我们将从公共产品供给模式的理论和公共产品供给的结构层次两方面探讨公共服务为何需要政府提供。

① 丁煌．当代西方公共行政理论的新发展——从新公共管理到新公共服务[J]．广东行政学院学报，2005(6)：5-10.

（一）公共产品供给模式的理论分析

从公共产品的定义和种类划分可以看出来，公共产品具有很强的目的指向性，这也明确了公共产品的供给模式和实践需求的要求，可以清楚地知道公共产品的供给主体是谁，供给模式的形成以供给对象的需求。将公共产品按照供给模式分类，大概可以分为三种。

第一种，纯政府模式。公共产品纯由政府进行供给的这种模式是由保罗·萨缪尔森（Paul Samuelson）提出来的，他还提出了公共产品具有非竞争性和非拍他性这两大特征。根据公共产品的两个特征进而判定公共产品的供给主体只能是政府，因为公共产品是一种单独个体的购买不会影响到他人对公共产品的购买预期和购买力，并且能让社会中的每一位成员都从中获利；其与私人物品不同，私人物品是不能够进行分割的，是供不同的人使用的只对自己产生利益但不涉及别人的一种物品。因此高效率的公共服务一般都是由政府进行供给的，而私人物品在市场上可以进行有效的分配。公共产品和私人物品刚好可以通过非竞争性和非排他性这两个标准来进行区分。萨缪尔森用非竞争性和非排他性来分析公共产品的做法，其依据的是物品的物理特性，而不是物品的社会特性；况且物品的非竞性和非排他性也不都是绝对意义上的，大部分产品具有的是更多的非竞争性和竞争性，非排他性与排他性的混合体。萨缪尔森对公共产品理论的分析是一种理想状态，只具有纯理论性的研究意义，这种完全对应的纯粹条件很难在现实生活中找到，即使强调了政府在公共产品供给中的作用，但是仅靠政府纯供给公共产品的模式还是没有办法解决现实生活中的复杂问题。

第二种，私人模式。亚当·斯密（Adam Smith）认为公共产品的供给应该是由私人进行提供的。因为亚当·斯密观察了国防供给模式之后发现在人类战争时期物品的供给是私人自发进行的并不是由政府提供物品的。只是随着时代的发展，战场上需要的是一些更加精密、技术高超的作战设备和工具，因此这时供给主体才逐渐转变成了政府。这样战场上物资以及武器技术的供给由政府来提供后，逐渐的国防就变成了政府的一项职能。既然之前战场上的物品由私人进行提供过，那么在现代社会中在某一种程度上公共产品也可以由私人进行供给。同时亚当·斯密还发现了一部分公共产品由私人供给比政府供给要有优势。在欧洲的一些国家，有很多地方都存在大运河，但是会有大量的船商经过要定期进行维修，当地的居民一般都会很自觉地进行维修维护，因为那些船商的通行费和运河税都是当地居民的收入之后就成为他们的私有财产。若将运河通行税和水闸税交由政府部门人员来收取，他们一定不会向当地的人们一样有自发维护运河的意识和行动。科斯也提出公共产品不一定必须由政府进行供给，私人也可以提供。

对于公共产品由私人进行提供的这个问题，以上内容中的亚当斯密和科斯都（Costo）认为是存在私人供给公共产品的可能性的。但是无论从理论上还是实践上公共产品完全由私人供给存在一定的难度：一是因为公共产品的特征和消费特点决定了其并不是全部适合由私人供给，因为纯粹的私人供给很容易出现供给不足的现象；二是私人供给往往会产生高额的供给成本和供给效果测量较难的问题。所以这时就又人提出了政府和私人合作共同提供公共产品。

第三种，公私合作模式。萨缪尔森（Paul Samuelson）给予公共产品的定义过于理想化，因此在现实意义中存在一定程度上的局限性。阿特金森（Atkinson）和斯蒂格利茨（Stiglitz）对萨缪尔森的观点进行了多次的修改后，公共产品的定义更加与现实社会相符合，并且二人认为萨缪尔森对于公共产品的定义是一种极端的特殊情况，可以称之为“纯公共产品”，但是这种极端情况在现实中一般很少见。相当于，现实生活中与萨缪尔森所设想的不相符，现实生活中并不是只有私人产品和纯公共产品两种产品。在这两种产品中间，还存在着大量的中间过渡产品，这些过渡产品并不只由政府提供或者只由私人提供，还可以政府和私人一起合作进行提供。公共选择理论就是以重新构建或者调整政府和社会的关系为出发点，认为之前没有进行任何思维逻辑的思考就将政府认定为公共服务的供给主体的这种做法是错误的，因此重建政府社会之间关系就是要打破政府的垄断角色，建立一种政府和市场之间相互竞争的机制，这样才是摆脱困境最好的出路。这就需要政府以外的主体的加入，公私合营模式是一种比较理想的供给模式，这个模式的出发点是政府担任主要的供给主体，私人是辅助作用，可以将类似欧洲运河税之类的公共产品由私人担任供给主体，切不可一股脑儿的将不适合私人供给的公共产品也让私人进行供给，这不仅违反了公私合营的出发点，还阻碍了公共产品供给的效率。有时候公私合营还会给人们一种错觉，就是认为政府和私人两个供给主体拥有一样的地位，但事实上他们两者的地位并不一致，政府要承担的责任要比私人要多得多。所以在使用这种多主体供给的模式时，要注意核心主体和非核心主体的区别。

（二）公共产品供给的结构层次分析

第一，政府在公共产品中的角色是不可被替代的，这是由公共产品内部的结构层次所决定的。

我们可以将公共产品分为：纯公共产品、准公共产品、纯私人产品，这是根据公共产品是否具有排他性以及不同程度进行分类的。但是无论按照哪种标准进行化分，完全公共产品都是极少的，纯公共产品的例子有：国防、空气、地心引力等。社会环境中还存在着大量的不同排他程度的产品，那就是属于混合产品或者准公共产品、非纯公共产品。根据公共产品的消费性和排他程度随时在发生这变化，其显示出的差别与层次性也不同。若产品的排他性到达了极端，那就说明这个产品属于私人产品的范畴，在排他性的另外一端则是非排他性，就是属于公共产品的领域，其实这完全是一条线，公共产品和私人产品分别处于这条线的不同两端；有私人产品端走向公共产品端，表示的是排他性的减弱非排他性的增强，如果是相反的走向的话就是非排他性的减弱排他性的增强；当大量的产品出现排他性时，不是不需要排他就是因为排他的成本过高而不能排他，这就很容易出现在使用公共产品的过程中“搭便车”的现象。一般大型的机关或者工程，对社会来说有很大的好处，但就其性质而言，独立个人或少数人来创办，所得利润还不够支付花费的成本高。所以这种大型机关或者工程个人是很少去构建的，只能是由政府出面，通过强制性的征税行为让每一个人都来分担费用的方式进行公共物品的提供。

第二，公共产品供给主体作用的层次性，决定政府是公共产品供给的直接责任主体。

《社会契约论》认为公民的让渡是政府的权力的来源，政府只能按照与公民约定的目的和条件来行使权利。服务型政府是以公民的需要为核心，为公民提供服务为指导并承担责任的政府。公民和政府就像是社会上的一种委托代理关系，公民是委托方，政府是受托方，在现实生活中政府会向公民有一个征税的行为，公民向政府缴纳一定数额的税款相当于代理费用，所以按照这种关系政府必须委托人提供所需要的服务，从这种关系中体现了政府既拥有权利又必须得对公民负责。政府的权利是针对特定对象的具有专属性，在法律允许的条件下，政府可以将公共服务的权利进行授权，虽然政府的权利转移给了社会上的其他组织或者是非政府组织，但是政府承担的责任是不能够被转移的；若其他组织提供的公共服务不能满足公民的要求，那么要对公民负直接责任的依旧是政府而不是非政府组织或其他组织。所以，可以看出政府提供公共服务的直接供给者还是为公民负责的直接责任承担者。

第三，公共产品实现价值的层次性决定政府是公平目标价值的守望者。

公共行政到底具有怎样的价值是学者们一直在争论的问题。威尔逊（Wilson）在研究行政学时指出，政府能够承接怎样的任务并且怎样承接是顺利的这是需要弄清楚的第一步；第二步就是要政府如何用较少的资金和人力资本以较高的效率来完成这些专门的任务。怀特（White）持有这样的观点：行政的目标是管理者完成建设国家的任务，行政者在拥有权利的使用范围之内以最高的效率来使用这些物质资源让其达到最高的使用率，用最高效率的、最经济的、最快捷的方式来完成建设国家这项任务计划。怀特的这一观点强调了政府管理中效率的重要性。但是弗雷德里克森（Frederickson）认为公平才是政府管理当中最应该得到重视的。公共产品供给可以分为：目标性价值、程序性价值和操作性价值这几类价值。目标价值是提供公共产品要达到的最终目的和评价标准，公共产品的目标价值被认为是为全体公民公平地提供公共产品，让人们得到平等的保障、保护和发展。程序性价值运用资源、安排生产、以及供给公共产品的过程与先后顺序等应遵循的价值，它既可以是公平的，又可以是高效率的。操作性价值是在前两个价值确定后，具体操作上要遵循的价值，其完全可以是有效率的。从以上的各种分析中可以看出，公平的目标价值，私人组织是没有这种义务和可能保证的，只有政府才能担当起公平的目标价值守望者的角色，才有义务和能力保证实现公平。

|第|三|节|

公共服务均等化的内涵、相关理论与国际经验

一、公共服务均等化的基本概念

（一）国内公共服务均等化的概念和解释

对公共服务均等化内涵的界定，在学术界目前还没有一个相对统一的说法，但其中较为有影响力和代表性的是从基本权利、公共财政、机会均等角度界定的基本公共服务均等化概念。学者对公共服务均等的理解主要有三个层面：机会均等、过程均等和结果均等。机会均等指的是政府公平的利用公共资源公平的给予每个人均等的生活中的必要服务的自身发展的机会，包括享受到均等的教育、就业机会的均等以及得到均等的社会保障等。过程均等是指在发展过程中，不同的个体采用的发展模式是不同的，但是过程均等就是让这些个体的发展过程大致相同，在现实生活中，好比让不同的人实现不同的目标但是必须要求他们的实践过程是一致的，但是过程一致又往往会导致可能完不成目标，所以在现实中实施难度非常之大。结果均等是在政府提供的公共服务中每一个人都能享受到平等的服务并且满足每一个人需求，服务是不能很好地进行量化的，满足每一个人的需求也极不可能，所以想要在现实生活中实现结果均等化也十分困难。

公共服务均等化的概念在《国家基本公共服务体系“十二五”规划》中是这样定义的“公共服务均等化是指全体公民都能公平可及地获得大致均等的基本公共服务，其核心是机会均等，而不是简单的平均化和无差异化”。在“十三五”规划中，在以上基础上提出了公民在享有公平机会时不是绝对的平均，大多数国内的学者在具体研究时，他们有各自侧重的观点，但对这一概念的解释还是基本认同的。

对于“均等化”的理解是掌握公共服务均等化的关键之处。“均等化”既可以是一种静态的状态，也可以是一种动态的过程。静态是指“平均、相等”，动态是指“使平均或相等”的过程。换一种角度说就是，以同一种方式但是对公共服务均等化的解释有两种不同的理解：一是“平均相等的公共服务”的状态，二是“提供平均或相等的公共服务”。但是很显然这样理解公共服务有欠稳妥，因为对不同地区或不同人提供完全相等的公共服务是绝对不可能完成和实现的。所以，在理解掌握公共服务均等化的概念时要清楚明白两点：第一，公共服务的均等化并不是字面意义上简简单单的平均或者平等化，这种均等化也不是绝对意义上的均等，而是相对的均等化，在实际当中满足了公民的基本生存和发展之后，有一个界限就是“底线均等”，而不是让公共服务水平高低一致。在不同的地区对不同的群体可以允许存在差异，但是这种差异要求是在合理的范围之内的；可以允许因势利导，结合当地的资源情况和公民的需要，选择合适的“地方标准”，而不是只知道一味使用不适合当地情况的“全国标准”。第二，公共服务均等化是一个动态过程。十九大已经表明我国的社会主要矛盾发生了改变，社会主义矛盾的变化有着十分重要的意义：在经济社会发展进程中，我国政府在供给时与公民的需求不匹配，供给需求结构不协调，同时也反映了公民在不同的阶段和层次对于物质的需求层次也不同，随着经济越来越发达，公民们对的物质水平需求的质量也越来越高。

（二）国外公共服务均等化概念和解释

均等化思想最早是从西方传播过来的，但是西方的学者们却没有对均等化进行系统化的研究，也没有直接对均等化进行分析。他们研究的内容主要包括：公共产品、财政分权及财政等相关的理论和他们的均等化。

外国学者大部分都比较偏向于研究财政的均等化，财政均等化是以公共产品理论和财政分权理论为基础的。萨缪尔森（Samuelson）和马斯格雷夫（Масгрейв）认为公共产品理论是：公共产品的供给主体是政府不是市场，这是由公共产品的特性来决定的。蒂布特（Thibout）和奥茨（Оутс）从公共产品供给和财政分配这两方面进行了更进一步的研究，之后国外不同领域的学者对这两方面的内容进行了全面和深刻的研究。学者布鲁桑·埃勒（Breussand Eller）总结：一部分学者赞同且支持财政分权的观点，他们是从居民对于不同地区的偏好、信息的优势、管辖区域间的竞争力度以及垂直分工等这些层面来进行研究并论证财政分权的合理性的；一部分学者不赞同并且反对财政分权的观点，他们则是从规模经济以及不同区域间公共服务会产生外溢效应这两方面进行回应的。布坎南（Buchanan）、麦金农（Mckinnon）、韦加斯特（Weingast）等学者认为，公共选择理论关注的重点应该是政府的决策过程和机制，政府拥有了高质量的结构后才能够提供有效的公共产品。文森特·奥斯特罗姆（Vincent Ostrom）等是新公共管理者的代表人物，其与传统的公共行政理论所持有的观点不同，传统公共行政理论认为地方供给公共服务产品的同时也会生产公共服务产品，供给和生产应该是一起的，政府应该从全方面进行提供。但是新公共管理者们认为应该将公共产品的生产和供应区分开，他们建议市场机制也参与到公共服务的领域中来，并且还列举了生产和供给有效衔接的多种形式；之后新公共管理的学者们更加倾向于研究民主权和服务，并且主张除政府以外的其他机构也参与到为公民提供公共服务中来。

综上所述，我们可以将公共服务均等化理解为两点内容：其一，公共服务均等化只是政府财政分配当中的一个基本任务，所指的是在不同的社会发展阶段拥有不同的标准下，公民享受到的政府提供的公共产品和服务大是致均等的。其二，公共服务的均等化有利于社会的平均分配，有利于完成公平和效率相统一的目标。根据以上两点解读，再来看一下我国的基本公共服务情况。目前，我国不同地区之间、城乡之间和不同群体之间的差距还明显存在，主要表现在基础教育、公共医疗、社会保障等方面，其实这早已变成了社会各界关注的社会公平和公正的焦点问题之一。按照目前的形式，实行公共服务均等化对我国有着非同一般的重大意义，因为如果实现了公共服务均等化这一目标，就会有效缩小城乡之间和不同群体之间的差异进而缩小贫富差距，进而促进各地区发展均衡。

二、公共服务均等化的相关理论

（一）公共服务均等化的政治理论

1. 社会契约论

“天赋人权，主权在民”是社会契约论的核心思想，这个思想来自《社会契约论》，这本书中的作者是法国的让·雅克·卢梭（Jean-Jacques Rousseau），这个思想在当时喊出了“人类解放”的第一声，也是当时欧洲思想启蒙运动的代表。因此这一思想在刚提出的时候就风靡了全球，之后在一些重要的宣言中都用到过，该核心思想出现在法国《人权宣言》和美国《独立宣言》中，并且为后代的思想家们筑牢了基础。社会契约论：人生来就拥有自由，身体、意识和思想都是自由的，没有人能够对人的意识和思想进行控制，但是人民共同的公共意志可以控制社会，因此该如何体现这种公共意识，就需要有一种社会契约的存在。在这个契约中，人们以天然自由来换取契约自由；在参与政治过程中，每一个人必须同等的放弃自己的全部天然自由，并且将全部的天然自由转移给这个集合的整体，人们才能享受到相等的契约自由。

卢梭（Rousseau）认为，主权是人民的意志和公共的意志。所以，卢梭主张这种意识是公共的，其不能够被让渡、被分割也不能被代表，更不能转移或让渡到别人身上，亦不能由其他人或集体代表。在我们的现实生活当中，我们可以将政府当做是主权的代表者，所以政府所体现的就是公共意志，如果政府自身和它所表现的公共意志背道而驰，这样就会打破这个社会契约，社会成员就可以要求政府调整或者变革政府模式甚至将政府的统治者拉下台，重新选择政府能够与公共意志表现如出一辙的统治者。人的自由是与生俱来的，任何一个人都享有生存权和发展权，政府的存在就是为人们的生存权和发展权而服务的机构，是人们集体意志的体现。因此，政府有义务为每个人提供满足其需求的公共服务，并且提供的过程要求公开透明，受人民监督。

2. 正义论

人类所追求的社会理想状态是：公平与正义。人类追求公平和正义表明了人类生存的社会是在不断进步和完善发展中的。从古至今，很多思想家为这一目标的实现作出了大量的努力，他们对自己研究的内容和观点不断的修改添加得到了更丰富的发展。中国圣人孔子就提出了“不患寡而患不均，不患贫而患不安”的思想，从这个思想上来看虽说是一种不积极的理念，其只注重了公平却少有关注效率。从现代社会来看，与现代社会的情况十分吻合，为现代社会在这一方面的如贫富差距问题提出了预警，这也是在当时最早的关于公平正义的相对来说狭隘的理解。在西方国家队列中，公平正义的思想也是源远流长。柏拉图（Plato）就曾在他的《理想国》中这样说过：“正义能给予那些属于国家法制的其他美德——节制、勇敢、智慧以及那些被统摄在这一普遍观点之下的德性以存在和继续存在的力量。”亚里士多德（Aristotle）的观点与柏拉图相似，其认为正义是人类福利中最宝贵的无价之物。他们两个的观念主张的是安分守己和忠于职守，这其实也是对正义主义的一种相对狭隘的理解。近代以来，很多思想家对正义理论进行了更深入的研究发展，为现代正义理论打下了牢固的基础。20世纪70年代，罗尔斯（Rawls）的《正义论》问世了，人们对于社会问题的研究又掀起了一阵热潮；平等是罗尔斯正义理论中主张的核心思想，并且主张每一个人享有的权利、发展的机会和收入的分配都是平等的。

随着时代和社会的发展，人们理解能力也随之提高，对于公平正义内涵的理解更是发生了各种不同的变化，但其本质思想依旧是不变的，主张人们享有的权利、发展机会等都是平等的。公共服务均等化是根据公平理论的发展成果而提出的，其深深地根植于正义论，所以正义论也是政治学界的一个很重要的理论。

（二）公共服务均等化的经济理论

1. 公共物品理论

公共物品理论是新政治经济学的一项理论，其研究的是如何正确处理市场和政府之间的关系、政府的职能转变以及公共财政的收支等内容。1919年，埃里克·R·林达（Erik .R. Linda）初次提出了“公共物品”这一说法，随后“公共物品”这一词便一直使用到了现在。在公共物品理论上，林达尔均衡也是早期很重要的一项研究成果。林达尔均衡：公共物品的价格不是有强制性税收的器械政治机制来决定的，社会上的任何一个人都可以对公共物品进行讨价还价，大部分人会根据自己需求意愿的强烈力度以及公共物品供给的水平有自己内心的价格衡量，然后去进行讨价还价，从而实现自己内心价格的一个均衡。当代主流的公共物品理论是萨缪尔森（Paul A． Samuelson）和马斯格雷夫（Richard Abel Mus grave）提出来的，随后很多学者对他们的观点进行了评价和再发展，主要是从公共物品含义和供给机制进行研究发展的。

1954 年萨廖尔森（Sarielson）这样定义公共物品：任何一个人都可以购买公共物品，但是其中一个消费者的购买行为并不会对其他消费者造成任何影响，其他消费者并不会因此减少对公共物品的购买；也就是说，公共物品的主要特征是不会有竞争性（非竞争性），即增加一个人消费的边际成本为零。1959 年马斯格雷夫（Musgrave）集成了公共物品的当代定义，拥有非竞争性的同时又提出了非排他性，之后非竞争性和非排他性便成了公共物品的两大判断标准。他认为："任何人都同等地消费，不管他是否为此付费。换言之，我们必须将联合消费与排他原则的不适用性结合起来。"①

之后，也有一些学者对这两个判断标准进行了建设性的批评和阐述。1965 年布坎南（James M． Buchanan）在《俱乐部的经济理论》中提到，"公共物品具有广泛的延伸，不仅包括纯公共物品，还包括公共程度不同的其他物品"。他打破了人们以惯性思维定义公共物品的维度，而是以他自己的想法来对公共物品进行了定义："一部分商品和服务是通过市场制度实现需求和供给的，而另一部分商品和服务是通过政治制度来实现需求和供给；前者称为私人物品，后者称为公共物品"。

2001 年迈克尔・皮克哈特（Michael Pickhardt）吸收了布坎南的思想精髓，通过对俱乐部成员之间互相依赖关系的细化分析，以新的模式对公共物品进行了分类，见表 1-3。

---

① RichardAbelMusgrave，PublicFinanceinTheoryandPractice[M]. 邓子基、邓力平译，北京，中国财政经济出版社，2003.

表 1–3　物品分类表

物品特征	（非）竞争性	（非）排他性
可市场交易的公共物品	非竞争性	可排他性
不可市场交易的公共物品	非竞争性	非排他性
可市场交易的私人物品	可竞争性	可排他性
不可市场交易的私人物品	竞争性	非排他性

萨缪尔森（Sarielson）和马斯格雷夫（Musgrave）这样认为，政府应承担起公共物品供给的主要责任；布坎南（Buchanan）对于公共物品的定义也是以供给角度为基础的。由此可见，布坎南认为的核心提供者也是政府。

公共物品这一理论为我国公共服务均等化提供了牢靠的经济理论基础，也为我国如何确定公共服务供给主体提供了参考依据。

2. 福利经济学理论

20 世纪 20 年代，庇古（Pigou）是英国的经济学家，其《福利经济学》的出版，形成了当时福利经济学完整的体系。福利经济学的理论基础是边际效用价值理论，研究的内容是经济体系中的规范性。庇古觉得增加福利的手段和途径有很多种，但是作为重要的途径或者手段是：增加国民的收入并且对国民收入进行平均分配①。

第一，庇古指出，在市场经济上若消费者的消费偏好和购买力是不变的，国民收入增加则福利经济也会增加；国民收入增加是因为每个生产部门的资源配置都达到了最优配置，通俗地说就是边际私人纯产值等于边际社会纯产值。但是想要让这种两种纯产值的结果相等，在现实生产部门和生产操作过程中很难去实现。造成这两种纯产值不能相等的一方面原因是生产资源的流动不合理，其是因为市场上信息不够完全以及产权不够清晰明确；另一方面，生产收益和生产成本之间的背离也会使这两个纯产值不能够相等；除

① 庇古 . 福利经济学 [M]. 北京：华夏出版社，2007：57.

了以上两方面的原因之外，市场上的垄断会让这两个纯产值之间的差距越拉越大。所以庇古决定政府应该有所作为，建议政府使用一些强制性手段适度地进行干预，可以进行刺激鼓励或者控制限制一些工业企业，让生产资源达到最优配置。例如，可以对一些具有较强公共性质的产业进行国有化，对铁路系统、电力系统和自来水系统有国家来掌控；对于农副产品主要以鼓励的方式刺激生产，可以进行农副产品的补贴；对于垄断企业或者有较强严重污染的企业要进行严厉的管控，可以用征税的方式来限制这些企业。

庇古的福利经济学对“公共服务服务均等化供给主体的确定”有很重要的参考借鉴价值。国民收入是提供公共服务的主要资金来源，因此公共服务的供给主体就是政府，所以对于公共服务的各项事宜都是由政府进行决策和分配决定的，政府在制定公共服务项目的支出是应该遵循合理的、科学的和适合当前局势的原则，并且对各种实施的结果承担责任。

第二，庇古认为，国民收入的分配结果影响经济福利，其分配越趋于公平则福利经济就会增加，这个结论是根据货币边际效用递减规律得出来的。货币边际效用递减是随着收入的逐步增加，这种增量增加的越来越少；所以庇古的建议是把高收入者的部分资金分配给低收入者，这样才能促进国民收入的均等化同时也会达到经济福利增加的效果。公共服务分配影响着国民收入的分配，前者是后者的前提条件，只有公共服务的水平提高并实现均等化后才能为国民收入分配的实现奠定良好基础。庇古的这一理念为公共服务均等化提供了科学依据，政府应该先实现公共服务均等化，之后逐渐过渡到以公共服务均等化的方式来实现促进居民获得较高的社会福利水平的目标。

3. 不对称信息经济学理论

“经济人”和“完全信息”是微观经济学的两个基本假设条件。“经济人”假设条件：在经济生活中，每一个个体所追求的都是自身利益的最大化，每个人的追求都是利己的行为。“完全信息”假设条件：从事经济活动的每一个个体从市场上获取的信息都是充分的，都能够获得对自己产品需求和供给的信息。然而，在市场经济条件下的信息并不是充分和对称的。20 世纪 60 年，赫伯特·西蒙（Herbert Simon）和肯尼思·阿罗（Kenneth J.Arrow) 对“完全信息”假设提出了质疑，他们认为：每一个经济行为都是具有不确定性的，政府作出的每一个政策或者决定也都随时面临着不确定性，政府的不确定性要更大于经济行为的不确定性，但是即使存在不确定性，决策和结果的关系并不是相互对应的。20 世纪 70 年代以后，乔治·斯蒂格勒（George Joseph Stigler）、威廉·维克里（William Vickrey）、詹姆斯·米尔利斯（James AMirrlees）等更加深入地进行了探索和研究得出：在现实的制度安排和经济实践中，如果行为者没有得到充分可靠的信息，或者出现信息与供需情况不匹配就会严重的影响到市场的运行效率，最后出现“市场失灵”的结果，这个重要的发现为不对称信息经济学的产生和发展做出了重要贡献。

信息经济学的观点是这样的：其一，市场上信息的不对称会让交易双方不能获得最大化的自身利益，同时还会降低市场资源的配置效率。其二，信息本身有不对称性并且获取信息的人的能力也是各不相同的，这在一定程度上也影响了社会的公平公正。信息的不对称在经济学理论中揭示了在当代社会信息的作用越来越大，但是市场经济中的信息是不充分不对称的，所以如果完全依赖自由的市场竞争机制必然会带来一定的风险，并且在一些领域可能会达不到最优效果，尤其是在社会福利、环境保护和就业等公共服务方面。但是政府在信息不对称方面是拥有一定的控制能力的，能够避免很多因信息不对称造成的后果，尤其是在提供公共服务方面。所以，政府要极大的发挥其职能，保持信息在最大程度上的对称性。

为什么要实现公共服务的均等化，我们从不对称经济学中得到了强有力的回应与答案。实际的经济生活中是无法实现完全均等化的信息分配的，不同的地区、城乡和群体之间所拥有的以及所获得的资源信息是不一样的，发达地区往往比不发达地区拥有的和获得的资源要丰富得多。资源分配不均等的表现主要体现在三点：第一，多样性的信息来源渠道。第二，信息供给条件的优越性，如高质量的交通、电信系统等基础性设施。第三，信息量大、传播速度快。信息的不对称性造成了各地区经济发展不公平的现象，每个人所享受到的公共服务也就会不均衡；所以在经济运行方面政府要加大监督力度，尽可能使信息充分、对称，进而实现公共服务的均等化，推动经济社会和谐发展。

4. 第三优先理论

帕累托最优是任何改变都不可能使至少一个人的状况变好而又不会使任何人的状况变坏的一种资源配置状态。帕累托最优是在三个条件共同实现的前提之下才能够完成的。一是交换最优，是指交换的目的是保障两者都能够获得最大的利益或好处。对于任何一位消费者来说，就是要保证他们的效用最大化，所以就要保证交换任意两件商品的边际替代率是一致的。二是生产最优，两个生产不同商品的生产者要达到他们可能生产的最大产量，这就要求他们所投入的生产要素的边际技术替代率相等。三是产品混合最优，每一位生产者在进行产品组合生产时，这个组合产品要反映出消费者的偏好和生产最优，消费者得到满足的同时生产者也获得了相应的利益，这样两者便达到了双赢的目的，这就要求任意两种商品边际的替代率和技术转换率相等。在现实生产和交换过程中，由于市场随时可能会因为某些因素的干扰出现市场失灵状况，所以以上三个条件很难实现，三个条件同时实现也是难上加难，为了解决这一问题便有了第三优先理论。

黄有光教授是一名经济学家，其认为帕累托最优状态只是一个理想状态，在现实市场操控中经常会受到信息时效性、真实性、滞后性和财政上的约束，所以就有了第三优先理论的诞生。第三优先理论是指政府根据自身国情来制定切实可行的、最有效率的政策来实现社会福利最大化的目标，这个理论结合了现实的基本情况，具有一定的现实意义，对于公共服务均等化的研究具有引导作用。满足公共的需求是实现公共服务均等化的前提，但是现实情况是政府无法逐一获知每一个人的需求情况，并且需求情况大不相同需要耗费高额的成本，所以，必须在第三优先理论的指导下，根据不同地区和群体的经济发展程度来采取不同的措施提高他们的公共服务水平，缩小差距，进而促进公共服务均等化的程度。

（三）公共服务均等化的社会学理论

“破窗效应”是犯罪学的一项理论基础，对公共服务为什么存在非均等化的原因作出了解释。“破窗效应”是1969年在心理学家菲利普·津巴多（Philip Zimbardo)的一次试验中提出来的，提出者是政治学家詹姆斯·Q·威尔逊（James.Q.Wilson）和犯罪学家乔治·凯林（George L.Kelling）。津巴多的试验是这样的：在加利福尼亚州，将一辆没有车牌没有顶棚的破旧汽车停在一个中产阶级的社区中，当地秩序井然、有条不紊，但是破旧汽车被偷走了。与此同时，津巴多将另外一辆全新的汽车停在纽约布朗克斯社区，这个社区与加利福尼亚州的社区截然不同，难于管理，但是一周过去之后，车子依旧停放在原来的位置并且和停放之前一模一样；随后，津巴多将这辆车子的车窗玻璃敲碎，结果和加利福尼亚州的破旧汽车一样被偷走了。根据这个试验，就提出了“破窗效应”理论：若有人打破一扇窗户的玻璃，之后就那样放任不管不对其进行及时的修理，别人就不会对一块破碎的玻璃有所在意进而导致这块玻璃越来越破，往更深一步想可能会引发盗窃等犯罪案件的滋生和蔓延。

从法律和制度建设来看，这个理论也影射了存在于这两方面的一些现象：国家制定的政策和制度，中央政府颁布的法律条文和战略方针，若涉及的相关部门都能很好的去执行，社会上的每一位公民都认真的去遵守，那我们生活的社会是一个井然有序、有条不紊的生活状态。如果一旦这个秩序井然的状态被打破，就会有人以“小恶为之”且不会产生很大影响的心态而不遵守社会秩序和规则，之后便会引发更多人去模仿，这个小口就会越来越大，这时社会秩序将无序可循。这个理论同样适用于经济生活中。在经济发展期间，为了实现公共服务的均等化国家制定了多项相关的制度和政策，这些制度或政策本身可能存在一些缺陷，以及在执行或实施的过程中出现一些与政策意图不符的行为等都会致使公共服务的非均等化。如若政府能够及时发现这些问题，对相关的政策或制度进行修改和完善，与此同时加大政府的监督力度，公共服务均等化这一目标就会实现。

三、国外公共服务均等化的实践经验

早期实施均等化的国家有北美加拿大和美国，这两个国家也是实施均等化政策的典型国家，其在实施公共服务均等化过程中对于联邦政府的作用进行了重点突出，主要依靠联邦政府的强制力量来推动公共服务的进程，将均等化作为主要目标来落实并执行。

以北美加拿大来看，公共服务均等化主要内容：居民享有福利且享有的福利机会是平等的，如若存在不平等则通过经济增长来缩小这种机会的差距，因此加拿大的居民们所享受到的公共服务一般都是适度的在合理的范围之内的。加拿大政府为了让居民所能够享有平等的服务采取了多种措施和手段来完成这一目标，一是推动社会发展促进经济的快速增长，该政府认为经济支持了社会的所有发展的，因此公共服务的均等化需要有足够的资金支持，只有这样才能为居民提供更多的公共服务，并让其享受到合理的、适度的、均等的公共服务。二是省级政府建立财政支出均等化体系，联邦政府可以通过比较不同省级的人均收入水平，对收入较低的省份进行财政转移和资金支持。以加拿大的医疗健康方面的例子来说，医疗健康这项公共服务是由省级政府管理执行的，但是每一个省份之间的财政收入各不相同因此提供的医疗健康也有所不同，联邦政府又想要达成公共服务均等化这一目标，其就与各省级政府联手合作，一起建立了国家范围内的统一的和照顾标准接近的全国标准，通过“加拿大健康转移支付项目”(Canada Health Transfer ，CHT) 实现医疗健康均等化服务。三是对于公共服务建立国家标准，以方便每个省级政府实施公共服务效果与国家标准进行比较，发现不足并进行改正；强化居民全国化发展进步的意识，努力引导人们在不同省域之间的流动，将财富资源流动起来，提升人们对国家一体化发展的认同感。四是制定更加详细公共服务均等化的规则，详细的规则让政策在实践当中更容易操作。教育上，加拿大政府规定任何一个5岁~18岁的孩子都可以享受义务教育，义务教育期间是不需要交学杂费和课本费用的，同时政府还会安排免费的校车对学生进行接送服务。失业保障上，工薪阶级的劳动者实行就业保险 (Employment Insurance，EI)，对于被辞退的员工有失业保险金 (Regular Benefits)，保险金的金额达到了其工资水平的 55%，但是每周补给水平不得高于 413 加元；如果失业者有孩子且其年收入不足 25921 加元，还可以申请其他的补贴，如国家儿童税收补助 (the Canada Child Tax Benefit，CCTB)，每一位失业者申请的事业保险金和国家儿童税收补助这两项的总额可以高于其工资水平的 55%。在医疗健康上，加拿大政府实行的是“国民基本医疗保险（Medical Service P1an，MSP）”，这项保险的服务标准是全国统一的；参加保险的方式有两种：一是免费直接加入。二是缴纳保费参加。其中只有两种人可以免费参加这项医疗保险：一是参加计划的公民；二是加拿大的永久居民。

美国政府对于公共服务均等化政策的制定和加拿大政府制定的政策有相同之处，这个国家在公共服务过程中都制定了十分详细的细则和规定。美国政府为实现公共服务的均等化也是使用了多种措施和手段：在教育领域，美国政府为适龄的孩子提供义务教学，小学和中学的课本是循环使用的并不需要缴费，只是使用完之后再交还给学校，学校再提供给下一届的学生循环使用，因此学生只需要购买学习的必需用品就可以了；家庭经济困难的学生，学校会为其提供免费的早餐和午餐。在医疗保障领域，美国政府针对不同的人群制定了不同医疗服务项目，贫困者有医疗保险 (Medicare) 项目、老年人有医疗补贴 (Medicaid) 项目，儿童也有专门的医疗补贴项目，美国政府实施的所有医疗相关的这些补贴总额度可达 2000 亿美元。在失业保障领域，美国不仅为失业者提供了救济金，还对失业者进行培训，帮助失业者再就业。美国政府还颁布了《就业训练合作法》《职业康复法》等法案，表明了政府对失业人员的高度重视，为此每年美国政府还会投入约 70 亿美元对失业者进行相关的教育和培训。服务残疾人领域，联邦政府制定了《残疾儿童教育法》《关于处于发展阶段的残疾人法案》《美国残疾人法》等一系列相关的法律法规，让残疾人在生活、教育、就业和福利等方面均享有特殊的照顾待遇。与西方国家有着完全不同文化传统和基本国情的日本和韩国都是利用政府制定的政策来引导和实践推动公共服务均等化的发展，通过逐渐减弱各地区间的差异，来解决区域间发展不均衡的问题。

日本的“综合开发计划”将均等化服务体现的淋漓尽致。日本一共实行了三次全国综合开发计划，这三次开发计划称作“三全综”。第一次开发计划是 1962 年制定的，这次计划的主要内容是：治理城市的过度集中和消除差异，并且制定开发了更大规模新区域，用来承接密集地区的工业产业。这项计划对不同地区制定了不同的方针和策略，对于过渡密集区域，对于这样的地区政府主要是限制产业企业的新增数量，并鼓励在这区域内的企业转移到新开发的大规模区域中。对于待整治地区，这类地区的基础设施水平并不是特别好，需要进行完善和整改，同时需要更多资金支持扩大公共服务的范围，以此吸引更多的企业和人口劳动力的入驻和迁入。对于待开发地区，这类地区主要是用于工业开发区和提供给大型工业企业使用，日本政府想要将这类地区打造成中心城市或者中等规模的城市。1969 年日本政府制定了第二次开发计划，这次的主要目的是解决地区间法案站不均衡的问题和地区间稀疏和稠密的人口结构和工业布局。第二次计划在第一次计划的基础上发展了交通运输系统，将交通路线和每座城市的据点结合起来组合成一张城市交通的大网。同时还提出了在中心城市之外的边远地区建立一个完全是工业的城市，并开发各种新型的工业企业，这样做的最终目的还是为了实现地区间的均衡发展。1977 年，日本政府制定了第三次开发计划，第三次开发的目的是为了平衡地区间和城乡间的经济、社会、文化等发面的发展。截止到 1977 年，日本的三次全国综合开发计划全部提出，“三全综”对日本的均等化发展有很重要的意义和影响，其让日本的工业布局调整的更加合理化和规范化，计划中对中小城市的重点开发和加大落后地区的开发力度，很好地解决了日本稀疏和稠密的人口结构和工业布局。“三全综”与历史和传统文化相适应，将日本居民的生活环境、自然环境与生产环境都进行了整体的优化，三方面环境相互协调形成了人们适宜居住的综合日常环境，居民生活环境得到提升的同时，也提升了日本公民对日本政府认可度和信任感。

韩国政府制定均等化政策的目的就是解决城乡之间的差距。1970 年，韩国总统朴正熙提出了“新村培养运动”，这项运动其实就是在国家发展队列中加入了“农村”这个发展主体。1971 年开始了一个实验项目，韩国政府为每一个农村提供水泥，让村民自主使用但必须用来改善村居环境。政府还额外提出了十个建议项目并且都是和农村的一些基本生活环境、生活条件以及基础设施相关的。韩国政府为了农村的快速发展，还专门成立了“新村运动”的中央级别的议会组织，主要负责与中央进行项目进度的汇报与沟通，从真正意义上对农村进行改造和完善，还调遣中央级别和地方政府级别的干部到农村中去，对“新村运动”进行正面直接地指导。随着“新村运动”的开展越来越广泛，韩国政府对新村建设提出了更进一步和更加广泛的目标任务。第一，农村启蒙，韩国政府认为想要改造农村首先就要唤醒村民的意识，让其知道改造农村对他们来说是有益处的；政府选择的都是村民都比较善于接受的、平易近人的方式和途径来让村民接受对农村的改造，以此来唤醒村民潜在的效能。第二，发展经济，促进农村农业的发展提高村民的收入，韩国政府制定的项目有道路工程和浇灌工程；除此之外还有推广经济耕作、家畜饲养个体化、经济生产专业化及“新村工厂”的开发建立。1972 年，韩国从参加运动的村庄中选出将近一半的村庄对其进行改造并将其作为模范代表村。1973 年韩国有对全部的村庄进行分类：基础村、自助村和自立村。政府根据不同村庄的当地情况来制定与之相符合的运动目标，只对自助村和自立村给予物质上的支援；将基础村排除在外的原因是刺激基础村开展自助的事业。让人意想不到的是，截止到 1973 年，2/3 的基础村自主地参加到“新村运动”中，在 1973 年的时候，基础村几乎已经没有了，大约 2/3 的村庄上升成为了自立村。第三，社会发展，具体是三个方面的改革：改善基本生活环境，对供水系统和排污系统进行维修和改造；改善基础住房条件，对房屋维修或者重建；建立公共系统，对电网和通讯网络进行扩张等。经过如此一番的调整和改善，韩国的农村面貌可谓是耳目一新。

本章小结：区域协同发展涉及人口、市场、经济、产业和资源等多个要素，是一项包括经济、社会、资源环境等全方面的综合复杂的系统工程，区通过一定内在机制的确立和运行，实现区域资源的最优配置和经济社会效益的最大化。其中一个关键性保障因素就是通过基本公共服务均等化来实现各类资源要素的自由流动，因为基本公共服务包含了公共教育、公共医疗、公共文化、公共保险福利等诸多内容，它的优劣直接影响着资源要素的流动方向。但对于公共服务均等化的解读却可以从政治学、经济学、社会学等不同视角进行切入，各国在具体的公共服务均等化实践过程中也都结合自身的政治、经济、文化等因素进行差异化推进，以寻求区域协同发展的最优结果。

第　　二　　章

京津冀协同发展进入新时代及其三地公共服务均等化问题的提出

PART 2

第一节

京津冀协同发展的现实条件与历史探索

一、协同发展的现实条件

（一）地理位置

在地理位置上，京津冀地区位于北部，所在地势为平原，北边是燕山山脉，南面是华北平原，西边倚靠太行山脉，东临渤海（我国内海），位于我国温带季风气候区。三地山水相依，地理相接，自然生态上具有一定的整体性和独立性，在地缘上属于同一个系统，有着相同的自然地理背景。河北北部和西部包围着京津地区，张家口和承德还担任了保护北京和天津两地水源的角色，视为生态保护屏障。京津冀区域涵盖了13个地级市：北京、天津、保定、唐山、廊坊、石家庄、沧州、秦皇岛、张家口、承德、邯郸、邢台和衡水。该区域内高速、高铁、机场等现代交通网络系统发达，石家庄、保定、廊坊、沧州、承德等多个城市的位置与北京、天津接壤或距离适中，可构成多个地理位置上的黄金三角地带。三地总面积21.6万平方千米，占全国总面积的2.3%，地形平坦，发展空间巨大。

（二）历史人文

京津冀文化认同有着丰富的自然与人文基础，三地地缘相连接、人缘相亲近，历史文化同承一脉，地理背景和文化渊源十分深厚。从三地区的地势分布来看，北京、天津互为相接同时又处在河北的内部，三地紧紧相依。因此三地环境相似接近，使这三地的居民有了大同小异的生活习惯、文化传统和观念，如此优良的风土人情和自然风光，让人们对京津冀文化更加认可和认同。再从历史文化上来看，这一区域的文化作为中华传统文化中很重要的一部分，属于燕赵文化，三地均有着十分深厚的文化积淀。燕赵文化是在春秋战国时代发展起来的，学习燕赵文化的人们不断形成了勇武尚侠、刚柔相济、以刚为主、追求进步、不屈不挠的文化性格，形成了具有农耕文化和游牧文化融合特质，汉族文化与北方少数民族文化结合的文化体系。人们在理想信仰、风俗习惯、日常生活等方面都具有同一性，在政治、经济、文化等方面有着一致的文化标识和方式。大概是从元代开始，三地开始出现了差异，北京成为了具有皇家特质文化的都城；天津也在不断发展，漕运码头的蓬勃发展是商业和市民文化兴起的征兆；自此之后三地的文化面貌才出现了一些不同的特点和面貌。但是即便是发生了一些变化，三地依然有着密切的的联系，互为依存，从来没有被分割。明代、清代以后，河北、天津成为都城北京的直隶区域。三地的行政区划无论如何变化，它们的文化底色始终无法改变的共同的燕赵文化，这一脉相承的底色，让三地流淌着一样滚烫的血液，是今天促进协同发展的强力纽带。

最早从事欧洲一体化规划设计的法国学者让·莫内（Jean Monnet）说过："如果我们可以重新开始的话，让我们从文化开始吧。"丰富的历史文化资源是京津冀共同的历史记忆和理想信念。通过充分挖掘追溯进一步增强了三地人民的凝聚力和心灵契合度，成为三地文化认同的基础。以此为基础，树立起人们的京津冀意识和共赢发展的大局观念，就可以成为京津冀协同发展的内在保障和支撑。

（三）人口与经济

从人口视角看，截止到2018年底，河北、北京和天津的常驻人口分别是7556.3万、2154.2万和1559.6万，合计达到1.13亿。三地之间人口和劳动力资源流动频繁，按照北京市社会科学院的研究报告，河北的人口流出占大多数，2000~2015年河北为京津两地的流动人口作出了20%左右的贡献，北京市户籍人口年均增长率中近1/5来自河北，且呈持续上升趋势。另外，京津冀地区受教育程度较高的人更偏向于流动。其中，大专及以上占比高达24.47%，这与京津冀地区高校云集、科研院所浩如烟海有着密不可分的关系。可以预期的是，未来随着京津冀协同发展的深入推进，三地的人口资源总量仍将持续递增，内部人力资源要素流动将更加频繁。

从经济视角看，三地在资源配置和产业结构上存在着较强的关联性，各地的资源或产业可以自由实现转移和承接、聚集和扩散，客观上拥有较好的产业融合发展基础。根据国家统计局数据，京津冀三地设立的跨省（市）的活动单位在逐年增多，这种跨省（市）的活动单位是法人单位设立在自己所在城市或省份，而产业活动机构是建立在非自己城市或省份的。例如，一个单位在北京设立法人单位，但是该单位的产业活动机构单位却是在天津或（和）河北。京津冀三地的这种跨省市单位已经达到了1.6万家，与2013年相比增长了180.2%。表2-1是根据统计数据整理的，可以看出北京市的跨省市单位占到了总量的3/4，对津冀地区产生了明显的溢出效应。由此可见，这种分配表现出了极大的不均衡，这种不均衡急需探索有效的解决办法。

表 2-1　2018 年京津冀三地跨省（市）法人单位数量表

地区	跨省 / 市法人单位数量	占比
京津冀	1.6 万	100%
北京市在津冀的机构	1.2 万	76.5%
天津市在京冀的机构	0.3 万	15.9%
河北省在京津的机构	0.1 万	7.6%

二、京津冀协同发展的探索历程

虽然京津冀长期合作一直是人民和地方政府的共同心愿，但合作过程却饱受风霜、变幻莫测、尤为波折，其中经历了三个阶段的发展探索历程。

第一阶段：2004~2010 年，达成“廊坊共识”并开始不断探索。

关于京津冀区域经济发展战略的研讨会在 2004 年 2 月由京津冀地区有关部门的负责人在河北省廊坊召开。会议上共同达成了著名的“廊坊共识”，是认真剖析和研讨了京津冀地区发展的各种问题后达成的。共识的目的是增进三地经济的协调发展和快速增长，提高区域竞争力。

“廊坊共识”是京津冀地区第一次尝试合作出来的，改革开放以来这个成果表示了三地合作共同发展的美好愿望，同时也给出了全面并且详细的实践措施，这一重要的成果是京津冀三地合作经历的见证，而且为三方的合作奠定了基础。京津冀区域发展的事件，见表 2-2。

表 2-2　京津冀区域发展的事件

时间	事件及内容
2004 年 6 月 26 日	《环渤海区域合作框架协议》
2004 年 11 月	《京津冀都市圈区域规划》：石家庄、保定、张家口、承德、唐山、秦皇岛、廊坊、沧州、北京、天津（十座城市）实行“8+2”的关系
2005 年	十一五规划提出要推进环渤海地区发展，在天津建立天津滨海新区
2008 年	北京为奥运会做各项准备工作，连带周边地区的基本设施也一起进行完善调整

第二阶段：2011~2014 年，建设“首都经济圈”。

2011 年，十二五规划提出对京津冀地区进行更进一步的发展——建立“首都经济圈”，为了推进三地经济共同发展、助力河北沿海地区的发展。此次规划首次被记入了国家发展规划，并且有了一致带领前进的方向。首都经济圈在布局规划中将围绕北京这个核心城市作为重点来开展，加深了京津冀三地交通的关系连接，在环境保护方面也有了更进一步的合作联系。

第三阶段：2012 年 ~ 今，京津冀协同发展进入新时代。

2012 年十八大召开以来，党中央对于京津冀的协调发展十分关注，经过对三地一系列的战略制度后，三地的协调发展进入了一个全新的阶段。表 2-3 是 2012 年至今中共中央在京津冀三地的发展上作出的各种重要决定；“双城记”的提出为社会主义现代化增添了浓墨重彩的一笔，起到了很好的开头作用。京津冀协同发展战略对于三地的发展有深远的影响，对此习近平总书记还提出了相关的七点要求和战略部署：①强化最高层领导，清楚战略定位。②突破固定的传统思维。③创新产业对接模式。④对于城市和空间的布局结构进行调整。⑤注重生态环境的保护。⑥建立更加方便快捷的交通网络体系。⑦促进京津冀三地一体化发展，实现三地资源的自由流动。之后，中共中央还作出了很多重要批示。2015年通过的《京津冀协同发展规划纲要》(以下简称《纲要》)使京津冀的发展进入了实质性的阶段。在那之后，北京召开会议、天津召开会议、河北召开会议，研究贯彻《纲要》的意见精神，部署详细任务；在2015年7月，分别通过了北京、天津和河北的发展规划纲要，并分别提出了工作重点，北京要加快建设通州行政附属中心，天津要积极推动京津冀城市群的构建，河北省则要以服务北京为中心，疏散北京的非首都功能，同时注重发展短板发掘增长潜能，以此来推动京津冀协调发展的任务。

2015年7月24日，在北京召开了京津冀协同发展的工作推动会议。在会议上对《纲要》提出的任务和措施进行了细化分解，并尽快落实到具体各部门单位中去，加快对十三五规划的编制工作；在会议上还强调了对于区域规划要进行统一的管理，强调把握工作重点，在交通一体化、生态环境保护和产业转型升级三方面有率先的突破。

2017年中共中央提出建立雄安新区是促进河北发展的重要决定，同时雄安新区的主要功能是帮助北京疏散过于密集的人口，治疗北京的“大城市病”；雄安新区对于北京和河北均承担着重要的使命，其与通州一起被称为是促进北京发展的“两翼”，同时又和张北地区称作是促进河北发展的“两翼”，一个地区共同促进了两个地方的发展，起到了一箭双雕的作用，推动着京津冀三地的协同发展进程。京津冀区域协调发展的事件及内容，见表2-3。

表 2-3　京津冀区域协调发展的事件及内容

时间	事件及内容
2013 年 5 月	习近平总书记到天津调研考察，并提出京津“双城记”
2014 年 2 月	提出京津冀协同发展战略
2015 年 4 月 30 日	《京津冀协同发展规划纲要》获批
2015 年 7 月 10 日	通过了《中共北京市委北京市人民政府关于贯彻〈京津冀协同发展规划纲要〉的意见》
2015 年 7 月 13 日	通过了《天津市贯彻落实〈京津冀协同发展规划纲要〉实施方案（2015-2020 年）》
2015 年 7 月 14 日	通过了《中共河北省委、河北省人民政府关于贯彻落实〈京津冀协同发展规划纲要〉的实施意见》
2015 年 7 月 24 日	在北京召开了京津冀协同发展的工作推动会议
2017 年 4 月 1 日	在河北设立雄安新区

三、准确把握京津冀协同发展的科学内涵

“京津冀协同发展”让我国区域发展进入了一个崭新的经济发展阶段，同时也是更加全球化、现代化和社会化的表现，这对我国区域社的协同发展有重大意义，所以在协同化发展的过程中要注意四方面的协调发展：跨省经济区、城市经济圈、城市群社会化、环境保护。京津冀协同发展作为国家层次的发展战略，其大致内涵是：以顶层设计引导建立协调机制体制，以跨行政区域管理为核心，从而解决制约京津冀发展的一系列关于生态环境和经济增长慢等方面的难题，在保持稳定发展的同时促进经济增长和生态环境的保护，寻找出一条让三地更好、更快、更协调、一体化发展的科学创新道路。这不仅加深了对我国区域经济协调发展的认识，也促进了对经济区、城市群和经济圈的理解，加快了我国现代化的步伐，在战略上对我国发展有着深远的意义。

京津冀协同发展，最初落实的出发点就是治疗北京的“大城市病”，让拥挤的北京变得疏松些，有一丝喘息之气，寻找发展北京非核心功能的办法；其核心是建立在国家统筹层面上，将北京、天津、河北三地看成一个集体，把之前三地各自独立发展转变为互帮互助“一家亲”的画风，对区域内城市的布局、空间结构进行完善，三地互联网相联相通，整改现代的交通网络；在上述基础上求同存异，三地可以根据自身不同的发展阶段对当地的产业进行转型和升级。与此同时，不能忽略生态环境的维护，一些产业虽然能够带来很好的经济效益，但却是以牺牲对环境的保护为代价的，对于这样的行业要严加限制。在实现京津冀三地协同发展的美好愿景过程中，必须要时刻注意生态环境，建立三地共建共享的交通和网络一体化服务，使三地区达到稳定、共同、和谐、互惠互利的发展。

北京、天津、河北三地东临渤海同处一地，在战略上是十分重要的咽喉位置。北京、天津在河北的环抱之中，三地看似一家实则近邻，者三个地方的发展水平良莠不齐，北京和天津地区很发达，河北发展则落后于京津两地区，将京津冀三地看做一体，从地图上看京津属于内环，河北属于外环；以往京津，尤其北京的虹吸效应十分明显，河北的牺牲尤为巨大，但是河北自身却没有得到很好的发展，并且河北也面临着环境恶化等一系列难题。推进京津冀协同发展，对破解区域发展困境，实现三地和谐发展，构建现代化的首都经济圈，联合带动北方发展具有十分重要的作用，甚至为我国其他城市的聚集发展提供了借鉴依据。

第二节

京津冀协同发展上升为国家战略

2014年2月26日，习近平总书记发表了关于京津冀协同发展的重要讲话，这次讲话体现了党中央对京津冀三地发展的重视，并且引起了社会各界的关注，尤其是北京市政府、天津市政府和河北省政府极度重视；同时将京津冀协同发展上升为国家层面的发展战略，这三省市相关机构更是努力积极配合“京津冀协同发展战略”的实施工作。这次的讲话和国家级战略对三地发展产生的影响是空前的，也奠定了三地协调均衡发展的深厚基础。京津冀协同发展作为重大国家战略，关系到我国宏观管理机制和协调机制等在内的全面的、综合的创新改革，是包含政治、经济、社会和环境等多层面的复杂而庞大的工程。在这个工程里我们要明确好分工，以专业的、全球化的和社会化的观念提高生产效能促进发展。以“大首都经济圈”的视野看待经济社会的布局和发展；以“环首都城市带”的视野刺激周围城市的经济发展和结构调整；以“环首都生态圈”的视野对产业生产环境进行控制和监督，从这三方面的视野出发促进经济综合发展，以及京津冀地区的协调协同发展，打造成一个全新的“升级版本”的中国经济。

一、京津冀协同发展上升为国家战略的客观必要性

“京津冀协同发展”像是一个“命运共同体”将这三地域的地缘、人口、经济、空间和环境等紧密地联系在了一起，这是京津冀协同发展战略在现实工作过程中必须要面临的客观条件。这个客观条件和必要选择，就是为了让京津冀的联合协作和经济发展顺利推。京津冀协同发展，是解除制约京津冀发展的迫切要求，其可以破解区域经济发展、生态环境保护等民生关注的热点问题，所以非常有必要把这项战略上升为国家战略，由中央来协助推动三地经济以及其他方面的共同发展。

第一，京津冀合作发展差强人意，须通过中央加强顶层设计来推动计划和统筹。

第二，雾霾形势恶化，空气污染严重，这让京津冀区域发展达成了一致的认识：大气污染是需要全区域共同出力解决的复杂问题，要想从根本解决雾霾问题需要根据国家的强制力进行管控，中央层面必须从国家级战略的高度制定计划共同解决。

第三，寻找疏散北京非首都功能的办法，发展非首都的核心功能，调整产业布局，加快北京产业外迁。

第四，实现京津冀同步发展，加强优势互补，协同发展，融合一体化发展。

二、京津冀协同发展的意义

京津冀协同发展作为重大国家战略，关系到我国宏观管理机制和协调机制在内的全面的、综合的创新改革，是包含政治、经济、社会和环境等多层面的综合复杂而庞大的系统工程。在这个工程里我们要明确好分工，

以专业的、全球化的和社会化的观念提高生产效能促进发展。以“大首都经济圈”的视野看待经济社会的布局和发展；以“环首都城市带”的视野刺激周围城市的经济发展和结构调整；以“环首都生态圈”的视野对产业生产环境进行控制和监督，从这三方面的视野出发促进经济综合发展，以及京津冀地区的协调协同发展，打造成一个全新的“升级版本”的中国经济。从这区域发展机制的改革，城市群结构的完善，首都经济圈的建立，以及在京津冀地区和渤海地区的人口、资源和环境等几个方面来认识国家战略的深刻意义。

第一，习近平总书记亲自主持召开京津冀三省市协同发展会议，代表中央对京津冀协同发展作了全面系统的阐述，这次中央对有关区域经济联合协作、均衡科学发展的阐述，实现了一个质的飞跃和精神上的提炼与升级。

2014 年 1 月，在对北京进行城市工作规划中习近平总书记强调，在发展首都功能定位时也要时刻关注京津冀三地的协同发展。改革开放之后，我国经济贸易往来越来越发达，市场经济也越来越专业化、和谐化和社会化，区域间的经济协调发展成为了当时经济发展的重要手段并产生了深刻的影响，这在国家在制定总体发展战略时得到了认可与肯定，之后中央政府或地方政府的一些重要文件里时不时会出现经济贸易以及其带来的作用影响，以此作为范例带领其他区域经济的增长。“十一五”期间，中央政府连续出台了多项政策文件，这些规划都是为了推动和深化区域的发展，并将区域协调发展作为一项十分重要的任务。《首都经济圈一体化发展规划》的编制工作从 2006 年正式开始。习近平总书记从国家长远发展、科学的区域战略布局、可持续发展以及其他相关方面的视角，着力加强顶层设计和发展区域体系的创新，从长远来谋划，改善我国城市群的构成和形态；打造全新的首都经济圈，促进京津冀的协同发展，推动沿海地区的经济发展，打造我国跨省市区域的示范案例和开发模板；影响全局发展的战略性问题：生态文明的有效建设以及人口、资源和经济环境的协调发展，并且提出了七个方面的任务。这一系列的政策文件和规划，是建立区域经济一体化，协调、均衡、和谐和科学发展区域经济环境等的综合提炼和提升。

第二，从国家长远发展的角度看待和理解京津冀协同发展这一国家级的发展战略，并体会其深刻内涵。我国在工业化和城镇化取得了很大的进步，在经济发展水平上提高了其专业化、协作化和社会化的能力，强化了经济带、经济区（经济圈）内部的关联，在经济社会发展的新阶段联合协作发展显得尤为重要和迫切；处在这样一个背景：体制机制全面深化改革，消除各种体制阻碍，调整完善产业结构，提高生态环境的保护意识等，将中国经济全新打造成另外一个"升级版"。像我国京津冀地区经济圈及城市群效应、社会发展和环境保护等问题具有一定的代表性，中央机构初次系统地提出了三地协同发展的重大战略，这表示以区域机制体制的改革建设、三维立体的便捷交通网络和共同治理生态环境为突破口，实质性的推动了京津冀经济向前发展的步伐。京津冀地区的发展不仅增强了我国经济可持续性的能力，而且还是一条促进区域经济增长的正确道路，可以破解阻碍区域经济社会可持续发展的难题以及民生热点关注的问题。所以要从更高的眼光来认识中央将京津冀协调发展上升为国家战略的重大意义。

第三，齐心协力打造京津冀发展空间，努力推进"首都经济圈"建立的进程，促使京津冀协同发展的完成。从三个地区的地理位置看，河北就像北京和天津保护罩包裹着京津两地，是"两核一环"的关系。如果想要更加突出北京的重要性，还可以这样认为："一核、一翼、一环"关系，北京是核心，天津是翼，河北是腹地。无论怎样看，这三地之间关系是密切难分的，是一个不能被分裂的整体。京津冀的协同发展，涉及定位核心城市功能和产业结构、设定城市群的分工、调整区域产业的布局、综合治理生态环境和整体化的综合服务等一系列关于经济、社会、环境等问题，但是这些问题不都在经济学学科研究的范围之内，也就是说还涉及其他方面的内容，例如，地域文化、历史政治、社会环境等，这些研究内容超出了经济学研究的维度。协同发展中的“协同”并不是简单字面意义上的协同，是包含在政治、经济、社会、工程和管理学等这些学科的内容。因此“协同”的核心理念是为了同一个目标而共同努力，在一定的区域范围内让其中的每一个部门合作起来共同听从一个指挥者的命令，并跟随其领导努力配合指挥者的各项工作。“协同”本来意思上就有协调一致和积极配合的意思。所以，“京津协同发展”就是以北京为中心，北京、天津和河北共同发力，根据各自地区的发展优势协调发展，并补齐不足之处，进而使京津冀地区实现协同的高质量互补式发展。

|第|三|节|

京津冀公共服务均等化问题的提出

一、京津冀协同发展的重要内容：基本公共服务均等化

京津冀协同发展作为国家层面的发展战略，其大致内涵是：以顶层设计引导建立协调机制体制，以管理京津冀跨区域行政区为核心，从而解决制约京津冀发展的一系列关于生态环境和经济增长慢等方面的难题，在保持稳定发展的同时促进社会经济增长和生态环境的保护，寻找出一条在京津冀发展经济圈让三地更好、更快、更协调、一体化发展的科学的创新之路。这是对改革的综合研究，我国各地区宏观管理体制和协调机制的改革包含经济、政治、社会和环境等多方面的工作，而且这些工作是多层次的、相互联系的、庞大的，所以教育、医疗、卫生、社保等诸多社会热点、难点问题理应被囊括其中，并且是影响三地深入协同进度和层次的关键因素。

从充分发挥政府公共服务职能和主观能动作用看，经济资源要素的流动与整合利用，主要是由市场决定的，政府的作用侧重消除区域行政壁垒、改善交通基础设施层次、提高公共服务水平等措施，引导并规范其有序外溢。而社会事业和公共服务资源的外溢，无论是存量迁移还是增量

扩张，都面临成本大、效益低等重重阻力，这个时候最能体现政府的职能并发挥其积极能动作用。如京津高校在提出对河北的支持意见时，都希望地方政府能够提供经费援助、建设用地、贴息贷款、各种免税等丰厚条件和优惠政策；北京朝阳医院与河北燕达医院合作时，也提出要完善土地划拨、财政补助、费税减免等驱动和引导性政策。因此，要将教育培训、医疗卫生等功能向首都以外转移，只有正面的激励作用、内生动力、社会的自主性是远远不够的，必须依靠政府强制性的推动力，通过制定政策来约束和监督落实，以确保非核心功能的教育培训、医疗卫生等得到合理优化和积极疏解。

二、京津冀三地公共服务发展水平存在明显差距

尽管三省市都建立了基本公共服务的初步框架和制度体系，但是河北仍是“拉后腿”的状态，在公共服务水平和发展质量上都低于京津两地，由于第四章还将进行详细分析，故在此仅作简单介绍。

（一）教育领域差距的主要表现

在我国九年义务教育中，依据生均教育经费来看，河北的生均教育经费达不到天津生均教育经费的1/4，比北京更少；河北在三地的平均受教育年限要落后北京和天津2~3年；再看另外一方面，在2019年河北省的本科录取率只有45%，然而北京的高考录取率达到了69%，天津录取率更高为79%；全国的“985”和“211”高校都聚集在了北京和天津两地，河北教育部直属院校的数量为“0”所，唯一的一所“211”院校还坐落在天津。

（二）科技发展领域差距的主要表现

从科技研发经费的投入来看，2018 年和 2019 年京津冀三地的研究与发展（R&D）经费支出以及万人发明专利数见表 2-4，从表格中我们可以清楚明了地看出河北和北京、天津之间存在的巨大差距；此外，国家层面的重点实验室河北也寥寥无几，河北的两院院士和高科技类的的工程师也是寥若晨星；然而，北京拥有的国家级重点实验室达到了全国的 30%，一半的两院院士也在北京，全国 20% 的高科技产业技术也在北京，13 个国家级重点实验室在天津，天津有 37 位两院院士，12 所工程研究技术中心所，且是国家级的。通过以上的分析，从科研领域的方面看，河北的科研和科技情况都是让人忧心忡忡。

表 2-4　京津冀三地科技发展情况

地区	2018 年		2019 年	
	研究与发展（R&D）经费支出（亿元）	投入强度（%）	万人发明专利数（件）	全国排名
北京市	1870.8	6.17%	132	1
天津市	492.4	2.62%	22.3	6
河北省	499.7	1.39%	3.32	18

（三）文化环境领域差距的主要表现

总体而言，京津文化环境领域的各项指标也远远高出河北。表 2-5 是 2019 年京津冀三地的公共图书馆图书量及接受服务的情况。

表 2–5　2019 年京津冀三地公用图书量及接受服务情况

地区	人均公共图书馆图书藏量（册）	人均到公共图书馆次数（人次）	人均接受文化馆 / 站服务次数（人次）
北京市	0.94	0.42	0.47
天津市	0.99	0.45	0.24
河北省	0.24	0.14	0.14

（四）医疗卫生领域差距的主要表现

表 2-6 是 2019 年的河北在医疗卫生方面的情况，从个人卫生支出的占总费用的比例来看，河北是 39.2%，北京是 22.3%，天津是 32.4%，河北均高于北京和天津。因此可以看出为什么河北地区的人都跑去北京看病就医了，因为北京的医疗资源和配置都优于和高于河北。

表 2–6　2019 年河北在医疗卫生方面的情况

	平均预期寿命	孕妇死亡率	每百万人口拥有三级医院数	每千人口拥有医疗机构床位数	每千人口执业（助理）医师数	每千人口注册护士数
与京津比较	比京津低 4~5 岁	比京津高 1 倍	北京是河北的 3.3 倍	北京是河北的 3.2 倍	北京是河北的 1.6 倍	北京是河北的 2.3 倍

（五）社会保险领域差距的主要表现

表 2-7 是 2019 年京津冀三地的社会保险情况，由此可以看出在城乡低保实施水平上，北京的金额要比河北高出近一倍的水平，而且养老金水平也是河北的 1.5 倍；从城镇职工医疗保险基金筹集水平看，京津社会平均工资高，单位缴费比例高，河北社会平均工资低，单位缴费比例也低，悬殊较大。到 2020 年，城乡居民医疗保险的统筹标准河北与京津两地也存在很大的差距：北京老年人的年筹资标准：4480 元 / 人，学生儿童：1910 元 / 人，年龄内的劳动居民：2679 元 / 人；比天津、河北各层次的筹资水平高均高出 50%~100%。

表 2-7　2019 年京津冀三地社会保险情况

地区	城乡低保标准（元）	平均养老金（元）	职工社会平均工资（元）	单位缴费比例	职工医疗报销比例
北京市	1100	4200	94258	9%	95%
天津市	980	3200	84876	10%	95%
河北省	658	2800	65266	7.5%	85%

（六）扶持养老服务发展方面差距的主要表现

北京的养老机构是非营利性质的，对于不同生活自理程度的老年人给予了不一样标准的补贴；若补贴超出了财政支出则由市级和区／县财政部门以相同的比例来分担，同时县／区政府还给予了当地拥有床位的老年人额外类型的补贴；在北京 80 岁以上的老年人还会有 100 元／月／人的服务券，可以用于餐桌和社区家政等。天津出台的政策是居家养老的护理补贴和服务补贴合并在一起使用。合并使用后，对于老年人需要照料程度进行分级“轻度、中度和重度”，以 150 元／人／月、200 元／人／月、400 元／人／月的标准来发放补贴。河北目前省级对社会办养老机构奖补的标准仅为建设补贴 1500 元，运营补贴仅为 50 元／人／月，对于居家养老需要护理的老年人没有任何扶持或补贴制度，经济支持较京津差距很大，见表 2-8。

表 2-8　京津冀三地养老服务发展情况

地区	养老扶持内容
北京	生活能自理老年人的补贴：300 元／人／月，生活不能完全自理老年人的补贴：600 元／人／月，每月给 80 岁以上老年人：100 元养老服务券／卡，其他类型补贴
天津	对于老年人需要轻度照料：150 元／人／月，中度照料：200 元／人／月，重度照料：400 元／人／月
河北	省级对社会办养老机构的建设补贴：1500 元，运营补贴：50 元／人／月

三、公共服务水平的非均衡状严重制约着京津冀协同发展进程

京津冀协同发展是在三地生态环境恶化、区域发展失衡背景下提出的，所以要对城市的布局进行一番全新的改革调整，改善环境质量提高人们生活居住水平。但是，就目前发展现状来看，三地在公共服务发展不均衡的现实面前，其他领域的协同发展也受到了极大的制约。

京津冀协同发展涉及交通、环保、产业、创新、政策等诸多领域，但公共服务的协同是基础性条件，是其他所有协同领域得以深入发展的保障性前提。按照市场经济规律，三地公共服务发展不均衡必然会导致各项政策、资金、生产要素等资源流动的低效率及不均等，进而对协同发展中三地的沟通合作、政策协调、产业对接、共建共享等造成不良影响。

另外需要特别注意的是，由于河北在经济发展、社会建设等方面与京津存在较大差距，特别是在教育、医疗、社会保障等公共服务方面，河北与北京天津存在着巨大政策落差，虹吸效应长期存在，人才、技术、资本等一系列高质量要素流入京津，这与通过京津冀协同发展实现疏解非首都功能的目标背道而驰。因此，推动三地社会事业和公共服务的均等化发展，解决好河北最明显的“短板”，是京津冀协同发展得以顺利推动的基本条件。

本章小结：京津冀三地地域相接、人缘相亲，历史文化本来就是同一脉系，具备协同发展的先天条件。经过多年探索，十八大之后，在习近平总书记的亲自谋划推动下，京津冀协同发展上升为重大国家战略，为该区域乃至全国的统筹发展绘制了美好蓝图。但三地公共服务发展差距的现实成为阻碍京津冀协同发展进程的重要障碍，因为这种公共服务的非均衡状态直接导致了人才、技术、资金等资源与协同发展初衷背道而驰的逆向流动，所以从落实好国家战略的高度重视京津冀公共服务均等化，尤其是从公共服务最薄弱的河北视角去探讨相关问题，具有重大的理论和现实意义。

第　三　章

京津冀基本公共服务均等化发展现状评价

PART 3

目前，国内对于公共服务均等化的评价大致采用定性和定量两种方法。从定性角度看，利用判断公共服务是否均等化的基本原则去测量不同地区间的公共服务是否均等化和均等化的程度。定量分析主要分为两部分，第一部分主要对各地区人均财政收入和支出，求得级差率和变异系数，通过计算结果去分析各个地区的财政能力的差异，通过差异的对比计算出公共服务均等化的程度；第二部分，利用指标法进行衡量分析，基本过程是将公共服务中的各个领域能够反映服务均等化的指标罗列在一起，进行整体评价，由于其涉及的范围较广，评定指标更为复杂，同时影响评价结果的因素较为杂乱，难以理清，因此选取综合评价法对于京津冀公共服务均等化程度研究是适宜的。

本章在以前专家学者对于公共服务均等化问题研究的基础上，结合京津冀三地的实际情况，首先收集了十八大以来（2013—2019 年）京津冀三地人均财政收入和支出数据，通过对财政能力差距的比较分析测度三地公共服务均等化水平。其次设计了关于教育、体育、文化、医疗、社保为主的一级指标和九个二级指标的指标评价体系，在样本观察期（2013—2019 年）综合运用专家打分法及其相关的评价模型，为各级指标赋权进行深入探讨与分析。最后评价目前京津冀三地公共服务均等化程度并分析影响三地非均等化的各个因素继而进行逐一点评。

第一节

京津冀人均公共财政收支状况分析

公共服务均等化程度是从多方面反映出来的，仅建立指标体系不足以展示各个因素对地区间的影响。而京津冀在经济发展中具有明显的差异特征，因此很多专家学者在进行指标体系构建工作之前，首先会对三地人均财政收入和支出进行全面的分析比较，以此得出间接影响三地公共服务的因素，从而更好地构建指标体系。

一、财政支出的变异系数和极差率

财政收支状况为京津冀三地公共服务的发展提供了物质保障和前提条件，公共服务的供给者主要是政府，因此政府的财政收入与支出情况对于公共服务的发展有着重要的影响，从供求角度看，人均公共财政收支是公共服务发展的重要决定因素。因为人均公共财政支出代表着当地居民对公共服务的需求程度，所以本节从通过变异系数与极差率对京津冀三地人均财政收支情况进行评价入手，深入探讨基于财政收支差异对京津冀公共服务的发展造成的影响。

变异系数主要反映的是指标间的变异程度，变异程度和差异程度成正向相关，判断京津冀三地人均财政收入的差异性，即可通过变异系数的变化来反映。一般差异越大，财政能力的差距也就越大，所以京津冀三地政府所提供的公共服务质量和水平差距也越大。

$$变异系数 = \frac{选取指标的标准差}{选取指标的均值}$$

极差率反映的是指标间的波动程度。用极差率来表示京津冀三地人均财政收支状况，数值越大则表明三地人均财政收支情况波动越大。

$$极差率 = \frac{选取指标最大值}{选取指标最小值}$$

通过查阅京津冀三地的统计年鉴及统计公报等信息，收集了三地2013~2019年人均公共财政收支情况，并计算得出其标准差、变异系数及极差率，见表3-1。

表3-1　2013~2019年京津冀地区人均公共财政收支状况（单位：元）

地区	2013年		2014年	
	人均公共财政收入	人均公共财政支出	人均公共财政收入	人均公共财政支出
北京	17312	19735	18717	21029
天津	14122	17316	15759	19018
河北	3128	5937	3313	6281
均值	11521	14329	12596	15443
标准差	6075.86	6015.83	6674.31	6430.09
变异系数	0.527	0.420	0.530	0.423
极差率	5.535	3.324	5.649	3.348

地区	2015年		2016年	
	人均公共财政收入	人均公共财政支出	人均公共财政收入	人均公共财政支出
北京	21764	26435	23385	29485
天津	17241	20895	17435	23682
河北	3567	7644	3816	8083
均值	14191	18324	14879	20417
标准差	7735.66	7883.95	8190.66	9037.24
变异系数	0.545	0.430	0.551	0.443
极差率	6.101	3.458	6.128	3.648

地区	2017年		2018年	
	人均公共财政收入	人均公共财政支出	人均公共财政收入	人均公共财政支出
北京	25019	31439	26859	34683
天津	14840	21084	13505	19897
河北	4300	8797	4650	10217
均值	14719	20440	15005	21599
标准差	8458.93	9254.97	9128.49	10060.51
变异系数	0.575	0.453	0.608	0.466
极差率	5.819	3.574	5.776	3.395

地区	2019年	
	人均公共财政收入	人均公共财政支出
北京	27011	34399
天津	15433	22766
河北	4930	10951
均值	15791	22705
标准差	9018.18	9572.89
变异系数	0.571	0.422
极差率	5.479	3.141

二、京津冀人均公共财政收入变异系数和极差率分析

从变异系数角度分析人均公共财政收入情况。在2013~2019年京津冀三地的人均财政收入变异系数均在0.5以上，这说明三地在经济发展方面有相当大的差距。由于河北自身环境及历史原因发展速度慢且质量不高，因此人均公共财政收入就少，继而影响了公共服务供给的提高。从极差率角度分析，2013~2016年持续增长，在2016年出现顶峰6.13，人均公共财政收入极差率的不断增加表明京津冀三地财政收入能力的差距波动幅度厉害，并没有形成一个紧密合作的良好关系，各地区间的经济联系较为薄弱。

同时也可以看出，2019年京津冀三地人均公共财政收入的变异系数开始缩小。2016~2019年，极差率不断下降。总的来说人均财政收入水平的不断提高反映出河北经济的发展速度和质量有了很大程度的提高，也缩小了三地间的差距。而京津冀三地人均财政收入的缩小和波动幅度的稳定也为公共服务均等化的实现提供了物质保障。

综上所述，公共财政收入的增长有助于政府为发展公共服务提供更多的资金和提供物质保障，而河北在三地人均公共财政收入方面处于劣势地位，这说明河北的经济发展还是相对滞后的，应该更加注重产业的优化升级，加快调结构、促产能的步伐，促进经济的又好又快发展，转变经济发展方式，提高人民的收入水平。

三、京津冀人均公共财政支出变异系数和极差率分析

从变异系数角度分析，我们可以看出京津冀三地在2013~2019年人均公共财政支出的变异系数均在0.4以上，且在2013~2018年系数不断上升。究其原因，是因为北京和天津有经济上的优越性所以两地发展速度较

高，对于财政支出也较多。而相比之下，河北则因为经济上的劣势处于尴尬的地位，发展速度落后，导致了京津冀三地公共财政支出的差距越来越大，公共服务的供给也越来越不平衡。从极差率角度分析，同样可以看出2013~2017年京津冀三地的极差率不断增高。说明三地人均公共财政支出波动幅度较大，继而公共服务供给能力和水平也不太稳定。

但是，从表3-1中可以看到，2019年京津冀三地人均公共财政支出的变异系数和极差率趋于下降。通过这一情况可以看出，在京津冀协同发展战略出台实施以后，三地人均公共财政支出差距在不断缩小，公共服务的供给差距也在不断缩小，并且随着政策的不断完善，其波动幅度也在不断减轻。可以看出在国家京津冀协同发展的良好政策背景下，三地加强了联系，在公共服务方面互利共赢，尤其是河北省也更加重视公共服务能力的提升，缩小了与京津两地的差距。

总而言之，对于人均公共财政支出的研究有助于我们更好地认识政府的财政政策是如何影响当地公共服务发展的。京津冀三地人均财政支出差距大由此导致公共服务发展的不均等需要提供有力的解决措施。

第二节

京津冀基本公共服务发展水平评价

对于公共服务水平与质量的实证评价研究，此前国内学者进行了大量的探索与尝试。例如郭宏宝结合 Buchanan 财政生育均等化模型就教育均等化问题进行分析，尝试对目前我国教育均等化问题进行评价，并探析教育不公平的原因，进而提出相应举措。王晓东构建了公共服务绩效评价体系，具体操作步骤为评价指标的选取、确定权重、进行评价，他主要采用熵值法对 2012~2014 年河北 11 个城市的公共服务体系进行评价，通过评价结果提出相应的解决方案。本节在借鉴此前学者实证测算方法的前提下，结合京津冀的实际情况，运用综合评价法，采取定性与定量结合的方法，构建起了三地公共服务发展水平的指标评价体系，并据此对三地公共服务水平进行了测评。

一、指标选取原则和数据来源

我们认为，公共服务发展水平评价指标的选取应具备 5 个特征：①科学性：指标的选取要公正、客观的反应河北省公共服务发展水平。②可操作性：指标的选取要考虑到数据的可获得性，对于权重的选择也很灵活，可操作性强。③相关性：要求选取的指标涵盖基本公共文化服务的方方面面。④全面性：可以多层次、多角度的对河北后宫服务发展水平进行评价。⑤广泛性：河北公共服务发展水平评价指标要保证实用范围广泛。

根据上述指标选定原则，结合京津冀的实际情况，构建了由 4 个一级指标和 9 个二级指标构成的评价体系，见表 3-2，专家打分法为指标体系进行了赋权。根据建立的指标体系，其数据来源主要是通过询问及座谈方式得到的各专家的打分以及通过查阅《中国教育统计年鉴》《中国卫生和计划生育年鉴》《中国图书馆年鉴》《中国社会统计年鉴》《中国城市建设统计年鉴》等，对于个别年份缺失的数据进行了相关的修正。

二、评价体系及模型设定

根据京津冀基本公共服务指标体系设计原则并结合具体实际情况，从教育、医疗、文化和社会保障四个维度选取人均教育经费 X1、普通高等学校平均高级职称教师人数（人）X2、人均卫生医疗支出（元）X3、每千人口医疗卫生机构床位（万人）X4、每千人口卫生技术人员（人）X5、人均文化体育与传媒支出（元）X6、人均拥有公共图书馆藏量 X7、人均社会保障和就业支出（元）X8、职工最低工资（元 / 月）X9 等 9 个评价指标。

表 3-2　京津冀基本公共服务发展指数评价体系

一级指标	权重(%)	二级指标	权重(%)
教育	30	人均教育经费（元）X1	40
		普通高等学校平均高级职称教师人数（人）X2	60
医疗	20	人均卫生医疗支出（元）X3	30
		每千人口医疗卫生机构床位（张）X4	40
		每千人口卫生技术人员（人）X5	30
文化	20	人均文化体育与传媒支出（元）X6	40
		人均拥有公共图书馆藏量（册）X7	60
社会保障	30	人均社会保障和就业支出（元）X8	40
		职工最低工资（元/月）X9	60

表 3-3　2013~2019 年京津冀公共服务各评价指标值

指标	2013			2014		
	北京	天津	河北	北京	天津	河北
X1	3221	3134	1142	3448	3408	1177
X2	448.0	260.4	242.5	467.6	265.8	253.9
X3	1305.6	876.0	519.2	1497.6	1063.5	605.1
X4	15.46	8.05	4.44	9.91	5.60	4.76
X5	4.92	3.92	4.14	5.10	4.01	4.37
X6	731.5	302.5	99.2	761.6	315.6	111.9
X7	0.98	1.00	0.26	1.03	1.05	0.29
X8	2218	1558	721	2365	1711	793
X9	1400	1500	1040	1560	1680	1040

指标	2015			2016		
	北京	天津	河北	北京	天津	河北
X1	3941	3280	1402	4084	3217	1519
X2	468.3	269.5	260.4	485.6	263.6	260.9
X3	1707	1261	721	1831	1301	733
X4	10.40	5.90	5.00	10.77	6.08	5.26
X5	5.14	4.12	4.61	5.39	4.21	4.83
X6	868.3	334.4	119.0	912.8	365.9	117.2
X7	1.12	1.10	0.30	1.19	1.16	0.31
X8	3227	2035	1029	3296	2419	1124
X9	1720	1850	1210	1890	1950	1380

指标	2017			2018		
	北京	天津	河北	北京	天津	河北
X1	4443	2791	1698	4761	2873	1834
X2	482.3	262.2	267.3	496.5	273.2	272.8
X3	1971	1170	805	2275	1236	915
X4	5.56	4.39	5.25	5.74	4.37	5.58
X5	11.33	6.48	5.66	11.88	6.70	6.10
X6	963	372	137	1139	339	152
X7	1.27	1.07	0.34	1.34	1.20	0.36
X8	3664	2952	1299	3880	3240	1506
X9	2000	2050	1380	2120	2050	1380

指标	2019		
	北京	天津	河北
X1	5279	2994	2025
X2	504.0	279.0	284.5
X3	2481	1267	916
X4	5.93	4.37	5.66
X5	12.59	7.03	6.46
X6	1297	297	208
X7	1.40	1.34	0.40
X8	4517	3527	1617
X9	2200	2050	1580

数据来源：国家统计局

表3-3是将京津冀三地的各项指标原值，我们可以看出指标X4、X5、X7中对于人数的要求较高，在三地中河北省的人口最多，因此人均量较北京要低。从普通高等学校平均高级职称教师人数也可以看出，北京作为首都，集聚国内重点高校，且对于高层次人才吸引力较大，因此具

有高级职称人数远大于天津和河北。并且，对于人均教育经费（元）X1、人均卫生医疗支出（元）X3、人均文化体育与传媒支出（元）X6和人均社会保障和就业支出（元）X8这些反应民众个人公共服务获取水平的指标，北京和天津都明显高于河北，且差距还非常悬殊，北京的各项指标水平均高出河北一倍以上。

三、京津冀三地公共服务发展指数测评结果（2013~2019年）

根据上述指标的特征对表3-3指标进行标准化处理，其公式为：标准化 = 某地区观察原值 / 所有地区观测最大值。因此，

$$\text{京津冀基本公共服务发展指数} = \sum_{i=1}^{m} a_i \cdot A_i$$

其中 A_i 表示第 i 个一级指标，a_i 表示 A_i 的权重，m 表示一级指标的个数。

$$A_i = \sum_{j=1}^{n} b_{ij} \cdot B_{ij}$$

其中 B_{ij} 表示一级指标 A_i 中的第 j 个二级指标，b_{ij} 表示 B_{ij} 的权重，n 表示 A_i 对应的二级指标的个数。

指标的无量纲化：建立评价矩阵 $X=(x_{ij})_{n\times s}$ 表示一个有 个评价单元格，每个单元格有 S 个评价指标的矩阵，其中 x_{ij} 中 $i=1,2,\ldots n$；$j=1,2,\ldots,s$。我们建立的指标体系均为正指标，采取计算方法：

$$X_{ij} = \frac{x_{ij}}{\max(x_{1j}, x_{2j}, \ldots, x_{nj})}$$

根据上面设定的指标体系和计算公式，我们测算出了京津冀地区2013~2019年的公共服务发展综合指数得分，如表3-4所示。

表 3-4 京津冀 2013~2019 年公共服务综合得分

年份	北京	天津	河北
2013 年	98.56	76.85	44.32
2014 年	98.49	77.59	44.93
2015 年	98.74	74.56	45.95
2016 年	99.45	74.40	46.80
2017 年	99.56	71.50	48.29
2018 年	100	70.43	48.45
2019 年	100	68.54	49.63

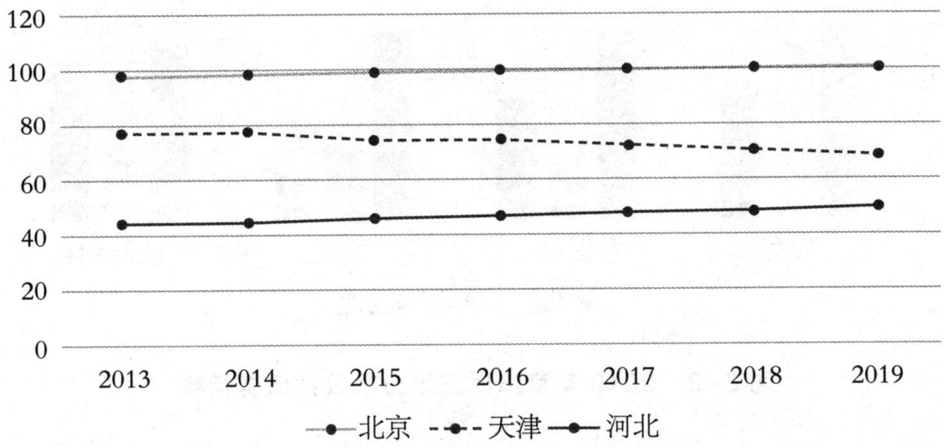

图 3-1 2013~2019 年三地公共服务综合发展指数趋势

结合表 3-4 和图 3-1 可以看出，在样本观察期内，京津冀三地区的公共服务发展的差异性较大，面临严重失衡的问题，例如两倍的河北评价总分才是北京的评价总分水平，天津虽然低于北京，但仍明显高于河北的评价总分。同时，也可以看到河北公共服务的发展指数呈现上升趋势。这表明随着河北省产业供给侧结构性改革、产业升级换代以及对环境污染管控力度的加强，人们在的生活质量和水平有了很大的提升。另外，河北也在发展基本公共服务方面投入了更大的资金，加快了基础设施的建设，人们的满意度不断上升，公共服务的综合评分也同样不断增加。北京的公共服务综合发展指数也逐渐提高，在 2018 年与 2019 年各项指标均处于京津冀首位，这说明了在京津冀协同发展的政策背景下，非首都功能的转移缓解了“大城市病”带来的问题，人们的生活水平和质量得到了显著提高，公共服务的综合发展指数也随之明显提高。

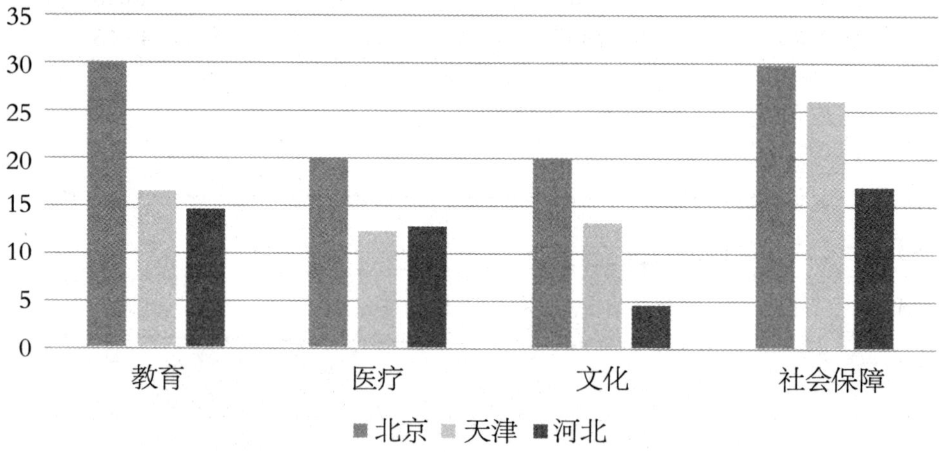

图 3-2　2019 年京津翼三地分项公共服务指标

从图 3-2 中我们可以看出，在公共服务领域北京市在这四方面都是遥遥领先。教育方面，河北人口基数大、学校数量较多，普通高校的质量比不上北京、天津两地，因此对于一些高层次人才来说更倾向北京的高校，这也侧面反映了京津两地对河北的虹吸效应，优秀的人才更愿意选择京津而非河北。在医疗方面，无论是卫生技术人员还是患者都更倾向在北京工作或看病，北京对于卫生医疗的财政支出远高于天津、河北，因此在得分上也遥遥领先。河北是农业大和人口大省，由于农村居民的传统思想和收入的制约，无法接受北京、天津的医疗服务，而是选择在当地医院进行诊治，并且随着近些年医疗卫生机构的改革和医疗卫生方面财政支出的增加，河北的医疗卫生条件也有了比较大的改观，因此与天津相比河北在医疗卫生方面显示出了微小的优势。在文化方面，作为公共服务的重要内容，政府提供公共文化的水平和质量在很大程度上反映了其公共服务水平的高低。根据文化方面的数据显示，北京遥遥领先于天津、河北。究其原因，北京的政治地位和经济发展水平都具有较大优势，居民对于公共文化的需求较高，从而政府也更加重视公共文化的发展与供给，因此其发展速度和规模是最高的。天津作为我国的直辖市，其发展速度和质量优于河北，人们的收入水平较河北相比也有很大优势，因此公共文化的发展同样优于河北。河北作为人口大省在公共文化方面有着巨大的需求潜力，随着改革开放人们的收入及生活水平的提高，居民对公共文化的需求潜力已经释放出来，但是当地政府并没有有效满足人们对于公共文化的需求，因此在文化方面河北省的得分并不高。在社会保障方面，近年来京津冀地区都在不断完善优化社会保障制度，不断加大对于社会保障支出，尤其河北在2019年社保指出达到1278亿元，占总财政支出的14.78%，说明河北在社会保障方面也做出了很大的努力。

|第|三|节|

京津冀公共服务均等化程度评价

关于公共服务均等化程度评价的实证分析研究，前期也已有大量学者进行了尝试。例如，周琛影测算了关于上海基本公共服务均等化的水平，具体分析了财产转移支付的作用效果，并得出财产转移支付可以均衡不同地区之间的财力。因此，该学者认为应将地区间的财政转移支付手段作为公共服务均等化的着力点。而刘大帅认为地区间的财政转移支付的效果受到诸多条件的限制，涉及到人口流动因素与户籍的福利分配功能时，对公共服务均等化的作用程度会减弱，此时应该进一步去寻找新的方法策略。王新民则认为通过简单的挑选指标的原则就可以构建测量公共服务均等化的综合指标体系，他对 31 个地区进行基本公共服务均等化的水平测度，得出了我国的基本公共服务均等化存在地域性差异，东、中、西部各个地区的差异性十分明显，由西向东，呈递增趋势，也从侧面印证了基本公共服务均等化水平与各个区域的经济水平、教育水平等都存在正向相关的关系。田发运用泰尔指数的测算方法，分析评估了财政体制运行对区域基本公共服务均等化的影响效应。杨光构建的评估体系中，一级指标有 5 个，分别是社会保障服务、基础教育服务、基础设施建设、公共卫生服务、公共就业服务，构建包含 16 个二级指标的综合评价体系，通过泰尔指数对我国 2000~2012 年各省的基本公共服务供给项目进行系统分析，发现我国不同省份的基本公共服务均等化差异显著，而且体现在各个不同的基本公共服务均等化的项目中。武力超利用定量分析的方法，将不同地级市的基本公共服务指标进行统一整合，形成综合公共服务水平体系，之后通过基尼系数去估测不同省份之间公共服务均等化的差异水平。

基于之前学者相关研究的文献分析，我们对京津冀公共服务均等化程度的评价尝试从两个方面进行，即变异系数及差异度，通过实证测算出的这两部分数据进行分析，可以较为全面的掌握在样本观察期（2013~2019 年）内三地公共服务均等化的程度情况。

一、三地公共服务变异系数及差异度评价

根据之前构建的指标体系及相关计算模型，可以计算出各指标 2013~2019 年的变异系数及均等化程度。

表 3-5　2013~2019 年京津冀地区公共服务变异系数

	X1	X2	X3	X4	X5	X6	X7	X8	X9	总计
2013	0.38	0.29	0.36	0.49	0.10	0.70	0.46	0.41	0.15	3.34
2014	0.40	0.30	0.35	0.33	0.10	0.68	0.45	0.40	0.19	3.20
2015	0.37	0.29	0.33	0.33	0.09	0.71	0.45	0.43	0.17	3.18
2016	0.36	0.31	0.35	0.33	0.10	0.71	0.46	0.39	0.15	3.17
2017	0.38	0.30	0.37	0.10	0.32	0.71	0.45	0.38	0.17	3.17
2018	0.38	0.30	0.39	0.12	0.32	0.79	0.45	0.35	0.18	3.28
2019	0.40	0.29	0.43	0.13	0.32	0.82	0.44	0.37	0.14	3.33

通过表 3-5 三地公共服务各指标变异系数的变化，我们可以发现在样本观察期间，从 2013 年开始，变异系数在逐步减小。虽然在 2018 年，

2019 年由于北京卫生技术人员大量增加，导致变异系数增加，但是依然不影响整体趋势。在各项指标中 X1，X3，X6 的变异系数有波动式变大，说明在财政支出方面，京津冀三地还存在较大差异。但对于指标 X4，X8，X9 变异系数都逐步减小，尤其是每千人口医疗卫生机构床位数，下降幅度较大。这反映了，河北省公共服务的发展质量和水平越来越高，与北京和天津的差距逐渐缩小，人们的生活质量也有所提高。

已知变异系数后，将其与各指标的权重相乘后进行加总，可以得到京津冀地区公共服务的差异度。

表 3-6　2013~2019 年京津冀地区公共服务差异度

	X1	X2	X3	X4	X5	X6	X7	X8	X9	总计
2013	0.0456	0.0522	0.0216	0.0392	0.006	0.056	0.0552	0.0492	0.027	0.352
2014	0.048	0.054	0.021	0.0264	0.006	0.0544	0.054	0.048	0.0342	0.346
2015	0.0444	0.0522	0.0198	0.0264	0.0054	0.0568	0.054	0.0516	0.0306	0.3412
2016	0.0432	0.0558	0.021	0.0264	0.006	0.0568	0.0552	0.0468	0.027	0.3382
2017	0.0456	0.054	0.0222	0.008	0.0192	0.0568	0.054	0.0456	0.0306	0.336
2018	0.0456	0.054	0.0234	0.0096	0.0192	0.0632	0.054	0.042	0.0324	0.3434
2019	0.048	0.0522	0.0258	0.0104	0.0192	0.0656	0.0528	0.0444	0.0252	0.3436

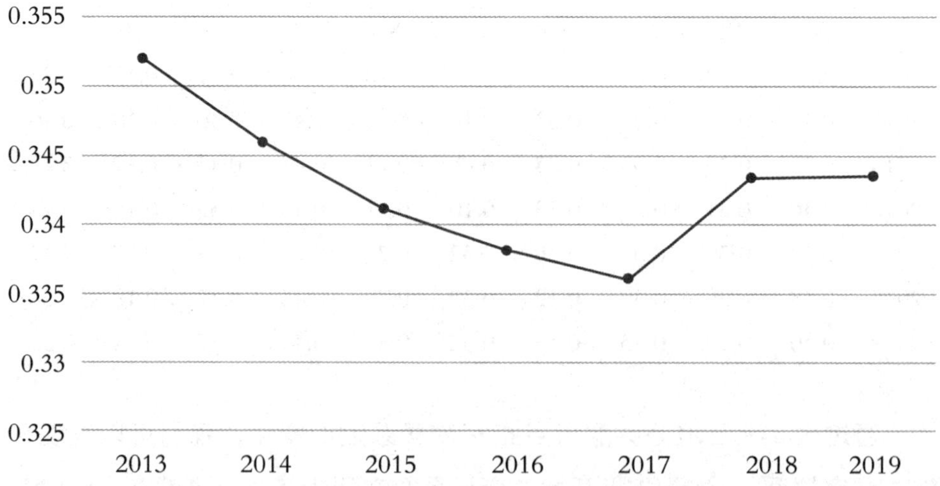

图 3-3　2013~2019 年京津冀地区公共服务差异度

结合京津冀地区公共服务在2013~2019年的样本观察区的变异系数和差异度图表，我们可以看出，七年间京津冀三地的公共服务差异度整体上呈现下降趋势，2018年与2019年有小幅度波动。三地公共服务的差异不断缩小，表明公共服务均等化水平在稳步上升。说明在京津冀协同发展的政策背景下，三地逐渐加强联系，河北也更加重视公共服务的供给。

二、主要结论

我们围绕公共服务的四大领域构建了九个指标体系，通过专家打分法邀请专家对每一个指标进行打分赋权，同时运用综合评价法构建了计算公式模型。利用变异系数、极差率以及之前计算出的三地公共服务发展指数，对京津冀地区公共服务的均等化程度进行了较为具体的分析，得出以下结论。

1. 在样本观察期（2013~2019年）内，三地的公共服务发展均呈现上升趋势，主要原因是经济的发展促进了人们收入水平和生活质量的提高，政府在民生领域的投入自觉性不断加强，财政能力的增强为三地政府加大公共服务的供给力度提供了保证。

2. 同时从京津冀差异度走势图可以看出，样本期间内，三地公共服务发展的差距是在不断缩小，主要原因是京津冀协同发展战略的出台加强了三地间的联系与合作，在教育、医疗、社保、养老等领域构建起协作机制，为京津冀公共服务的均等化发展提供了良好的政策基础。

3. 河北的社会保障与义务教育供给相较于北京、天津来说，明显有数量上的优势，比如从社会保障中的医疗卫生服务领域来看，河北比天津的医院数量要高出很多，人均床位数与医护人员数量与北京、天津相差无几，在义务教育方面，河北具有高级职称的教师数量也几乎高于天津。由于河北地势宽广，乡村人口也较多，所以在资源数量上并不会和北京、天津有太大差距，速度已然已经跟上京津的发展，但在质量上却相差甚远，这也是目前最大的问题，反向思考在地域比天津大数倍的前提下，高端教师队伍数量才与天津持平，因而河北公共服务的发展还存在诸多问题，在水平和质量上仍远远比不上北京、天津两地，仍处于绝对劣势。这种公共服务的不均衡状况在短期内很难发生根本性转变，将实际持续阻碍着京津冀协同发展的进程，必须基于高度关注。

|第|四|节|

京津冀公共服务非均等化的因素解析

为了进一步探讨目前京津冀公共服务非均等化的现状，分析影响造成非均等化现状的各影响因素，在查阅相关文献资料的基础上，我们可以将其归纳微观、中观及宏观三个层面上的因素。微观层面上包括区域经济发展水平、居民的收入水平及消费结构；中观层面上地方政府的财政政策影响因素；宏观层面上国家的宏观调控影响因素。三个层面上的影响因素相互作用、相互影响共同对京津冀公共服务发展非均等化造成影响。

一、区域经济发展水平是京津冀公共服务非均等化的基础影响因素

地区间经济发展水平的差异是造成京津冀公共服务非均等化的基础影响因素，构成衡量其具体差异的指标体系有城镇化水平、人均可支配收入、对外开放水平、交通基础设施、人均固定资产投资等，我们将进行一一具体叙述。

（一）城镇化水平

城镇化水平反映了地区的城镇化率继而反映了人们的生活质量和消费欲望，人们在什么情况下才会去追求更高的精神层次呢？根据马斯洛需求定律，只有在人们的基本生存条件得到满足时才会去考虑其他方面的需求，而基本公共服务就是更高层次的需求。因此，城镇化率的高低反映出当地居民对于公共服务的需求程度，当区域需求程度高的时候自然会引起政府的重视，从而增加供给。

表 3–7　2013~2019 年全国及京津冀地区城镇化率（单位：%）

地区	2013	2014	2015	2016	2017	2018	2019
全国	53.73	54.77	56.10	57.35	58.52	59.58	60.60
北京	86.30	86.40	86.51	86.50	86.45	86.50	86.60
天津	82.01	82.28	82.64	82.93	82.93	83.15	83.48
河北	48.10	49.33	51.33	53.32	55.01	56.43	57.62

数据来源：国家统计局

从表 3-7 中我们可以看出，2013~2019 年河北的城镇化率均低于全国水平，而北京、天津均在全国水平之上，与河北相比存在较大优势。究其原因在于河北历史上是一个传统的农业大国，农民人口居多，在目前城市发展中并没有足够的推动力将农村居民转化为城镇居民，享受城市化生活水平。

（二）人均可支配收入

人均可支配收入是居民在其收入中，可以最终用来消费和储蓄的那部分收入。人均可支配收入被认为是消费开支的重要因素，因此也常被看做是衡量一个国家或地区居民生活水平的重要指标。人均可支配收入在很大程度上反映了地区的经济发展水平并且也对公共服务的发展造成影响。

表 3-8　2014~2019 年全国及京津冀地区人均可支配收入（单位：万元）及增幅（单位：%）

地区	2014	增幅	2015	增幅	2016	增幅	2017	增幅	2018	增幅	2019	增幅
全国	2.0	10.1	2.2	8.9	2.4	8.4	2.6	9.0	2.8	8.7	3.1	8.9
北京	4.4	7.2	4.8	8.9	5.3	8.4	5.7	8.9	6.2	9.0	6.8	8.7
天津	2.9	9.4	3.1	8.5	3.4	8.9	3.7	8.7	4.0	6.7	4.2	7.3
河北	1.7	9.6	1.8	8.8	2.0	8.9	2.1	8.9	2.3	9.1	2.6	9.5

数据来源：国家统计局

从表 3-8 中人均可支配收入变化可以看出，2014~2019 年北京、天津两地的人均可支配收入水平均在全国水平之上，但是河北远远达不到国家平均水平，与京津两地相比更是相差甚远。从人均可支配收入的增长幅度来看，2014 年与 2015 年三地的增长幅度均在全国水平以下，从 2016 年开始三地的增长幅度与全国水平差距逐渐减小，并且部分年份超过全国水平，尤其是 2018 年与 2019 年河北增长幅度远超全国水平，达到 9% 以上，这说明河北的经济发展速度及规模有相应的提高，但从整体来看与京津两地的经济发展还存在一定的差距。

（三）对外开放水平

对外开放水平则反映了地区间的开放包容程度，公共服务属于开放式的供给，如果一个地区不能做到开放那么其公共服务的质量肯定也不高。在京津冀协同发展的背景下，北京通过首都功能转移将自身一部分资源转移到了河北，此时河北应该根据自身实际情况对其吸收摒弃，更好的转化为自身的营养，提高公共服务供给能力。

对外开放水平的衡量我们选取实际利用外资这一指标。实际利用外资并不是指国各个地区与外商签订的合同款，而是实际达到的外资款项，这个指标是最能精准反应我国各个地区的外资利用水平，改革开放可以促进经济快速发展，因而合理引用外资是发展区域经济的一个工作重点。

表 3–9　2013~2019 年京津冀地区实际利用外资额（单位：亿美元）

地区	2013	2014	2015	2016	2017	2018	2019
北京	85.2	90.4	130.0	130.3	243.3	173.1	142.1
天津	172.5	203.9	223.7	176.4	273.4	——	——
河北	66.7	70.1	73.7	81.5	89.4	97.0	102.8

数据来源：京津冀三地 2013~2019 年统计年鉴

从京津冀三地实际利用外资额的差距中可以看出，天津作为沿海港口经济城市，利用其地理位置优势吸引了众多外商前来投资，同时交通运输的便利性也加快了外商资本的流动速度。北京作为我国的首都城市，拥有良好的政策优势，因此其利用外资额虽然低于天津，但其发展速度较快，逐渐缩小了与天津的差距。而河北作为内陆城市并且受到历史文化传统等多方面的影响，其实际利用外资额始终处于较低水平，与北京、天津相比更是差距甚远。河北在自身条件本就没有优势的情况下，利用外资的水平和能力又较低，造成了与京津两地经济发展差距的现象，继而影响到各个服务的发展。

（四）交通基础设施

交通基础设施反映了地区公共服务供给的效率，为提供更高质量的公共服务提供保障。因此，自改革开放以来北京和天津大力发展交通，布局建设交通网络，而河北则处于劣势，但是近些年随着地铁和高架桥的不断建设，对于交通设施的重视程度越来越高。因此，对于提高河北省公共文化供给能力和经济发展水平具有重要的推动作用。

1. 在区域经济发展活动中，交通基础设施可以创造出直接价值，因为在运输行业中，交通运输是最基本也是最核心的促成部分，因此不仅可以通过运输进行盈利，还可以通过构建基础设施建设拉动 GDP 的增长。

2. 交通便利可以提高外来投资概率，通过提高交通环境的质量，提高区域之间的可达性，可以加速区域的经济发展。虽然改善交通环境需要投入建设成本，但是当区域之间的可达性增强，运输成本将大大降低，各路产品利润也会随之增长。另外，改善区域可达性可以吸引外省人才甚至是资本信息的交流，投资方向更加多元化，投资环境也更加稳定，通过多层次的比较可以寻求适宜的经济发展方向。

3. 交通基础设施的建设可以促进经济的聚集发展与规模发展。通过交通运输，不同企业之间的要素开始互补与聚集，带动相关产业的发展，而当越来越多的优势资源聚集在一起，形成一定规模之后，地区的经济就有了强有力的发展动力。

（五）人均固定资产投资

人均固定资产投资则反映了京津冀三地人均公共服务的享有度，随着人们生活水平的提高和物质财富的增多，越来越多的居民转而追求更高层次的生活，因此京津冀三地近些年也开始大力提倡建设图书馆、公共体育设施并采取一系列降低博物馆等场所门票的措施。而采取这些措施的前提则是地区经济的发展水平。

表 3-10　2013~2019 年京津冀地区人均固定资产投资额（单位：万元）

地区	2013	2014	2015	2016	2017	2018	2019
北京	3.2	3.2	3.5	3.7	3.9	3.7	3.6
天津	6.2	6.9	7.6	8.2	7.3	6.8	7.7
河北	3.2	3.6	4.0	4.3	4.4	4.7	5.0

数据来源：国家统计局

从三地人均固定资产投资金额可以看出，在对公共服务设施投资建设方面，天津的投入最高，河北次之，北京最少。提高第五公共服务水平重要的是保障基础设施的建设，为居民创造消费、娱乐空间，只有这样公共服务才能得到进一步发展，而固定资产的投资在很大程度上决定了公共服务的供给。从 2013~2019 年河北人均固定资产投资额不断增加，说明其重视公共服务发展，加大基础设施的建设。

二、居民消费结构是京津冀公共服务非均等化的动力影响因素

居民的收入水平和消费结构也在一定程度上推动着地区公共服务的发展。北京和天津改革开放力度大、人们的收入增长较快，随着当地居民消费观念的转变增加了对公共服务的购买力度促使政府增加公共服务的供给。但是，河北的经济发展相对较慢，而且还是一个农业大省，农村人口众多，人均收入水平不高且消费结构没能很好的适应当前社会的发展趋势，由于人们收入水平的限制和消费结构的不完善，当地政府缺乏公共服务供给的动力，难免在公共服务供给方面出现短板，导致水平较低、质量较差，无法与京津地区相比。居民的收入是当地社会经济发展的重要组成部分，消费结构是促进地区产业结构调整，完善政府财政支出结构的重要参考，对比河北与北京、天津的居民收入水平和消费结构可以看出还存在很大的差距，影响了河北公共服务的发展，因此即使在良好的政策背景下，如果没有居民收入和消费结构的推动，也无法促进公共服务的发展和完善。如表 3-13 所示，2013~2019 年河北的人均消费支出一直处于京津冀三地的最低水平，对公共服务的需求强度和敏感度也弱于京津，恩格尔系数则明显高于京津，作为公众消费意愿的一种外在表达，河北各地政府强化公共服务建设的内在动力受到了一定程度的拟制。

表 3-13　2013~2019 年京津冀地区人均消费（单位：元）

地区	2013	2014	2015	2016	2017	2018	2019
北京	29176	31103	33803	35416	37425	39843	43038
天津	20419	22343	24162	26129	27841	29903	31854
河北	10872	11932	13031	14247	15437	16722	17987

三、地方政府的财政政策是京津冀公共服务非均等化的直接影响因素

由于公共服务的特殊性决定了其供给的主要主体为政府部门，而政府部门对其重视程度在很大程度上决定了其发展速度和规模。而地方政府的财政政策及对公共服务财政支出的比重直接作用于公共服务的发展，因此，京津冀不同的地方政府财政政策是三地公共服务非均等化的直接影响因素。地方政府承担着社会保障、经济建设、社会事业发展等多项职能，公共服务只是其中的一项，地方政府对公共服务的重视程度越高，政策的执行落实力度也就越大，越能高效合理的配置公共服务资源，对于公共服务的发展越有利。对地方财政关于公共服务支出比重的分析，我们可以通过观察京津冀三地一般公共预算支出规模及增长比重看出。

表 3-11　2013~2019 年京津冀地区地方一般公共预算支出（单位：亿元）及增幅（单位：%）

地区	2013	增幅	2014	增幅	2015	增幅	2016	增幅
北京	4173.7	13.3	4524.7	8.4	5737.7	26.8	6406.8	11.7
天津	2549.2	18.9	2884.7	15.2	3232.4	12.1	3699.4	6.3
河北	4353.8	6.7	4638.1	6.5	5675.3	22.4	6038.0	7.2

地区	2017	增幅	2018	增幅	2019	增幅
北京	6824.5	6.5	7471.4	9.5	7408.2	-0.8
天津	3282.5	-11.3	3103.2	-5.4	3555.7	13.1
河北	6615.2	9.1	7720.2	16.7	8313.7	7.7

数据来源：京津冀三地 2013~2019 年统计公报

从表中数据我们可以看出，2013~2018 年北京一般公共预算支出逐年增加，且处于较高水平，2019 年有小幅度下降；2013~2019 年河北一般公共预算支出较高且不断上涨，天津则相对处于较低水平，且 2017 年出现大幅度下降。究其原因在于北京在近些年快速发展的同时由此带来的“大城市病”严重困扰其可持续发展，因此为了缓解“大城市病”的困扰提高人们的生活质量，北京在财政收入充足的情况下加大了对公共服务的支出力度。而河北在发展中面临的环境污染问题日益严重，成为一项刻不容缓需要解决的问题，因此，当地政府近些年也将发展重点转向基础民生建设，改善居民生活环境上。天津本身利用港口优势，在经济发展过程中无论是产业结构还是居民生活等质量都较高，因此，其与北京相比“大城市病”问题并不存在、与河北相比其治理污染任务并不严峻，导致其公共预算支出的增幅并不很明显，大致维持在现有水平即可。

而目前京津冀在协同发展过程忽视了制定统一的公共服务财政政策，因此导致三地政府部门对于公共服务支出数量、领域缺乏协调性。北京和天津由于政治、地理以及历史等原因发展速度和质量优于河北，在人均收入方面也有着巨大的优势，因此经济转型速度也更快。为了满足人们日益增长的改革服务需求，北京和天津也早早开始重视改革服务基础设施的建设，在财政支出方面也会更加考虑改革服务的需求。而与此同时，河北还处于经济发展较为落后的时期，居民对于公共服务要求没有明显的增长，因此政府在财政政策上对于公共服务的考虑不是很充分，而是过多追求

GDP 的增长，也导致了近些年环境及污染等问题的出现，所以目前在财政政策方面，由于三地财政支出方向的不一致直接导致了公共服务供给能力和水平的差距，从而出现了京津冀三地公共服务不均等的现象。另外，目前对地方政府的绩效考核仍过多的停留在关注经济指标上，而河北的经济发展一直是京津冀协同发展中的短板，因此为了尽快把这块短板补齐，河北近些年也是一直过多的重视 GDP 的增长对公共服务的投入力度不足，导致公共服务的发展滞后不能满足人们的需求。而北京和天津无论是从政治改革还是经济发展方面都有了长足发展，绩效考核的重点已经慢慢的从单纯追求 GDP 转向对社会发展的综合考量。随着党十九大的胜利召开和国内主要矛盾的转变以及人们生活水平质量的提高，政府已经迫切需要重视服务型政府的建设，提高公共服务的供给能力和水平，满足人民群众的现实需求。

综上所述，地方政府的财政政策对财政支出比例和重点有着重要的影响，而公共服务依赖地方政府财政的支出，因此由于目前京津冀三地的财政政策及支出方向具有很大的差异，这种情况下，直接导致了三地公共服务非均等化问题迟迟得不到解决。

四、国家的宏观政策是京津冀公共服务非均等化的外部影响因素

从行政级别配置看。对京津冀三地而言，京津冀行政级别配置的不同，必然导致三地公共资源配置的不均衡。

从国家宏观经济发展战略看。在之前国家的经济扶持发展战略中，北京、天津的发展红利也很少惠及河北，还将张承定位为京津的生态屏障，这些都在不断拉大着三地公共资源配置的差距。

例如，1994 年 3 月，天津决定在天津经济技术开发区、天津港保税区

的基础上建成滨海新区。2005 年，滨海新区被写入“十一五”规划并纳入国家发展战略，成为国家重点支持开发开放的国家级新区。从此，天津经济发展进入了新模式，对公共服务的要求也较高。

可喜的是，2015 年中央政治局审议通过了《京津冀协同发展规划纲要》，纲要中提到推进产业升级转移，推动公共服务共建共享，加快市场一体化进程，打造现代化新型首都圈，努力形成京津冀目标同向、措施一体、优势互补、互利共赢的协同发展新格局。在纲要中我们可以看出其明确提出了公共服务的共建共享，在国家政策方面对京津冀三地公共服务的均等化提供了支持。但是，由于北京和天津的发展水平好、质量高，即使在京津冀协同发展的大背景下，三地公共服务的共享共建发展也较为有限，因此国家应该在财政政策和中央财政转移支付等方面关注公平性，提高河北的公共服务水平。

为更好的疏解北京非首都功能，促进京津冀区域协同发展。2017 年经中共中央、国务院决定设立雄安新区，探索人口经济密集地区优化开发新模式。同时雄安新区的设立对于河北经济的高质量发展具有重要意义，是公共服务进一步发展的重要推动力。因此近些年河北高度重视公共服务建设，不断降低各景区景点的门票并且大力建设公共基础设施，均是受到国家宏观政策的重要外部影响。

|第|五|节|

京津冀基本公共服务非均衡产生的不良效应

公共服务是一个涵盖基础教育、医疗卫生、社会保障及文化体育等多方面的体系，其发展水平在一定程度上影响着资源要素的流动，一个区域内各地公共服务发展水平的差异会产生不良的非均衡效应。京津冀公共服务的非均衡状态严重影响着协同发展的深入程度，导致三地在收入、消费等方面长期存在着难以跨越的“鸿沟”；北京的“大城市病”愈演愈烈；京津两地对河北的“虹吸效应”扩大等诸多问题。

一、京津冀公共服务非均衡产生的收入效应

京津冀基本公共服务非均衡产生的收入效应具体指由于三地基本公共服务发展的不均衡而导致三地居民在收入上长期存在“鸿沟”，因此京津冀地区公共服务非均衡产生的收入效应直接体现在三地人均可支配收入的差距上。经过查阅相关统计年鉴得到京津冀三地2013~2019年七年间人均可支配收入数据，通过表3-12和图3-4，可以直观的看到三地的人均可支配收入程度和三地公共服务的供给能力是成正比的。

表 3-12　2013~2019 年京津冀地区人均可支配收入（单位：元）

地区	2013	2014	2015	2016	2017	2018	2019
北京	40321	43910	48458	52530	57230	62361	67756
天津	26359	28832	31291	34074	37022	39506	42404
河北	15190	16647	18118	19725	21484	23446	25665

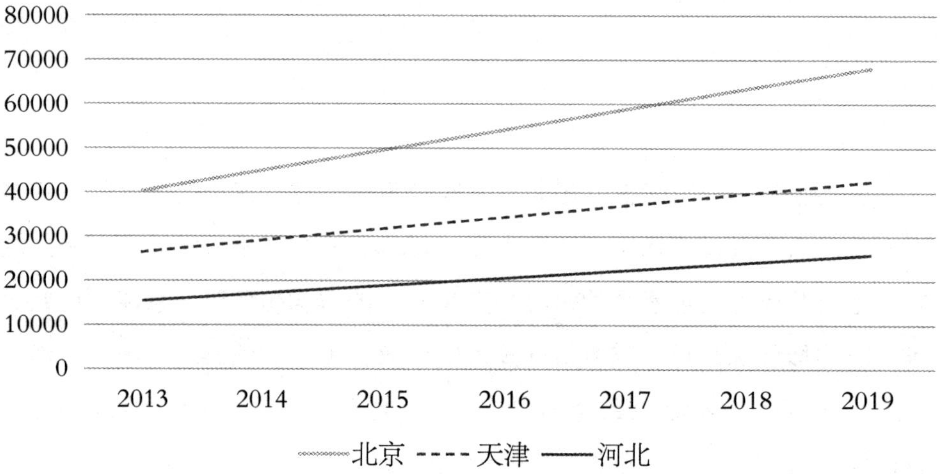

图 3-4　2013~2019 年京津冀人均可支配收入变化

数据来源：京津冀三地 2013~2019 年统计公报

根据七年间的数据变化，我们可以做出如下解释，即由于河北公共服务供给的不足削弱了当地居民的收入潜力，河北人均可支配收入相对较低，导致三地居民收入之间的差距持续扩大。即使在京津冀协同发展战略出台后的七年间三地的人均可支配收入均有了很大的提高，但是 2019 年河北的人均可支配收入仅是北京的 38%，是天津的 61%，在经济发展方面还存在较大的差距。由于河北目前产业结构还是以第一、二产业为主，对于公共服务的依赖性较大的。在此情况下，如果京津冀三地的公共服务供给不均衡，尤其像基础设施服务、义务教育服务和医疗卫生服务等主要的公共服务上的支出，会严重影响河北居民的消费结构。

二、京津冀公共服务非均衡产生的消费效应

京津冀基本公共服务非均衡产生的消费效应可以具体指由于三地基本公共服务发展的不均衡而导致三地居民在消费水平和结构上长期存在较大差距。由需求定律我们可以知道：商品的价格与需求之间是呈反比关系的，例如，当价格下降必然会导致商品的需求量上升。假设公共服务符合需求定律，当公共服务的价格上升，其“销量”自然下降，为了方便理解，我们假定超市只有两种商品：私人产品与公共产品，当其中一个产品价格不变时，另一个产品的价格调整肯定会影响自身的销量，例如当公共服务的价格上升且居民消费下降时，则公共服务和私人消费品的消费量都下降。另外，我们还可以去考虑这两个商品的关系，是互补关系还是替代关系，比如镜架与镜片就是互补关系，橘子和橙子就是替代关系。其实在日常生活中，许多公共服务与私人服务之间存在着替代关系。当政府提供某项公共服务时，与其类似的私人服务的销量就会大大降低，许多公共服务与私人服务之间也存在着互补关系，公共服务价格的上升会对私人服务产生挤出效应，影响私人服务的销量。

对京津冀公共服务不均等产生的三地消费水平及结构的不均衡可以用人均消费支出及居民消费价格指数来衡量。人均消费支出是指居民在可支配收入的范围内除去储蓄部分而用于消费的部分，可以用来衡量一个国家或地区居民的消费能力；居民消费价格指数是一个反映居民家庭一般所购买的消费品和服务项目价格水平变动情况的宏观经济指标。继而我们可以选取京津冀地区 2013~2019 年三地人均消费支出及 2017~2019 年居民消

费价格指数进行比较，从而更实际的分析三地公共服务非均衡供给产生的消费效应。

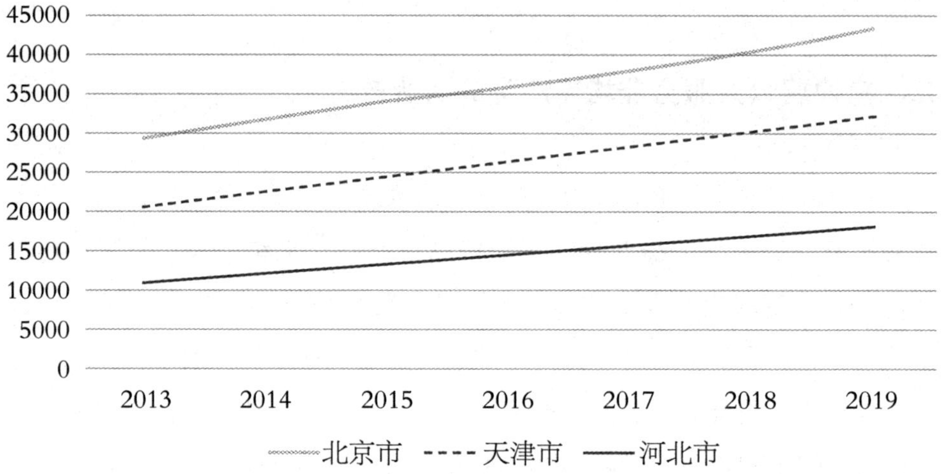

图 3-5　2013~2019 年京津冀地区人均消费变化（单位：元）

表 3-14　2017~2019 年京津冀地区居民消费价格上涨指数（单位：%）

指标	2017			2018			2019		
	北京	天津	河北	北京	天津	河北	北京	天津	河北
居民消费价格	1.9	2.1	1.7	2.5	2.0	2.4	2.3	2.7	3.0
食品烟酒	0.5	0.3	-0.7	3.1	3.1	2.0	5.2	4.6	5.9
衣着	-2.2	0.2	1.4	-0.3	1.1	1.7	1.9	2.1	1.2
居住	3.8	1.4	3.0	3.2	1.3	2.5	1.3	2.4	1.6
生活用品及服务	0.6	0.8	0.8	1.3	1.1	1.7	-0.3	0.9	1.2
交通和通信	0.3	0.1	0.4	0.6	1.3	0.4	-2.8	-0.7	-2.1
教育文化和娱乐	2.3	3.2	1.6	3.6	2.4	2.4	1.0	4.2	3.4
医疗保健	7.4	15.4	6.9	3.0	2.6	7.4	8.4	0.9	4.4
其他用品和服务	2.7	1.5	10.1	2.2	1.1	2.5	3.2	5.0	4.6

数据来源：京津冀三地统计公报

结合图 3-5，我们可以看出 2013~2019 年河北虽然在人均消费水平方面不断提高，但始终赶不上北京、天津。同时，根据表 3-14 我们可以看出，在衡量居民消费价格上涨指数的指标中，河北在公共服务领域消费品价格上涨较高，例如食品烟酒、医疗保健价格。这说明三地在公共服务供给方面存在差距，即使三地对公共服务的需求程度一样，但因公共服务非均衡产生的消费价格上涨肯定也不一致。

结合 2017~2019 年居民消费价格上涨指数，又可以发现河北在这两年里的上涨指数依然较大，尤其是 2018 年医疗保健消费支出以及 2019 年食品烟酒支出上涨幅度较大，这凸显出河北公共服务供给不仅数量不占优势且结构不合理。公共服务消费价格的上涨，对于居民而言就是其实际收入的减少，由消费理性人可知，居民会抑制自己的消费，产生福利损失，私人物品与公共服务的消费均会出现下降。

综上所述，由京津冀公共服务不均衡产生的三地消费支出及消费价格指数上涨的不一致，产生了非常明显的消费效应，实际上造成了三地居民生活质量上的差异，进而给三地经济社会发展造成了更深层次的影响，非常不利于协同发展的深入推进。

三、京津冀公共服务非均衡产生的虹吸效应

公共服务包含教育、医疗卫生、社会保障等多领域的体系，由于公共服务发展的不均衡会导致地区间就业机会、基础设施、教育空间、发展前景等关系到个人利益的资源分配不均衡问题，发展较好的城市地区会对发展较弱地区造成资源单方向流动的“虹吸效应”。“虹吸效应”出自物理学，一般指具有明显优势的城市可以将周边小城市的资源吸引过来。京津冀地区公共服务发展的不均衡造成了长期以来北京、天津两地对河北地区

优质资源的吸收，就目前来看，这种吸收是单方向的，但是其负作用是双重的。

对北京、天津两地造成的不良影响。随着北京、天津两地近些年的不断发展，公共服务体系日趋完善，吸引了周边城市大量的人力物力资源，更多的人和企业纷纷进驻京津两地，由此造成的“大城市病”也日益显著。按照统计数据，从2000年起，北京常住人口进入爆发式增长期，到2016年顶峰时已增至2172.9万人，年均增长达到了惊人的57.2万人，16年间人口增速超过了新中国成立后50年的人口增速；2011~2016年，天津是全国人口增长最快城市，常住人口从1355万增长到1562万，增长了207万，超过北京34.5%。随着外来人口的大量涌入，京津两地的居住环境、生态资源、交通拥堵及环境污染问题日益凸显，城市宜居程度受到较大影响。

对河北造成的不良影响。客观而言，河北省是京津虹吸效应最大的受害者，京津冀协同发展战略实施之前，河北的优质资源被单方向吸引情况严重，且已经持续了相当长时间。人才、资金、技术等要素资源的流失，造成河北经济社会发展持续失血，自身产业结构越发不平衡。

本章小结：通过定量分析可以很直观的测度出京津冀三地公共服务非均衡程度很是明显，而且这种非均衡态势的形成有着复杂的历史和现实原因，尤其受到经济发展水平、财政收入、消费支出结构、国家宏观政策等因素的深远影响。2014年京津冀协同发展以来，虽然经过不懈努力令三地公共服务非均衡呈现了持续缩小的态势，但当前的差距仍必须引起高度重视，因为这种非均衡状态会从收入、消费、资源要素流动等不同测面深度阻碍着京津冀协同发展进程，尤其对于最为弱势的河北而言，京津的“虹吸效应”还将在一定意义上持续削弱河北的发展动能。

第　四　章

河北与京津公共服务差距的现实表现

P A R T 4

《京津冀协同发展规划纲要》指出，“促进基本公共服务均等化是有序疏解北京非首都功能的重要前提和京津冀协同发展的本质要求”，同时提出“到2020年，河北与京津的公共服务差距明显缩小，区域基本公共服务均等化水平明显提高，公共服务共建共享体制机制初步形成”的战略目标，并在建立统一、规范、灵活的人力资源市场以及统筹教育事业发展、加强医疗卫生联动协作、推动社会保险顺畅衔接等方面做出了明确部署。《京津冀协同发展规划纲要》中虽进行了如此多方位的部署，但是在实际运行过程中，所得到的数据并不理想，三地之间的基本公共服务水平仍有“断崖式”的差距，在总数据上与我国其他协同发展地区如长三角、珠三角等地，也存在较大差距，虽然河北公共服务在各个领域与之前相比都有明显的提升，但是从质量这一角度来分析，河北与北京、天津对比甚至出现了下滑。本章将从社会保障、教育、体育文化、科技创新等方面，利用分析比较法，去衡量三地之间基本公共服务的差异与现实表现。

|第|一|节|

教育方面的差距

为了更精准的对河北、天津、北京三地的公共教育服务进行比较，本节重点从“义务教育和高中阶段的发展差距”还有“大学教育的发展差距”两大方面对京津冀三地教育差距进行分析，并通过目前的教育非均衡现状来剖析其背后的原因。

一、京津冀三地义务教育和高中阶段的发展差距

（一）教育设施比较

开展教育工作的基础是配备完善的教育设施，主要包含：开展教育工作所需的空间、基础设备，细化为学校场地、学校设备、教学工具。在本书中，我们主要对生均信息化设施和体育设施两个方面进行比较，其中用生均计算机数量代表信息化设施，生均运动场地面积来代表体育设施。

我国七大发展战略中，科教兴国战略有着不可忽视的地位与作用，另外，人才发展战略与创新驱动发展战略都需要高质量的教育培养能力，在

信息化的时代背景下，教育信息化在创新引领发展的计划中扮演者重要的角色，《国家中长期教育改革和发展规划纲要（2010-2020年）》中也明确指出："信息技术对教育发展具有革命性影响，必须予以高度重视"。由于生均计算机数量对于各地区的信息化程度具有代表性，所以我们选生机比这一指标作进行比较。生机比为教学用计算机数与在校生的比值，也就是说每个在校生在教学中能够使用多少台计算机，该指标为正向指标，数值越大，代表人均使用计算机台数越多，信息化水平也越高。

如表4-1所示，北京的小学生机比、初中生机比、高中生机比都处于三地之首，天津次之，河北位于最后。虽然河北的生机比相较于2015年的数据而言，到2017年是逐年上涨的，但是北京天津也在上涨，且上涨幅度是大于河北的，此外，以上涨后的2017年的数据显示，河北小学生机比是0.1246，而北京是0.2468，两者相差近两倍，天津虽然抵不过北京，但仍然是高于河北的，同理，河北初中生机比是0.1332，北京是0.3265，两地相差近三倍，河北高中生机比是0.1614，北京是1.1130，差距相较于小学、初中呈现出巨大的差异，接近近七倍的差距。相较于天津而言，初中生机比是河北的1.21倍，高中生机比是河北的2.17倍。综上比较，河北的信息化设施不及北京和天津，且存在较大差距。

表4-1　2015~2017年京、津、冀三地生机比（单位：台/人）

指标	小学生机比			初中生机比			高中生机比		
地区	京	津	冀	京	津	冀	京	津	冀
2015年	0.2339	0.1325	0.1023	0.2778	0.1422	0.1185	0.9783	0.3097	0.1537
2016年	0.2437	0.1378	0.1105	0.3104	0.1577	0.1273	1.0674	0.3321	0.1582
2017年	0.2468	0.1433	0.1246	0.3265	0.1606	0.1332	1.1130	0.3510	0.1614

2016年国务院办公厅下发《关于强化学校体育促进学生身心健康全面发展的意见》，我国学生文体全面发展的道路依旧任重道远，要想全面健康的发展，就应该规避空谈与大跃进，树立健康第一的教育理念，推动青少年的文化学习与体育锻炼相结合，促进两者协调发展。生均运动场地面积是运动场地面积与在校生人数之比，也就是说每个在校生在能够使用多少平米的运动场地，该指标为正向指标，数值越大，代表人均使用运动场地面积越多，体育设施也越完善。因此在这里我们选取生均运动场地面积进行比较。

如图4-2所示，京津冀各个阶段学生的人均运动场面积不管在什么阶段都存在着明显的差异，虽然在小学阶段，京津的小学生均运动场地面积不如河北地区的多，但仅是在小学阶段，在初中阶段与高中阶段，局面恰好相反，例如，仅在2015年北京高中生均运动场地面积为25.1481，河北的高中生均运动场地面积才只有8.8144，两者差三倍有余，而到2017年北京高中生均运动场地面积增长至27.1000，河北高中生均运动场地面积为8.8040，相较于2015年的数据还出现下降趋势，与天津相比，虽然没有同北京一般的差距，但是通过数据对比，高中生均运动场地面积之间也相差两倍有余。三地的初中生均运动场地面积虽然没有高中生均运动场地面积差距之大，但河北与北京、天津还是具有一定的差距。

表4-2　2015~2017年京、津、冀三地生均运动场地面积

（单位：平方米/人）

指标	小学生均运动场地面积			初中生均运动场地面积			高中生均运动场地面积		
地区	京	津	冀	京	津	冀	京	津	冀
2015年	6.4562	8.0260	8.4464	12.0874	12.5129	9.8833	25.1481	13.9617	8.8144
2016年	6.3204	7.7715	8.3198	12.7471	12.6538	9.7802	26.7568	14.8898	8.7245
2017年	6.3134	7.6117	8.4127	13.2321	12.7682	9.3970	27.1000	15.4095	8.8040

（二）京津冀三地教育机会比较

“即使他们有了很多的图书，如果没有讲台上可以引导他们的人，那这些图书就是摆设”，这句话体现了教育机会，也是受教育机会，从全球范围来说，由于各个国家的经济水平不同，文化背景也不一样，对教育机会的含义也会有一定的差异。以美国为例，凭借数以千计的学术项目、世界一流的学府和无与伦比的灵活性，美国提供了在世界其他任何地方都很难找到的丰富高等机会。一般在发达国家，教育机会包括进入高等学校或完成成人教育、终身教育的机会，并没有义务教育这一说法；而在发展中国家，教育机会主要包括接受扫盲教育，经济水平较好的发展中国家会提供普通教育的机会。我们这里选取义务教育的起点，小学净入学率作为教育机会起点均等的衡量指标。2015~2017 年京津冀三地小学净入学率如表 4-3 所示。

表 4-3　2015~2017 年京津冀三地小学净入学率（单位：%）

地区	北京	天津	河北
2015 年	100	99.75	99.81
2016 年	100	99.85	100.14
2017 年	99.94	100.00	99.54

数据来源：中国教育部 2015~2017 年教育统计数据

从普及义务教育的视角来看，京津冀地区的教育保障比较到位。2017 年，天津小学净入学率达到了 100%，居于三地之首；北京小学净入学率有小幅度下降，河北小学净入学率和 2016 年相比也有所下降，在三地中入学率最低。河北和天津相比稍有差距，而且波动较大。

（三）京津冀三地教育资源比较

教育资源亦称“教育经济条件”，一般指在教育过程期间中所消耗的人力、财力、物力，在这里，为了便于比较三地的差距，我们特选取各级教育生均一般公共预算教育事业费（简称，生均教育经费）、各级教育生均一般公共预算公用经费（简称，生均公用经费）和生师比来进行比较。

生均教育经费，指在特定的区域范围内，政府根据该地区内的经济与教育的发展水平，进行年度财务预算，一般按照预估当年在读学生的数额，作为拨款依据。京津冀三地 2016~2017 年各级教育生均教育经费情况如表 4-4 所示。

表 4-4 2016~2017 年各级教育生均一般公共预算教育事业费情况表

（单位：元）

地区	普通小学			普通初中			普通高中		
	2016年	2017年	增长率（%）	2016年	2017年	增长率（%）	2016年	2017年	增长率（%）
北京	25793.55	30016.78	16.37	45516.37	57636.12	26.63	50802.57	61409.06	20.88
天津	18284.41	18683.78	2.18	29961.87	30949.79	3.30	31425.02	34527.91	9.87
河北	7300.16	7914.19	8.41	10532.56	11441.39	8.63	10858.95	12098.74	11.42

数据来源：2017 年全国教育经费执行情况

2016~2017 年京津冀三地在普通小学、普通初中、普通高中的生均教育经费上都呈逐年增加的趋势，但河北增加的速度不及北京。在上面提到河北各级在校生数远远多于京津两地，需要更多教育资源的支持，但从表中可以发现，无论是普通小学、初中还是高中，北京、天津的生均教育经费都要多于河北，这显示出了教育资源配置的不平等性。以 2017 年各级学校的生均教育经费为例，2017 年北京普通小学的生均教育经费约为河北的 3.80 倍，天津普通小学的生均教育经费约为河北的 2.36 倍；北京普通初中的生均教育经费约为河北的 5.04 倍，天津普通初中的生均教育经费约为河北 2.71 的倍；北京普通高中的生均教育经费约为河北的 5.08 倍，天津普通高中的生均教育经费约为河北的 2.85 倍。从上列数字，我们也可以发现从小学到初中再到高中，河北与京津的差距越来越大。

生均公用经费，是指在县级以上的地区内，政府根据该地区内的经济与教育的发展水平，实行统一的拨款标准，其参考依据仍然是当年度中小学计划内的入学人数。一般中小学的财政拨款主要花费去向是业务费、公务费、设备购置费、修缮费和其他属于公用性质的费用等方面。京津冀三地 2016~2017 年各级教育生均公用经费情况如表 4-5。

表 4-5　2016~2017 各级教育生均一般公共预算公用经费情况表（单位：元）

地区	普通小学			普通初中			普通高中		
	2016 年	2017 年	增长率（%）	2016 年	2017 年	增长率（%）	2016 年	2017 年	增长率（%）
北京	10308.69	10855.08	5.30	16707.86	21282.49	27.38	18425.09	21677.24	17.65
天津	4244.66	3649.46	-14.02	5790.51	5014.55	-13.40	7977.08	8078.09	1.27
河北	1861.95	1922.14	3.23	2695.48	2796.80	3.76	2427.95	2596.72	6.95

数据来源：2017 年全国教育经费执行情况

北京在三地中依然处于绝对优势，天津的生均公用经费虽然增长率低于河北，但数额上还要远多于河北。河北和京津在生均公用经费上还有较大差距。2017 年北京普通小学的生均公用经费约为河北的 5.65 倍，天津普通小学的生均公用经费约为河北的 1.90 倍；北京普通初中的生均公用经费约为河北的 7.61 倍，天津普通初中的生均公用经费约为河北的 1.80 倍；北京普通高中的生均公用经费约为河北的 8.35 倍，天津普通高中的生均公用经费约为河北的 3.11 倍。显而易见，生均公用经费和生均教育经费表现出类似特征，从小学到初中再到高中，河北与京津的差距越来越大。

生师比是指学生数与教师数的比值，代表多少学生拥有一个老师，数值越小，代表师资力量越充分、教育资源越充足。2015~2017 年京津冀三地生师比见表 4-6。在小学阶段，河北的小学生师比要高于京津地区，一般差距在 2~3 名老师。在初中阶段，河北的初中生师比也要高于京津地区，一般差距在 4~5 名老师。在高中阶段，河北高中生的师比显著高于京津地区，是差距最明显的一个时间段，最高差距达到 6 名老师，很明显，无论哪个学习阶段，河北的生师比都要大于天津和北京，这说明河北的中小学教育在师资方面仍有较大差距印证了京津冀教育资源的不平衡状态。

表 4-6　2015~2017 年京津冀三地生师比

指标	小学生师比			初中生师比			高中生师比		
地区	京	津	冀	京	津	冀	京	津	冀
2015 年	14.35	14.98	17.59	8.62	9.92	13.58	7.95	10.24	13.57
2016 年	14.05	15.19	17.66	8.02	9.63	13.59	7.75	10.00	13.61
2017 年	13.58	15.06	17.42	7.73	9.76	13.87	7.64	9.91	13.68

数据来源：中国教育部 2015~2017 年教育统计数据

二、京津冀三地大学的发展差距

大学的发展水平在很大程度上代表着一个地区教育水平的高低和效果的优劣在此。我们将三地普通高等教育学校数，双一流院校数量，高等学校（机构）研究生数，普通高校和科研机构研究生数，重点学科建设等作为衡量标准对大学教育的发展进行比较。

（一）京津冀三地普通高等教育学校数和双一流院校数

普通高等教育指主要招收高中毕业生进行全日制学习的学历教育，国家根据科学的标准并制定严谨的审批程序，进行全国统一的选拔性考试，招收普通高中毕业生为主要培养对象，实施高等教育的公办本科大学、独立学院、民办高校和职业技术学院、高等专科学校。2015~2017 年京津冀三地普通高等教育高校数如表 4-7 所示。

表 4-10　2015~2017 年京津冀三地普通高等教育高校数

（单位：所）

年份	中央部门办院校			本科院校			高职（专科）院校		
	北京	天津	河北	北京	天津	河北	北京	天津	河北
2015 年	37	3	4	66	29	58	25	26	60
2016 年	37	3	4	66	30	61	25	25	59
2017 年	38	3	4	67	30	61	25	27	60

数据来源：中国教育部 2015~2017 年教育统计数据

根据表 4-7 可以看出河北地区普通高等学校数量最多，北京次之，天津位于第三位。中央部门办院校北京三年来都居于三地之首，将近河北的 10 倍。本科院校数量，北京也均高于天津和河北地区。河北虽然高职（专科）院校高于北京和天津，但在中央部门办院校和本科院校数量上不及北京和天津。

世界一流大学和一流学科建设，简称“双一流”，是中国高等教育领域继“211 工程”“985 工程”之后的又一国家战略，有利于提升中国高等教育综合实力和国际竞争力。2017 年 10 月 18 日，习近平总书记在十九大报告中指出，要加快一流大学和一流学科建设。比较京津冀三地双一流院校数能很好的体现三地在大学教育质量上的差距。2017 年 9 月 20 日，教育部、财政部、国家发展改革委公布印发了《关于公布世界一流大学和一流学科建设高校及建设学科名单的通知》，双一流大学名单得以最终确定。其中北京共有 34 所大学入选双一流建设高校名单，包含世界一流大学 8 所，世界一流学科建设高校 34 所（包含 8 所世界一流大学）。天津共有 5 所大学入选双一流建设高校名单，其中世界一流大学 2 所，世界一流学科建设高校 5 所（包含 2 所世界一流大学）。河北共有 2 所大学入选双一流建设高校名单，其中世界一流大学 0 所，世界一流学科建设高校 2 所（包含 0 所世界一流大学）。河北和京津两地在双一流院校数量上存在着较大差距，北京遥遥领先于河北和天津。三地具体情况如表 4-8 所示。

表 4-8　北京、天津世界一流大学具体名单

<table>
<tr><th>省 份</th><th>北京</th><th>天津</th></tr>
<tr><td rowspan="8">学校名称</td><td>北京大学</td><td rowspan="4">南开大学</td></tr>
<tr><td>清华大学</td></tr>
<tr><td>中国人民大学</td></tr>
<tr><td>北京航空航天大学</td></tr>
<tr><td>北京师范大学</td><td rowspan="4">天津大学</td></tr>
<tr><td>中国农业大学</td></tr>
<tr><td>北京理工大学</td></tr>
<tr><td>中央民族大学</td></tr>
</table>

根据《关于公布世界一流大学和一流学科建设高校及建设学科名单的通知》整理

北京、天津、河北世界一流学科建设高校名单如下。

北京 34 所：北京大学、中国人民大学、清华大学、北京交通大学、北京工业大学、北京航空航天大学、北京理工大学、北京科技大学、北京化工大学、北京邮电大学、中国农业大学、北京林业大学、北京协和医学院、北京中医药大学、北京师范大学、首都师范大学、北京外国语大学、中国传媒大学、中央财经大学、对外经济贸易大学、外交学院、中国人民公安大学、北京体育大学、中央音乐学院、中国音乐学院、中央美术学院、中央戏剧学院、中央民族大学、中国政法大学、中国科学院大学、华北电力大学、中国矿业大学（北京）、中国石油大学（北京）、中国地质大学（北京）。

天津 5 所：南开大学、天津大学、天津工业大学、天津医科大学、天津中医药大学。

河北 2 所：河北工业大学、华北电力大学（保定校区）。

（二）京津冀三地高等学校（机构）、普通高校和科研机构研究生在校数

随着“人才强国”战略的持续推进，各个地区越来越重视人才的储备和人才的争夺。硕士研究生和博士研究生作为高层次人才，受到各地区的青睐。京津冀三地高等学校（机构）研究生数，普通高校研究生数和科研机构研究生在校生数如表 4-9 所示。

表 4-9　2015~2017 年京津冀三地高等学校（机构）研究生在校生数（人）

年份	硕士			博士			合计		
	北京	天津	河北	北京	天津	河北	北京	天津	河北
2015 年	218274	44311	37327	91686	8691	2719	309960	53002	40046
2016 年	222254	45439	38780	95356	9052	2893	317610	54491	41673
2017 年	300336	62564	49109	99889	9473	3111	400225	72037	52220

数据来源：中华人民共和国教育部

观察上表中的内容，我们可以发现，2015~2017 年京津冀三地的硕士、博士研究生在校生人数都呈逐年增加的趋势，且上涨幅度都很大，也表现了三地对高层次人才的重视与需求。从三地硕士研究生在校人数看，

河北硕士研究生在校生数居于三地末位，2017 年北京市硕士研究生在校生数大约是河北的 6.12 倍，天津市硕士研究生在校生数为河北的 1.27 倍。从三地博士研究生在校人数看，河北省和北京、天津相比差距更为悬殊，2017 北京市博士研究生在校生数高达河北的 32 倍，天津市博士研究生在校生数大约为河北的 3.05 倍。显而易见，河北省高等学校（机构）研究生在校生数远不及北京和天津地区，表现出了三地在大学教育上的不均等性。

（三）京津冀三地大学一流学科建设情况

大学的基础性工程是学科建设，因为学科性建设可以更为直观和准确的反应大学的学科特色与综合实力水平，也是衡量大学教学质量、科研成果以及社会服务性的稳定指标。北京作为我国的首都以及经济政治文化中心，集中了大量的优质教育资源，具有世界一流学科建设高校 34 所，其学科建设覆盖工学、理学、医学、哲学、农学、法学、文学、艺术学、经济学、管理学、历史学、教育学等各个方面，覆盖范围较广，其中北京大学拥有一流学科高达 41 个，雄居 2017 中国大学双一流学科排行榜榜首；清华大学拥有一流学科 34 个，位列第二。北京大学、清华大学入选双一流学科数量遥遥领先其他高校。天津具有世界一流学科建设高校 5 所，涉及学科主要有世界史、数学、化学、统计学、材料科学与工程、化学工程与技术、管理科学与工程、纺织科学与工程、临床医学（自定）、中药学。河北具有世界一流学科建设高校 2 所，其学科建设仅有电气工程（自定）和能源电力科学与工程两个。从三地一流学科建设情况来看，河北一流学科覆盖范围太过于狭窄，远远落后于北京地区。

第二节

社会保障方面的差距

社会保障，即保障民生之本，保障国民的基本生活并稳定社会的发展，国家通过法律维护其运行，主要包括社会保险、社会救助、社会福利、军人保障、社会互助保障等内容[①]。如果将国家比做一辆高速行驶的列车，社会保障就是列车中乘客的安全带，健全而稳定的社会保障体系可以维护社会的稳定与国家的安全，它不仅仅是国家一方面的努力，还与群众配合发展密切相关，即事关人民群众的切身了利益。本节将从劳动就业、社会保险、最低生活保障、养老公共服务四个方面来具体阐述京津冀三地社会保障的不均衡状态。

一、劳动就业方面差距

就业是民生之本，通过就业，公民就可以将自己的劳动力转化成生产资料，进一步生产出各种物质上的、精神上的财富。通过就业，劳动者可

① 郑功成.社会保障学[M].北京：商务印书馆.2000，(9)：11

以将劳动力变为劳动报酬，那为了就业，劳动者会不断提升自身能力，在工作中去发挥自身的社会价值，对社会发展作出贡献，实现对精神境界的追求。推进基本公共服务均等化的基础工程就是保障就业，稳定的就业水平也是维护民生的根本手段。在这里我们主要选取京津冀三地职工最低工资标准和城镇登记失业人员及登记失业率来衡量三地的劳动就业水平。

从表 4-10 中可以看出，2015~2017 年，北京、天津、河北三地职工的月最低工资标准都在呈逐年上升的趋势，其中天津职工月最低工资标准在三地中最高，北京次之，河北最低。2017 年天津职工月最低工资标准达到了 2050 元，北京达到了 2000 元，河北自 2016 年起，职工月最低工资标准保持在 1650。2017 年河北职工月最低工资标准和天津地区相比少了 400 元，和北京地区相比少了 350 元。

表 4-10　2015~2017 年京津冀三地职工月最低工资标准（单位：元）

地区	北京	天津	河北
2015 年	1720	1850	1480
2016 年	1890	1950	1650
2017 年	2000	2050	1650

数据来源：人社部官网

注：此处的最低工资标准均为该地区月最低工资标准第一档

在我国，一般通过城镇登记失业人员的数量和失业率来衡量一个地方的就业水平，它与领取失业救济与低保补助密切相关。如表 4-11 所示，2015~2017 年，京津冀城镇登记失业人数和城镇登记失业率都在增长，三地中北京的城镇登记失业人数最少，城镇登记失业率最低，天津居中，河北的城镇登记失业人数最多，城镇登记失业率也最高，失业人数大约是北京的 4 倍之多。

表 4-11 2015~2017 年京津冀三地城镇登记失业人员及登记失业率

指标	城镇登记失业人数（万人）			城镇登记失业率		
地区	北京	天津	河北	北京	天津	河北
2015 年	9.16	25.08	39.41	1.39%	3.5%	3.60%
2016 年	9.14	25.77	39.73	1.41%	3.5%	3.68%
2017 年	9.22	26.00	—	1.43%	3.5%	3.68%

数据来源：北京统计年鉴、天津统计年鉴、河北经济年鉴

二、社会保险方面

社会保险的主要项目包括养老保险、医疗保险、失业保险、工伤保险、生育保险。在这里我们主要对城乡居民基础养老金最低标准和三地参加工伤、失业、生育保险人数进行比较。

鉴于三地财政实力差距，北京、天津属于城乡居民基本养老保险高缴费、高给付的地区，而河北属于低缴费、低给付省份。从表 4-12 中可以看出，北京的城乡居民基础养老金最低标准最高，上涨幅度也最大，2017 年基础养老金每月高达 610 元；天津次之；河北在三地中居于最末位。2017 年，北京最低基础养老金是河北的 6.8 倍，天津最低基础养老金大约是河北的 3.1 倍。河北与北京、天津相比在城乡居民基础养老金上还呈现出差距不断增大的趋势。

表 4-12 2015~2017 年京津冀三地城乡居民基础养老金最低标准

（单位：元）

地区	北京	天津	河北
2015 年	470	245	75
2016 年	560	261	80
2017 年	610	277	90

数据来源：北京统计公报、天津统计公报、河北统计公报

社会保险一般包括养老保险、医疗保险、失业保险、工伤保险、生育保险五种，其中以养老保险、医疗保险最受人们关注。工伤保险、失业保险、生育保险虽关注度较前两者较低，但在社会保障中依旧发挥着其独特的作用，应该引起重视。如表 4-13 所示，2015~2017 年京津冀三地参加工伤、失业、生育保险的覆盖人数持续增长，显示出人们保障意识不断提高。从表中可以看出，北京地区参加工伤、失业、生育保险的人数在三地之中最多，河北次之，天津最少。河北参加工伤、失业、生育保险的人数和北京相比还存在较大差距。2017 年末北京市参加工伤保险的人数大约是河北的 1.3 倍，参加失业保险的人数大约是河北省的 2.2 倍，参加生育保险的人数大约是河北的 1.4 倍。而且一但考虑到河北数倍于京津的就业人数，其工伤、失业、生育保险覆盖面方面的欠账就会更加凸显。

表 4-13　2015~2017 年京津冀三地参加工伤、失业、生育保险人数

（单位：万人）

指标	年末参加工伤保险人数			年末参加失业保险人数			年末参加生育保险人数		
地区	京	津	冀	京	津	冀	京	津	冀
2015 年	1020.1	385.6	809.7	1082.3	295.3	511.0	941.6	269.7	713.0
2016 年	1060.2	388.1	840.0	1115.0	302.5	515.9	981.0	285.0	710.3
2017 年	1117.9	395.3	860.7	1170.9	311.3	529.7	1035.2	296.9	737.8

数据来源：国家统计局

三、最低生活保障方面

最低生活保障指当公民的收入低于当地政府制定的最低生活标准时，相关部门对其进行物质或者金钱的补贴，以此保障其正常生活，最低生活保障仅仅保基础，没有福利性，所以在这里我们主要对京津冀三地城市和农村居民的低保标准进行比较。

从表 4-14 中可以看出，京津冀三地城乡居民最低生活保障标准都呈逐年增加的趋势。但 2017 年之前，河北还没有像京津那样实现城乡居民最低生活标准的统一，且城乡居民最低生活保障标准和京津两地相比也存在较大差距。2017 年城市居民最低生活标准上，北京每月高出河北 400 元，天津每月高出河北 360 元；在农村居民最低生活标准上，这种差距表现的更为明显，北京每月高出河北 625 元，天津每月高出河北 585 元。

表 4-14　2015~2017 年京津冀三地城市和农村每月享受低保标准（单位：元）

指标	城市居民最低生活保障标准			农村居民最低生活保障标准		
地区	北京	天津	河北	北京	天津	河北
2015 年	710	705	437	710	540	216
2016 年	800	780	—	800	800	238
2017 年	900	860	500	900	860	275

数据来源：北京统计年鉴、天津统计年鉴

注：河北省的数据为近似值，根据河北省民政会议整理计算

四、养老公共服务方面

根据国家统计局数据，2018 年我国人口从年龄构成来看，60 周岁及以上人口为 24949 万人，占总人口的比重为 17.9%，其中 65 周岁及以上人口为 16658 万人，占总人口的比重为 11.9%。同 2017 年数据相比，60 周岁及以上人口的比重上升 0.6%，65 周岁及以上人口比重上升 0.5%。随着我国人口老龄化程度加剧和少子高龄化趋势的出现，养老成为国家不容忽视的重要问题。老年人口对养老服务的需求逐渐增加，需要社会为其提供更多的公共服务。在这里主要选取每千老年人口养老床位数作为京津冀

三地养老公共服务水平的衡量指标。

养老床位数是养老服务水平衡量的重要指标，从表 4-15 中可以看出，2015 年河北的养老床位数位居三地之首，每千老年人口养老床位数高达 40.94 张。但 2016 年、2017 年，河北的养老床位数呈不断下降的趋势，2017 年已经下降至 32.64 张。北京的养老床位数从 2015~2017 年呈不断上升的趋势，从 2015 年的 28.95 张已经上升到 2017 年的 39.58 张。2017 年北京每千老年人口养老床位数约为河北的 1.21 倍，天津的 1.76 倍。按此趋势，河北的每千老年人口养老床位数差距还将与北京不断拉大，所以必须出台专门政策大力扶持养老产业的发展。

表 4-15　2015~2017 年京津冀三地每千老年人口养老床位数（单位：张）

地区	北京	天津	河北
2015 年	28.95	23.73	40.94
2016 年	38.22	23.06	34.98
2017 年	39.58	22.44	32.64

数据来源：国家统计局

另外从扶持养老产业发展方面看，北京每月给 80 岁以上老年人发放 100 元养老服务券（卡），用于餐桌和社区家政等。天津新出台政策，对居家养老护理补贴与现行居家养老服务补贴合并使用。合并使用后，符合轻度、中度和重度照料等级的老年人，每人 150 元 / 月、200 元 / 月和 400 元 / 月。河北目前省级对社会办养老机构奖补的标准仅为建设补贴 1500 元，运营补贴 50 元 / 人 / 月，同时河北也没有建立对困难老人居家养老护理补贴的制度，经济支持较京津差距很大。

数据显示，从 1999 年起，我国正式迈入老龄化时代，且随着年龄的增长，老年人的健康水平会越来越低，并逐渐达到半失能、失能的状态。根据调查数据，2015 年我国的失能、失智老人已经达到 4000 万，据推算，到 2030 年时，我国的失能、失智老人将增加到 6200 万。失能、失智老人不能正常生活，在不能获得高质量的家庭照料下，这部分群体的长期护理成为迫在眉睫的社会性问题。自古以来，孝道都是我国弘扬的美德，《国人养老准备报告》所调查的结果显示，老年人更倾向于居家养老，而家庭赡养随着计划生育的实施，已经失去了子女较多具备较强照料能力的优势，面对失能、失智老人所需要的高额照料费用，家庭赡养的负担越来越重，因而，必须加强京津冀三地长期护理保险的协同力度推广，为区域内失能失智老人及其家庭减轻护理负担，由政府去主动承担一部分护理老人的责任，在最大程度上完成护理风险社会共济。

第三节

医疗卫生方面的差距

基本医疗卫生服务是民生建设的重要内容，是衡量社会公平正义的重要指标，关系到全民的健康。近年来，京津冀医疗卫生协同发展取得较大成效，但京津冀三地由于经济发展水平不同，制度壁垒等原因，使得区域内医疗卫生服务差异依然突出。本节主要从健康指标、医疗资源、医疗服务现状三个方面对京津冀三地基本医疗卫生服务的现状和差异进行分析。

一、健康指标

联合国曾制定了千年发展目标，其中有四个指标与医疗卫生服务相关，包括人均预期寿命、孕产妇死亡率、婴儿死亡率、五岁以下儿童死亡率，由此我们可以得出经济卫生水平在人类生存发展大计中重要作用。人均预期寿命指在某一时期内人类能够达到的生存的年数，这个指标能直观地反映出各个国家和地区的医疗卫生服务水平，通过这个指标，相关学者可以对人口进行较为精准的预测与分析，这个指标也从侧面反映出社会是否和谐、家庭经济基础现状等问题。一个国家的可持续发展与该国家的儿童有很大关系，儿童是国家的后备军和储蓄力量，因此妇女儿童健康指标是衡量国家和人类发展的综合指标。在这部分我们主要选取了5岁以下儿童死亡率、孕产妇死亡率进行比较（注：此处单位均按照原国家卫生计生委要求设置）。2015~2017年京津冀三地5岁以下儿童死亡率、孕产妇死亡率见表4-22。

表4-22　2015~2017年京津冀三地5岁以下儿童死亡率、孕产妇死亡率

指标	5岁以下儿童死亡率			孕产妇死亡率		
地区	北京	天津	河北	北京	天津	河北
2015年	2.67‰	5.95‰	9.46‰	8.69/10万	8.10/10万	17.43/10万
2016年	2.6‰	5.11‰	7.58‰	10.83/10万	9.41/10万	15.03/10万
2017年	2.82‰	4.25‰	7.06‰	8.17/10万	5.95/10万	13.11/10万

数据来源：北京统计年鉴、天津统计年鉴、河北统计年鉴

通过对京津冀地区5岁以下儿童死亡率进行比较，我们可以发现：北京地区5岁以下儿童死亡率最低，天津和河北虽然从2015~2017年5岁以下儿童死亡率都呈逐年下降的趋势，但仍然和北京有较大差距。尤其是河北地区的5岁以下儿童死亡率远远高于北京和天津地区。2017年河北地区5岁以下儿童死亡率为7.06‰，比天津高出2.81‰，比北京高出4.24‰。通过对京津冀地区孕产妇死亡率进行比较，我们可以发现北京和天津孕产妇死亡率上下波动，在2015~2016年孕产妇死亡率都有所上升，2016~2017年京津两地孕产妇死亡率有下降的趋势。河北地区的孕产妇死亡率从2015~2017年一直都处于下降趋势。但综合2015~2017年京津冀三地孕产妇死亡率的数据来看，天津的孕产妇死亡率最低，其次是北京，河北地区的孕产妇死亡率最高。因此，河北在妇女儿童健康水平上较北京和天津相比，还有一定差距。

二、医疗资源

医疗资源是指提供医疗服务的生产要素的总称，通常包括人员、医疗费用、医疗机构、医疗床位、医疗设施和装备、知识技能和信息等。本书中我们选取卫生技术人员数和医疗卫生机构床位供应数两个指标来对比京津冀三地的医疗资源，其中卫生技术人员作为医疗资源中很重要的一部分，能够反映一个地区医疗卫生方面的发展程度。

表 4-23　2015~2017 年京津冀三地每千人口卫生技术人员数

	城市地区			农村地区		
省市	北京	天津	河北	北京	天津	河北
2015 年	17.00	9.50	10.40	8.60	5.50	3.40
2016 年	17.24	9.14	9.80	——	8.42	3.61
2017 年	17.63	9.50	9.47	——	7.72	3.98

数据来源：中国统计年鉴

为了更加客观比较京津冀三地医疗资源配置，特把城市和农村地区分开进行比较。从表 4-23 中可以看出，北京市城市地区 2015~2017 年每千人口卫生技术人员数不断增长，遥遥领先于天津和河北。天津城市地区每千人口卫生技术人员数上下稍有波动，2017 年和 2015 年每千人口卫生技术人员数持平。河北城市地区每千人口卫生技术人员数 2015~2017 年不断下降，从 2015 年的 10.40 下降到 2017 年的 9.47。2017 年北京城市地区每千人卫生技术人员数大约是河北的 1.86 倍。农村地区因缺少北京 2016 年和 2017 年的数据，只比较天津和河北两地。河北农村地区每千人口卫生技术人员数虽然自 2015~2017 年不断增长，但依然落后于天津地区。天津农村地区每千人口卫生技术人员数 2015 年大约为河北的 1.6 倍，2016 年约为河北的 2.3 倍，2017 年约为河北的 1.9 倍。因此河北应更加重视医疗卫生人力资源的投入。

医疗卫生服务资源是否丰富，可以看医疗卫生机构的床位供应，通过对在本对 2015~2017 年京津冀三地医疗卫生机构床位数进行对比，我们可以清楚地看到河北与北京的差距，虽然河北的数据显示在上升，但是北京与天津也在缓慢上升，相比之下，河北和北京相比仍然处于劣势。如表 4-24 所示，京津冀三地中，北京每千人口医疗卫生机构床位数处于首位，河北位居第二位，天津处于最末位。2017 年，北京每千人口医疗卫生机构床位为 5.56 张，比河北每千人口医疗卫生机构床位多 0.31 张，比天津每千人口医疗卫生机构床位数多 1.17 张，虽然河北的每千人口医疗卫生机构床位数有上涨的趋势，但依旧落后于北京地区。

表 4-24　2015~2017 年京津冀三地每千人口医疗卫生机构床位数

地区	北京	天津	河北
2015 年	5.14	4.12	4.61
2016 年	5.39	4.21	4.83
2017 年	5.56	4.39	5.25

数据来源：国家统计局

近些年，国家越来越重视基层医疗卫生的发展。其中主要发展方向是在各个机构内设立基本的公共医疗卫生服务项目，在城市里，建立“15 分钟”就医圈，鼓励家庭医生的发展，分散大医院的就医压力，充分利用小医院的医疗资源，培养居民“小病到社区，大病上医院”的就诊意识与就诊习惯。乡镇卫生院作为农村基层医疗卫生机构的一部分，研究其床位数能够反映农村地区的医疗卫生水平。因为缺少北京 2015~2017 年的相关数据，在这里我们只分析天津和河北的乡镇卫生院床位数。从下表 4-25 中可以看出 2015~2017 年天津乡镇卫生院床位数呈逐年递增的趋势，且增长较快。河北乡镇卫生院床位数波动较大，2015~2016 年，河北乡镇卫生院床位数从 1.07 增加到 4.14，增长较快，但 2016~2017 年，乡镇卫生院床位数又有所下降。2017 年天津乡镇卫生院床位数为 5.97，河北为 1.23，远远落后于天津。2015~2017 年，河北乡镇卫生院床位数和天津相比，均存在差距。

表 4-25　2015~2017 年京津冀三地每千农村人口乡镇卫生院床位数

地区	北京	天津	河北
2015 年	——	2.23	1.07
2016 年	——	4.74	4.14
2017 年	——	5.97	1.23

数据来源：国家统计局

三、医疗服务现状

医疗服务水平能够很好的代表一个地区的医疗卫生水平。例如，医疗为升级后的急诊病死亡率可以直观衡量该医院的医疗卫生服务水平，衡量该医院的急诊科室医生与医疗设备的质量，如表 4-26 所示，河北的医疗卫生机构急诊病死率在 2015 年是 0.18%，在 2016 年是 0.16%，在 2017 年是 0.15%。通过数据比对可知，河北的每千人口医疗卫生机构床位数是呈下降趋势的，北京的医疗卫生机构急诊病死率在 2015 年是 0.08%，在 2016 年是 0.07%，在 2017 年是 0.09%，略有轻微的波动，天津也呈现相同的趋势，即天津的医疗卫生机构急诊病死率在 2015 年是 0.07%，在 2016 年是 0.08%，在 2017 年是 0.08%，虽然两地的医疗卫生机构急诊病死率没有呈现出下降的趋势，但两地的医疗卫生机构急诊病死率都低于 0.1%，而河北的目前仍在 0.1% 以上。

表 4-26　2015~2017 年京津冀三地急诊病死率

地区	北京	天津	河北
2015 年	0.08	0.07	0.18
2016 年	0.07	0.08	0.16
2017 年	0.09	0.08	0.15

数据来源：国家统计局

通过从健康指标、医疗卫生服务设施、医疗服务现状三个方面对京津冀地区的医疗卫生情况现状和差异进行描述后，发现河北和京津两地在医疗卫生服务相比仍然具有较大差距，缩小这一差距，提高医疗卫生的服务质量才是当下最为棘手的问题。

|第|四|节|

公共文化方面差距

2015年1月14日，中共中央办公厅、国务院办公厅印发《国家基本公共文化服务指导标准（2015—2020年）》，对各级政府应向人民群众提供的基本公共文化服务项目和硬件设施条件、人员配备等作出了明确规定。其中基本服务项目包括读书看报、收听广播、观看电视、观赏电影、送地方戏、设施开放、文体活动、文化设施、广电设施、体育设施等方面。京津冀文体发展水平整体较高，但比较来看，三地文体发展差距较大，北京的文体服务水平处在全国的前列，天津居中，而河北则明显处在末端。下面将从艺术表演场馆演出情况、公共图书馆情况这两个方面来阐述基本公共文化服务水平的不均等化。

一、从艺术表演场馆演出情况看

随着经济的发展，人们越来越重视精神层面需求的满足。艺术演出可以反映出人们对精神文化需求的满足程度。在这里我们主要选取艺术表演场馆演出场次和观众人次对京津冀三地进行比较。2015~2017年京津冀三地艺术表演场馆演出场次和观众人次见表 4-27。

表 4-27 2015~2017 年京津冀三地艺术表演场馆演出场次和观众人数

（单位：万）

指标	演出场次			观众人数		
地区	北京	天津	河北	北京	天津	河北
2015 年	4.20	2.43	2.86	807	290	257
2016 年	6.75	2.58	6.17	1173	265	110
2017 年	4.37	5.80	6.10	1061	446	199

数据来源：国家统计年鉴（http://www.stats.gov.cn/tjsj/ndsj/2018/indexch.htm）

在艺术表演馆演出场次上，2015 年北京的演出场次多于天津和河北地区，2016 年北京演出场次较 2015 年快速增加，仍然领先于天津和河北地区。2017 年，北京演出场次大幅减少，天津演出场次不断增加，河北演出场次继续稳定在 2016 年的水平，位居三地之首。观众人数反映出一个地区人民群众的消费层级和精神文化需求情况。2015~2017 年，北京观看演出的观众人数一直居于三地首位，尽管 2017 年演出场次不及河北和天津但北京的观众人数仍然保持在 1000 万人以上。2016 年和 2017 年河北艺术表演馆演出场次分别为 6.17 万人和 6.10 万人，但观众人数仅为 110 万人和 199 万人，观众人数较少。2015~2017 年河北观看演出的人数一直处于三地最末位，较京津两地存在不小差距，尤其和北京相比，这也反映出了河北人民群众精神文化消费的不足。

二、从公共图书馆建设情况看

公共图书馆事业不仅可以传承文明，还可以服务社会，百余载文津气韵静美于斯，每各省各个城市的公共图书馆都是一项公益性的文化服务平台，践行这我国文化强国的发展使命，给广大市民传播先进文化，通过公共图书馆，政府和相关部门还可以开展多项重要职能，这对于推进科技发展与进步有着最基础的保障作用。在这里我们主要选取人均拥有公共图书馆藏量和每万人拥有公共图书馆建筑面积来对京津冀三地文体进行比较。2015~2017 年京津冀三地人均拥有公共图书馆藏量和每万人拥有公共图书馆建筑面积见表 4-28。

表 4-28　2015~2017 年京津冀人均公共图书馆藏量和每万人公共图书馆建筑面积

指标	人均公共图书馆藏量			每万人公共图书馆建筑面积		
地区	北京	天津	河北	北京	天津	河北
2015 年	1.12	1.10	0.30	113.6	167.4	59.2
2016 年	1.19	1.16	0.31	126.4	168.8	63.2
2017 年	1.27	1.07	0.34	138.3	209.1	65.5

数据来源：国家统计年鉴（http://www.stats.gov.cn/tjsj/ndsj/2018/indexch.htm）

通过上述两个方面的数据整理可以得出，早在 2015 年，北京与天津的人均公共图书馆藏量就已经在 1 以上，而河北的人均图书馆藏量才仅有 0.3 左右，且在 2017 年也没有发生太大变化，涨幅也没有北京的人均公共图书馆藏量大，而天津的人均公共图书馆藏量大约是河北的 3.15 倍。在每万人拥有公共图书馆建筑面积上，天津位居首位，北京次之，河北处于末位。2017 年，北京每万人拥有公共图书馆建筑面积是河北的 2.11 倍。天津每万人拥有公共图书馆建筑面积是河北省的 3.19 倍。

三、从体育方面的差距

俗话说“文体不分家”，体育代表的不仅仅是运动本身，也代表着一种积极和健康的生活态度。2016年12月，京津冀三个地区签署了《深入推进京津冀体育协同发展议定书》，主张实行体育工作联动机制和三地重要问题协商制度[①]。2017年京津冀体育产业大会上，北京市体育局党组书记、局长孙学才谈到要“打造京张沿线体育文化旅游带，激发青少年参与奥林匹克运动，优化升级体育产业结构”，但综合比较来看，在人均规模场馆数量、经常性体育锻炼人数占总人口比例、人均体育设施投入等关键指标上，河北在三地之中依然处于明显劣势。例如到2018年底，北京人均体育场面积为2.25平方米，天津2.12平方米，而河北则只有1.7平方米。

---

① 翟凤茹.京津冀协同发展中竞技体育信息资源共建共享的架构研究[A].中国体育科学学会.2017年全国竞技体育科学论文报告会论文摘要汇编[C].中国体育科学学会：中国体育科学学会,2017：3.

|第|五|节|

科技创新方面的差距

京津冀地区肩负着我国参与全球竞争和率先实现现代化的重任，科技成果丰硕。但长期以来，河北在科技创新方面一直扮演着京津的配角，差距也并没有随着协同发展而缩小。为了更清晰的分析河北和京津两地在科技创新方面的现状，本节分别从科技研究实力、科技创新投入、科技成果、技术市场成交额四个方面来描述京津冀科技创新能力发展的不均衡。

一、重大科研实力差距

国家重点实验室是国家科技创新体系的重要组成部分，是国家组织高水平基础研究和应用基础研究、聚集和培养优秀科学家、开展高层次学术交流的重要基地。一直以来，国家重点实验室在科学前沿探索和解决国家重大需求方面持续发挥着非常重要的作用。2018 年 5 月 21 日，科技部网站发布了《2016 年国家重点实验室年度报告》，报告中指出国家重点实验室分布在全国 25 个省、自治区和直辖市，其中北京市 79 个，上海市 32 个，江苏省 20 个，湖北省 18 个，陕西省 13 个，基本反映了我国基础研究力量的地域分布。我们这里重点关注京津冀三地国家重点实验室数量分布，其中北京市 79 个、天津市 6 个、河北省 1 个。在国家重点实验室的高校分布方面，清华大学有 10 个国家重点实验室，位居第一。北京大学共有 8 个国家重点实验室，排名第三。从以上数据，我们可以看出北京的国家重点实验室数量远远大于天津、河北两地，值得特别关注的是，河北仅仅只有一个国家重点实验室，这也反映出了河北较京津在科技人才和科技实力上存在明显差距。

二、持续科技创新投入差距

科学技术的发展必然需要国家财政的支持，在这里我们主要选取规模以上工业企业科学研究与实验发展经费支出（R&D）以及研究与实验发展经费内部支出占地区生产总值比例这两个指标来对京津冀三地科技创新投入进行比较。研究与试验发展（R&D）经费支出 指统计年度内全社会实际用于基础研究、应用研究和试验发展的经费支出。包括实际用于研究与试验发展活动的人员劳务费、原材料费、固定资产购建费、管理费及其他费用支出。表 4-29 显示 2015~2017 年北京规模以上工业企业研究与实验发展经费呈逐年增加的趋势，北京从 2015 年的 244087 万元增长到 2017 年的 2690851 万元，天津规模以上工业企业研究与实验发展经费呈逐年递减的趋势，从 2015 年的 3526665 万元下降到 2017 年的 2411418 万元，河北的规模以上工业企业研究与实验发展经费也呈逐年增加的趋势，且涨幅要大于北京，从 2015 年的 2858051 万元增长到 2017 年的 3509684 万元，河北省最高，北京次之，天津最低。

表 4-29　2015~2017 年京津冀三地规模以上工业企业研究与实验发展经费（单位：万元）

地区	北京	天津	河北
2015 年	2440875	3526665	2858051
2016 年	2548433	3499551	3086608
2017 年	2690851	2411418	3509684

数据来源：国家统计局

因为京津冀三个地区的经济发展水平差距明显，简单用研究与试验发展（R&D）经费支出的绝对数值比较不能客观地反映科技投入的水平。因此，为了更公正地对比三地科技创新投入水平，我们采取科学研究与试验发展（R&D）经费投入强度来比较京津冀的科技投入水平。科学研究与试验发展（R&D）经费投入强度是衡量一个国家（地区）或一个企业对科技和创新的投入力度，是国际社会广泛使用的科技指标，世界各国普遍将其作为创新战略规划中的核心指标。2015~2017 年京津冀三地研究与实验发展经费投入强度见表 4-30.

表 4-30　2015~2017 年京津冀三地研究与实验发展经费投入强度

地区	北京	天津	河北
2015 年	5.84	3.04	1.18
2016 年	5.78	3.01	1.20
2017 年	5.64	2.47	1.33

数据来源：北京统计年鉴、天津统计年鉴、河北经济年鉴

通过表 4-30，我们可以看出，北京地区研究与试验发展经费内部支出占地区生产总值的比例最高，天津次之，河北位于最后。2017 年北京地区研究与试验发展经费内部支出占地区生产总值的比例大约为河北的 4.24

倍；天津地区研究与试验发展经费内部支出占地区生产总值的比例大约为河北省的1.86倍。因此，综合比较来看，河北虽然在R&D的绝对值上比京津两地多，但投入强度却远不及京津两地，和北京、天津相比有较大差距。

三、科技成果产出差距

科技投入是为了取得科技成果这一回报，判断一个地区的科技是否发展，就可以直接调查该地区当年的科技成果是否丰富，一般科技产出主要体现在科技成果与高新技术产业化方面，衡量科技成果的标准是该成果是否具有学术意义和实用价值，主要包括科技论文、专利、科技成果和技术。本书中选取专利申请数、授权专利数和有效发明发明专利数来对京津冀三地的科技成果进行比较。

表4-31　2015~2017年京津冀三地科技成果（单位：件）

指标	专利申请数			有效发明专利数			授权专利数		
地区	京	津	冀	京	津	冀	京	津	冀
2015年	20024	16721	10396	23749	17422	7740	94031	37342	30130
2016年	20065	17170	13189	28290	22021	13074	100578	39734	31826
2017年	19653	15770	13855	34497	22346	14750	106948	41675	35348

数据来源：国家统计局

从表4-31可以看出，河北省2015~2017年申请专利数不断增加，北京和天津两地2017年申请专利数稍有下降，但依然高于河北申请专利数。在有效发明专利数上，京津冀三地2015~2017年都在不断增加，其中北京有效发明专利数最多，增长速度也最快。河北有效发明专利数在三地之中处于最末位，2017 年北京的有效发明专利数大约为河北的 2.34 倍，天津的有效发明专利数大约为河北的 1.51 倍。在专利授权数上，三地的专利授权数不断增加，北京位居首位远远多于天津和河北。2017 年北京授权专利数是天津的 2.57 倍，河北的 3.03 倍。整体来看，河北的科技成果不及北京和天津。

四、技术市场成交额差距

据全国技术市场统计，截至 2017 年底，全国共签订技术合同 367586 项，成交金额为 13424.22 亿元，同比增长 14.71% 和 17.68%。全国技术市场继续保持中高速增长势头。技术市场成交额指全国技术市场合同成交项目的总金额。该指标反映技术转移和科技成果转化的总体规模。从表 4-32 中可以看出，北京仍处于第一，河北的技术市场成交额在三地之中处于最末位。2017 年，北京的技术成交额约为天津的 8.14 倍，河北的 50.46 倍；天津的技术市场成交额约为河北的 6.20 倍。因此，河北需要不断提高其科技成果转化能力。

表 4-32　2015~2017 年京津冀三地技术市场成交额（单位：万元）

地区	北京	天津	河北
2015 年	34538855	5034369	395438
2016 年	39409752	5526361	589959
2017 年	44868872	5514411	889245

数据来源：中国统计年鉴

通过从科技投入、科技产出成果、技术市场成交额三个方面对京津冀三地科技方面进行比较发现，河北目前科技经费的投入强度较弱，科技产出成果较少，技术市场成交额也较低。因此，河北应该加强科技研发能力和科技成果转化能力，进而提高京津冀科技协同创新能力。

本章小结：本章从公共服务教育、社会保障、基本医疗卫生、基本公共文体服务、科技创新这五个方面出发，运用定量分析和定性分析相结合的研究方法，对京津冀基本公共服务的不均等化现状进行了直观客观地阐述，研究发现河北在这五个方面均与京津存在着较大差距。本章的大量数据都来源于中国统计年鉴、北京统计年鉴、天津统计年鉴、河北经济统计年鉴以及政府相关部门官方数据，具有权威性，充分支撑了本章的各个观点，更为直观地展示了河北与京津基本公共服务水平差异之大。

第　五　章

京津冀公共服务发展不均衡的根源探究

P A R T 5

三地基本公共服务发展水平差距的形成有其历史和现实原因。从历史上看，新中国成立以后，工业偏好、城市偏好是我国的经济社会发展战略总体情况，主要表现就是以农补工、以乡促城，河北围绕京津两个大都市，为京津做贡献是首当其冲的任务，这在当时社会生产条件下有其必然性。从现实角度看，由于河北特殊的地理位置，相交京津两大直辖市而言，资源集聚能力弱、正是影响力偏低、经济发展相对滞后等，最终导致了三地公共服务发展的不均衡。本章着重从经济发展、区域定位、政策差异、公共服务机制等不同视角深入探究河北相对京津冀公共服务落后的原因，剖析导致非均衡状态的根源。

第一节

三地的经济发展差距是导致公共服务发展不均衡的根本因素

公共服务的经费来源主要是各级政府的财政收入，而财政收入的增加则需要有良好的经济发展作为保障，京津冀三地方经济发展水平的差距必然会导致三地公共服务投入的差距，进而演化成公共服务的差距。本节主要从经济增长效率、人均财力和城乡居民收入水平分别详细说明京津冀三地经济发展的差距，以便更深刻解释三地公共服务发展不均的经济根源。

一、河北省的经济增长效益在三省市中最低

如表 5-1、表 5-2 所示：2014~2019 年，京津冀三省市一般公共预算收入年均增长率分别为 7.93%、12.2% 和 8.53%。河北增速最低，比北京低了 4.24%，比天津低 0.6%。近些年来河北省的一般公共预算占地区生产总值的比例一直在 8%~11%，然而北京却达到了 20%，天津也是超过了 18%。从 2019 年的一般公共预算占生产总值比例可以看出，河北省较前几年有所提升达到了 10.66%，但是还是比北京低了 5.79%，比天津低了 6.43%。

表 5-1　2014~2019 年京津冀地区全部财政收入比较

年度	北京		天津		河北	
	全部财政收入（亿元）	一般公共预算收入占地区生产总值比重（%）	全部财政收入（亿元）	一般公共预算收入占地区生产总值比重（%）	全部财政收入（亿元）	一般公共预算收入占地区生产总值比重（%）
2014	4027.2	18.88	2390.02	15.2	2446.6	8.32
2015	4723.9	20.57	2666.99	16.13	2648.5	8.89
2016	5081.3	20.41	2723.46	15.23	2850.8	8.96
2017	5430.8	19.40	2310.11	12.42	3233.3	8.99
2018	5785.9	19.08	2106.19	11.2	3513.7	9.76
2019	5817.1	16.45	2410.25	17.09	3742.7	10.66

表 5-2　2014~2019 年京津冀地区一般公共预算收入年均增长率比较

年度	北京市一般公共预算收入年均增长率（%）	天津市一般公共预算收入年均增长率（%）	河北省一般公共预算收入年均增长率（%）
2014	10	15	6.6
2015	12.3	11.6	8.3
2016	7.5	10	7.6
2017	10.8	13.5	13.5
2018	6.5	8.7	8.7
2019	0.5	14.4	6.5

二、河北省的人均财力严重落后于京津

如表 5-3 所示：京津冀三地人均 GDP 2014~2018 年（2019 年三地均出现小幅下降）均呈现上升趋势，但增长速度略有不同：北京由 99995 增

长至 140000，年均增长率为 8.78%；天津由 103655 增长至 120606，年均增长率为 3.86%；河北由 39846 增长至 47772，年均增长率为 4.64%。京津冀协同发展及河北承接非首都功能的政策背景下，河北的经济发展速度仍未得到显著提升，落后地位未能摆脱。很明显，北京天津人均 GDP 逐步迈向 10 万元，而河北则刚刚跨入 4 万元门槛，2019 年北京和天津的人均 GDP 分别为河北的 3.54 倍和 1.95 倍，三地真实的经济发展差距相当悬殊。

表 5-3　2013~2018 年京津冀地区人均经济指标比较单位：元

年度	北京			天津			河北		
	人均GDP	人均公共预算收入	人均公共预算支出	人均GDP	人均公共预算收入	人均公共预算支出	人均GDP	人均公共预算收入	人均公共预算支出
2014	99995	18718	20964	103655	15757	19018	39846	3314	6282
2015	106284	21764	26498	106909	17240	20889	40144	3567	7644
2016	115000	23385	29485	114495	17435	23690	42608	3817	8083
2017	129000	25019	31440	119441	14838	21082	47985	4300	8798
2018	140000	26859	34711	120606	13505	19906	47772	4650	10217
2019	164000	27011	34399	90306	15432	22466	46348	4930	10951

再从人均公共预算收入和支出角度看，北京和天津人均公共预算收入分别跨入 2 万元和 1.5 万元大关，而河北省人均公共预算收入仍不足 5000 元，分别只有京津的 1/4 和 1/3。北京和天津人均公共预算支出均超过 2 万元，河北省人均公共预算支出刚刚跨过 10000 元方阵，2019 年全省人均公共预算支出分别只有京津的 31.84% 和 48.74%，即仅有北京的 1/3 和天津的 1/2。

人均公共预算收入和人均公共预算支出均按照统计局官方统计数据测算得来。

三、河北与京津存在城乡居民收入“鸿沟”

如表 5-4 所示：2013~2018 年，京津冀三地各地区的城乡收入相差无几，河北地区的城乡收入要高于天津，与北京大致相同。这可能是因为河北地区城市化较低，农村在整个区域内占比较大，也就造成了今天的城乡居民收入的“沟壑”。2019 年，城镇居民人均可支配收入上，河北相当于北京的 48.39%，相当于天津的 77.49%，农村居民人均纯收入上，河北相当于北京的 53.14%，相当于天津的 61.98%。比较城乡收入差距上看，河北的城乡居民收入都是高于北京天津的，由此可见在城乡之间河北与京津的差距更大。需要强调的是，在 2019 年河北省全面实现脱贫之前，还存在涉及 270 万人口，覆盖张家口（全部）、承德（全部）和保定西部山区，共 25 个县环首都贫困带。这些贫困带农民在人均收入、人均 GDP 等方面有时候都不如北京周边地区人均收入的 1/3 或者是更低。

表 5-4　2013~2018 年京津冀地区人均经济指标比较单位：元

年度	北京			天津			河北		
	城镇居民人均可支配收入	农村居民人均纯收入	城乡收入比	城镇居民人均可支配收入	农村居民人均纯收入	城乡收入比	城镇居民人均可支配收入	农村居民人均纯收入	城乡收入比
2014	43910	20226	2.17	31506	17014	1.08	24141	10186	2.37
2015	52859	20569	2.57	34101	18482	1.85	26152	11051	2.37
2016	57275	22310	2.57	37110	20076	1.85	28249	19106	1.48
2017	62406	24240	2.57	40278	21754	1.85	30548	12881	2.37
2018	67990	26490	2.57	42976	23065	1.86	32997	14031	2.35
2019	73849	28928	2.55	46119	24804	1.86	35738	15373	2.32

*天津 2009~2013 年为城市居民人均可支配收入，2014 年为城镇常住居民人均可支配收入。

第二节

三地公共服务非均衡态势形成的其他原因分析

京津冀与珠三角、长三角区域协同发展最大的不同是历史、政治和战略定位的考量大于经济的判断。北京是国家的首都、天津是我国四大直辖市之一，而河北仅是普通的省级区域，在行政级别和政治地位上与京津两地相比具有一定落差，进而在争取各类资源和政策上处于相对弱势，再加之原有发展基础的薄弱和战略定位差异，令三地公共服务差距呈现出了不断加大的趋势。

一、发展环境和条件差异固化了河北与京津的经济社会差距

虽说河北是一个省并且沿海，但是其发展却远不如直属中央管辖的京津两个直辖市。北京首都的发展环境和条件都十分优越，各种央企总部、著名高校和三甲医院等大批的高质量公共服务资源都汇集在此，其电、气、交通等服务产品因为财政上的补贴价格也均低于周边地区的价格，所以大批的资金、人才和技术等资源都在京津两地汇集。从现实情况看，北京拥有1/3的国家级重点实验室，1/2的两院院士，1/5的高新技术企业，1/3

的国家专利，各大央企总部、各大部属院校、国家的重大基础设施也主要集中在北京。近年来天津致力于发展成为类似上海那样的北方经济中心，国家对于天津项目、政策上的要求也几乎是有求必应，因此各种重大项目飞机、火箭、造船等项目纷纷落地天津。天津滨海新区被评为综合改革试验区属于国家级别，同时天津的自贸区也是最早开始挂牌运行的。相比之下，河北的发展环境和条件明显滞后。2015 年发布的《京津冀协同发展规划纲要》的实施方案中明确了三地具体的功能地位：北京为全国政治中心、文化中心、国际交往中心和科技创新中心；天津为全国先进制造研发基地、北方国际航运核心区、金融创新运营示范区和改革先行示范区；河北为全国现代商贸物流重要基地、产业转型升级试验区、新型城镇化与城乡统筹示范区、京津冀生态环境支撑区。从这个定位看，北京和天津享受的创新、改革的政策红利还将明显优于河北，抹平公共服务发展差距仍将任重道远。

二、国家战略定位的不同在一定程度上变相拉大了河北与京津差距

在京津冀协同发展提出之前，国家对京津两地的支持力度也远高于河北的沿海地区。

仅以国家对滨海新区、中关村国家创新示范区和河北沿海地区三个地区“点对点”的政策差异为例。国家十分看重天津滨海新区的发展，将其发展的定位设为“继深圳经济特区、浦东新区之后，又一带动区域发展的新的经济增长极”，并且将天津滨海新区设定为了国家级别的综合改革试验区；北京中关村则是国家级的自主创新示范区，并致力于将中关村打造成能在国际上产生影响的创新基地；对于河北沿海地区的功能定位是：新型工业发展基地，各地区定位不同，侧重不同，国家战略意图也不同。比如，滨海新区重在发展和创新试验，河北沿海地区重在转型和升级示范。

虽然河北的沿海地区发展计划得到了国务院的审批，但就只是得到了国家有关部门在规划实施中给予指导和支持，未单列政策章节。相比之下，国务院在推进滨海新区开发开放意见中，明确要求国家有关部委抓紧出台具体政策措施，之后国家发改委、财政部、税务总局、质监局、外汇管理局、外专局、海关总署、保监局、工商总局 9 个部委，分别在金融创新、税收优惠、外汇管理、保险改革、加快通关、优化市场环境等方面出台了一系列操作性强的支持措施。

三、历史上形成的发展差距也很难短期内抹平

京津作为国际化大都市，文化底蕴深厚、基础设施完备，在京津冀协同发展战略提出之前已经积累相对雄厚的发展，相对河北而言早已形成了较大的发展优势。城市化水平高、行政效率和投资效率都相当高，并且服务业发达，这些是京津冀地区的主要表现；而河北作为一个省域，幅员辽阔，各设区市发展极不平衡，发展基本是自己靠自己，协同发展之前有 60% 以上的人口在农村，而且其资源配置效率较低，在各节点的城市由于京津两地长时间的巨大虹吸，对周边的带动和辐射作用并不明显，因此河北的财力远远低于京津。2013 年末，河北人口总数为 7332.61 万人，北京人口为 2069 万人，天津人口为 1003.7 万人；而三地的公共财政预算收入分别是 2293.5 亿元、3661.1 亿元、2078 亿元。由此可见，协同发展之前，三地人均可支配财力上差距悬殊，而“分锅吃饭”财政体制将三地之间的差距越拉越远，河北的经济发展与京津存在严重差异，尤其是民生领域与京津存在较大差距。比如文化教育方面的生均经费、文化场馆建设，社会保障方面的养老金补贴，医疗卫生方面的医保水平，以及房地产拆迁补贴、退耕还林补贴等方面，都有明显差距。

四、河北自身的政府效率也落后于京津

就管理层级而言，京津作为直辖市，决策层级少，决策效率更高，同时作为国际化大都市，在投入方面也会取得更高的效益，因此国家重大生产力布局也更容易向京津倾斜。河北作为省级行政单位比北京和天津要多一个决策层，加地形地域宽阔、类型繁多、管辖的县级单位众多，因此政策的实行个监督成本都比京津要高，行政管理任务较为繁重。根据发布的《2020 中国地方政府效率研究报告》中结果表明，在 2020 年度关于省级政府效率评估，北京排名是第 2，天津的排名是第 8，两市排名都在前 10 之内，在全国范围内处于领先位置；然而河北行政效率的排名则排到了 20 名之后，处在了中下游的效率水平，在行政效率上也和京津拉大差距。行政效率是一个地方营商环境的重要指标，在一定程度上决定着资本的青睐与否，也直接体现着一个地方的经济发展活力，这也让本来就处于劣势的河北在公共服务发展方面更加难以追赶京津步伐。

另一方面就是河北向国家争取如资金、重要项目、政策等方面的支持的力度不够。

| 第 | 三 | 节 |

缺乏京津冀公共服务均衡发展的制度性安排

公共服务均衡发展需要有高层的统筹性制度安排，通过政策安排为相对落后地区提供加快发展，缩小差距提供可行路径。但现有的财政分灶吃饭、财政转移支付导向和京津冀三地之间公共服务发展协调机制的缺失，都无法为河北公共服务追赶京津水平提供支撑，实际上还在不断加剧着当前的不均衡状况。

一、财政转移支付制度的公共服务均等化导向不清晰

财政转移支付是一个广义的含义，包括税收返还、财力性转移支付、专项转移支付和其他转移支付，是以各级政府之间所存在的财政能力差异为基础，以实现各地相对均衡发展而实行的一种财政资金转移或财政平衡制度。各地方政府财政不同，各自管各自的地盘，自己做饭自己吃，公共服务发展又属于典型的属地管理责任，而河北地方财力明显不足的情况下，加大中央财资金上对河北地区的支持力度，这样河北地区的公共服务才能快速发展起来，以此来实现京津冀三地区公共服务均等化的发展，但

是从实际情况来看政府对三地的政府财政转移情况促进均等化发展的结果并不是十分清晰明朗。

京津冀协同发展中，河北是三地中发展最慢的短板，河北的各项经济发展指标不如京津两地，所以在中央政府转移支付方面应有重点的加强对河北的投入力度。从总体来看，我国财政收入占 GDP 的比重及中央财政收入占财政收入总额的比重都比较低，这与发达国家有一定差距，如果说要消除区域公共服务水平的差异、促进区域经济协调发展，那么中央的财力就显得心有余而力不足了。另外，从近年来的数据看，中央一般性转移支付金额和增长率均有较大增长，但是作为中央向地方转移支付的公共服务专项类金额却比较少，并且中央政府设置诸多专项转移支付的目的是为了各地区特定目标的发展而给予的财政补贴，这就使得地方政府可以灵活运用的财政资金数额大大减少了，无法根据当地实际情况有效调剂公共服务发展资金的使用，所以河北虽然每年也接收了国家不少的转移支付，但对于京津冀公共服务均衡发展仅发挥了有限的作用。

在现有税收返还制度下，税收返还的数额是和地区经济发展水平成正比的，其实最初目的是对分税制度进行全面的改革和创新，想办法解决发达地区阻碍分税制度改革的问题，因为税收返还制度继续维护了发达地区的一些即得利益，所以在发达地区进行分税制改革多少会有一定的难度。北京的税收返还数额占中央对北京财政转移支付总金额的 58.7%，天津虽然不及北京，但是也占中央对天津财政转移支付数额的 33.2%，河北则只有 11.6%。因此可以得出以下结论：目前税收返还体制的存在会更进一步加剧京津冀三地在财政上的差距，对三地公共服务的均衡发展产生负向的作用。

二、三地缺乏统一的公共服务发展统筹协调机制

京津冀三地的公共服务发展标准不尽相同。京津冀三地由于每个区域的发展原因，对于公共服务的标准和相关制度没有一个明确的统一的标准，三地在制定公共服务发展规划时，也都是基于自身情况单独谋划，缺乏有效沟通，造成衔接不畅。京津冀三地区想要共同促进共同发展，但是却没有一个全面的布局规划，也没有制定周密的对接规则，天津与河北在承接首都社会事业和公共服务转移的功能定位上有些同质化倾向，错位发展不够。工作对接上，相比于产业和基础交通设施方面，京津冀三地综合的社会事业和公共服务的整体化内容尚不清晰明了、政策措施不配套、也没有形成一个整体的力量；主要体现在机构和领导的既有意向对政策思路缺乏前瞻性和通盘的考虑，工作上各自为政、竞争力度大于合作力度的情况长期存在。放任京津冀三地在公共服务项目上独立发展，最后的结果就是三地的一些公共教育、就业、社会保障、医疗等存在着巨大的差距，而且这种差距还越拉越大，因为没有统一明确的区域公共服务均等化发展标准来约束政府行为，就难以保证区域内公共服务的均等提供。

京津冀共服务均等化发展缺乏强有力的协调制度保障。由于我国行政体制的特殊性，中央和各地政府是按照行政命令和指挥来完成任务的，所以在京津冀政府之间，如果没有中央层面强有力的公共服务均等化发展协调制度，就无法有效诱发三地政府的协作意愿，以自我为中心的发展意识则会导致利益冲突频繁发生，更难以形成推动三地政策均等化发展的合力。目前，京津冀政三地推动公共服务均衡发展的措施仍停留在签署协议层面，虽然签订了《京津冀三地文化领域协同发展战略框架协议》《京津冀三地教育督导协作机制框架协议》等，但这些框架协议或者合作协议都是仅具有协商性、合作性、政策性的“软法”，不具有强制性，对本领域

三地合作统筹、协调发展等缺少研究基础，提出的意见多数为原则性的缺少实际操作性的举措，制定的方案也大多是文字上的内容，讨论的内容缺乏一定的深度。这就表明了这些书面上的协议对于三地的政府没有强制的约束力，他们可以根据各自的发展意愿去选择遵循与否，无法从制度上保障京津冀地区公共服务的均衡发展。

三、京津冀三地公共服务的政策衔接存在壁垒

户籍制度及其背后所隐含的社会福利是三地公共服务政策衔接的重大阻碍。户籍虽然只是简单的一个身份证明，但是在我国却有着不可小觑的深刻意义，其背后隐含着专属的社会公共福利的重大利益。对于北京和天津户籍来说，一些社会福利则表现的更加明显和显著，从京津冀协同发展的角度来看，阻碍了三个地区的公共服务的均等化发展进程。这种户籍制度的存在，对京津冀协同发展产生了巨大的阻碍作用，三地居民对教育、医疗、交通以及就业等方面享受的公共服务福利存在巨大差异。根据有关梳理，北京户籍捆绑着的 80 多项有关福利，生活各方面的细微福利尽在其中，如：买房买车、看病就医、养老福利、教育福利、公园休闲、以便宜的价格购买飞机票、以及观看高水平质量的演出等。户籍制度与各项公共服务福利的结合形成虽然有其历史原因，但实际上在某中意义上起到了固定现有三地公共服务发展差异的作用，给京津冀公共服务的均衡发展设置了重大障碍，甚至阻碍了整个京津冀协同发展这一国家战略的顺利推进。

京津冀缺乏完善的公共服务政策衔接机制。由于三地社会事业和公共服务的制度体系以及相关政策存在较大落差，要素流动不畅，教育培训、医疗等非首都核心功能疏解存在制度和政策障碍。如医疗保险，目前政策

要求定点医疗机构必须是医疗保险统筹地区内的医疗服务机构，不能在区域外进行院端实时结算，加上不同地区统筹水平不一，使用的药品目录和报销比例不一样，短期内实现基本医保的转移并接续难度比较大，还要实现医药费用的即时报销更是难上加难。如养老保险，虽然 2009 年出台的《城镇企业职工基本养老保险关系转移接续暂行办法》已明确规定跨省按个人账户全部和单位统筹基金的 12% 转移，但大多地方实际只能带走个人缴费部分。同时，河北尚未完全实现省内统筹，京津两市也只在市内统筹，河北与京津之间、河北内各地市之间的信息标准不一，转移过程中对接阻塞。如人才制度，人力资源市场不统一，就业信息不互通，职业技能培训供需不匹配，社会保险接续不顺畅，人才政策相互分割，严重影响了劳动力的合理有序流动。如医疗保险，目前政策要求定点医疗机构必须是医疗保险统筹地区内的医疗服务机构，不能在区域外进行院端实时结算，加上不同地区统筹水平不一，使用的药品目录和报销比例不一样，短期内实现基本医保转移接续和即时报销难度很大。

本章小结：造成京津冀公共服务失衡的原因是多样的，但经济发展差距、行政等级落差和统一的制度性安排缺失是三个关键因素。在经济发展上，北京正处于由后工业化向科技智能经济转型阶段，相较河北与天津所处的工业化转型阶段具有明显优势；在行政等级上，首都和直辖市明显处于强势位置，且由于政治因素吸引众多资源要素集聚，均转化成了三地在教育、社保、医疗卫生等各种公共服务的现实差距。

第 六 章

协同发展以来京津冀公共服务均等化进行的有益探索

PART 6

2014年京津冀协同发展以来，河北对公共服务领域的协同给予了高度重视，教育、医疗卫生、交通、人社、民政和文旅等相关部门积极行动，均取得了较为显著的协同发展成绩，在各自领域积累起了一定的协同发展经验。目前京津冀各公共服务领域的协同发展已基本进入深入推进阶段，形成了相关成果将更加有效的保障京津冀协同发展整体战略的推进。

|第|一|节|

教育领域的协同探索

一、以规划为引领，协同推进各类教育

以《京津冀协同发展规划纲要》为指导，以《京津冀协同发展教育专项规划》为引领，以京津两地的资源优势和河北的需求为依据，与京津教育部门共同发布了《“十三五”时期京津冀教育协同发展专项工作计划》《京津冀教育对口帮扶项目计划》《年京津冀教育协同发展行动计划(2018—2020)》，涵盖从基础教育到研究生教育等各级各类教育、从雄安新区的教育发展到深度贫困地区教育脱贫等多层面的合作交流内容。

二、以机制为引擎，深入推动各项教育协同工作

在京津冀协同发展的战略中，教育协同发展是重中之重，在机制方面的协同是第一步，推动京津冀三地开展综合教育模式发展，将科学教育思想融入到协同发展中，在推动协同教育发展机制上最基本的是建立协同发展小组，进行信息交流、问题处理、方案协定等基本业务，除了依托互联

网进行线上交流之外，还应定期定点的进行面谈，三地政府要发挥自身的调节作用，例如各个协同小组应组织半年面议一次，每半年进行策略总结与改革，规避错误与风险，统一三地政府的领导自相与发展目标，健全教育协同管理机制，在面议之前应提早确定此次面议需要的商议的问题与方案，提高效率。

三、以协议为抓手，协同落实各个项目

协同发展以来，京津冀三地政府建立了许多协同发展文件，有政策指导就应落到实处，遵从科学的教育理念，从最基础的方面开始，首先协同幼儿园的教育发展政策，幼儿园是幼儿教育开展的创所，幼儿的心智启蒙、学习基础都在幼儿园进行，从幼儿园开始进行教育改革，相比中小学、高等院校的改革更加容易，更加方便打下基础，此外推动三地社区在幼儿教育的发展可以更加有效率的稳定协同发展战略。要知道我国基础教育的目标是打地基、建框架，加强各个教育部门的联合发展，落实各个项目。

四、以人员交流为根本，协同提升教育水平

提升教育水平的首要方案就是输送教育资源，除了一些基础设备之外，还要有人才的输出，授之以鱼不如授之于渔，为了提高河北的教育水平，北京天津应该定时定量的为河北提供优质师资力量，开展一些师资传送项目。据统计，自项目开展以来，河北已有千名中小学骨干校长教师赴京挂职学习，积累先进经验。通过京津冀三地学校教师、校长、行政人员

的更替发展，到目前为止，各市、县组织校长3800多人次、教师3.2万人次到京津进行了一周以上的培训，邀请京津名师名校长2100人次到河北讲课讲学，培训人员25.5万人次。

五、以政策支持为保障，有序开展各项工作

为了保障各个工作的有序开展，三地教育厅以政策支持为基础，推动具体方案的落实，例如省教育厅每年拿出200万元委托北京师范大学组织“河北省贫困地区中学校长(初中)高级研修班”，还有其他一些高等院校的合作项目，这些项目的实施目的是为了将教育资源向贫困地区倾斜，贫困地区的教育现状与城市地区的现状水平无法相比，以师资力量来说，深圳中学每年招聘大量来自985高校的博士研究生、硕士研究生充实教育资源，而贫困地区的师资力量十分孱弱，连最基本的教师数量都很难达到，因此，将教育资源向贫困地区输送最能缩小京津冀三地区之间的教育水平的差距，同时为了缓解北京天津的帮扶压力，相关教育协同发展部门可以开展一对一帮扶策略，还可以避免帮扶不到位的问题，要对症下药，精准帮扶。

在社会信息化的发展中，学校的信息设备也应该紧跟社会发展潮流，加强学校的设备以及管理信息化也是学校发展的一个必要程序。信息化的应用在教学过程当中也是不可或缺的一部分。教学化的信息应用可以体现在：学校应该建立自己的学生学习网站，学生可以利用学好等进行登录，在网站中有疑难解惑以及例题分析等板块，学生以及家长可以在网站中就疑难问题进行讨论以及解答。这种方式不仅仅给予学生好奇以及愉悦的心理，也给家长和学生等进行交流的机会。同时，在网站中还可以增加教师评价等板块，家长以及学生可以对教师的教学进行评价，方便于学校领

导对于教师的教学工作有更深一层的了解，并且针对教师以及学生的问题进行解决，方便学生更好的进行学习。这种网站的应用一方面可以提高学生的数学学习成绩，从另一方面来说可以更好的解决现在学校方面对于数学教学的一些问题。经过三地共同努力，京津冀帮助雄安新区提升教育质量和水平实现县域层面全覆盖。通过设立分校、联合培养、专业共建、实习实训基地共享、校企合作等形式，在河北高校认定的光伏技术、国学传承与发展等35个协同创新中心中，吸纳京津两地高校22所、科研院所39个。

|第|二|节|

医疗卫生领域的协同探索

一、建立起了多层次的制度框架体系

从省级层面看，协同发展以来，京津冀卫健部门共同签署了《京津冀卫生计生事业专项合作协议》《京津冀突发事件卫生应急合作协议》《京津冀协同发展采供血工作合作框架协议》《京津冀卫生计生人才交流与合作框架协议》等一批合作文件，为三地医疗卫生协同发展规划了框架、指明了路径；从市级层面看，具有邻京津地缘优势的张家口、承德和保定三市都与北京市卫健委、河北省卫健委签订了《医疗卫生协同发展框架协议》，明确了北京支持上述三地医疗卫生发展的目标任务，建立起了务实的战略合作关系；从医疗机构层面看，到2020年底，全省医疗机构与京津医疗机构共签订各类合作协议430多项，三地医疗机构之间的合作得到了全面、深入的开展。

二、医疗卫生领域的协同机制不断完善

在多方共同努力的结果下，京津冀三地的医疗卫生服务资源随着时间的推移其机制发展不断地完善，其他一些诸如医疗卫生信息资源共享的范围和异地医保结算范围不断扩大，人才协同培养、联防联控等日臻成熟。截至目前，三地医学检验结果互认项目达36项，互认医院达300家；医学影像资料共享程度不断加深，实现诊疗网络适时链接的医疗机构数量大幅增加。另外三地还建起了人才一体化长效协调机制，就开展卫生技术培训能力的标准化与认证建设达成一致；且三地疾病预防控制机构签署了《联防联控协作组章程》，建立了更加紧密的沟通联系，京津冀传染病疫情会商成为常态。医疗服务协作机制的完善，极大的方便了三地群众的异地就医，减轻了患者负担，便利了医疗人才流动和培养，公共卫生联防联控水平也不断提升。

三、河北医疗卫生技术和水平得到了大幅提升

协同发展以来，截止2020年底，全省有医疗卫生机构86926个、床位44.07万张、卫生人员51.08万人，分别比2013年增加了8440个、13.72万张、18.49万人，每千人口床位5.9张，每千人口执业（助理）医师3.21人，每千人口注册护士2.68人。更重要的是石家庄肿瘤诊疗中心、张家口骨科诊疗中心、秦皇岛心脑血管诊疗中心等5个国家级疑难病症诊治能力提升工程项目落户河北，河北区域诊疗中心布局正在逐步实现优化。借助北京医疗机构的援助，河北的中医、骨科、肿瘤、心血管科、眼科、脑科、儿科、呼吸、心外等特色专科的技术水平有了长足进步，基本上可以实现省内解决患者诊疗需求，让病患可以就近享受到相对廉价的优质医疗服务。

四、三地中医药协同发展稳步推进

协同发展以来，京津冀三地中医药协同发展不断深化。河北 19 所中医院与 6 家国家中医药管理局局属（管）医院在专科联盟、协同病房等方面深入对接，签署协议 229 个，实施合作项目 219 个。京衡中医药协同发展“名片”工程启动实施。京廊中医药合作“8.10 工程”进展顺利，香河县中医医院与北京中医医院建立了医联体，15 个名老中医传承基地建设项目全部落地。廊坊和保定被确定为京冀中医药一体化协同发展试点。

五、有力保障了国家战略顺利推进

协同发展以来，河北主动对接服务雄安新区、北京城市副中心和冬奥会张家口赛区建设。与京津密切配合，构建起了北京 - 容城、天津 - 安新和河北 - 雄县的京津冀三地对口帮扶三县工作格局。促成了“国家卫生健康委健康信息化”、“北京解剖学会 - 香河人民医院临床应用解剖科学技术培训中心”等多个项目落户廊坊，引导了一批北京医疗卫生资源向北三县疏解。指导推动张家口市与北京的医疗卫生合作持续深化，北医三院崇礼院区成功挂牌并入围首批国家区域医疗中心（运动创伤）项目；张家口市 6 家医院与北京 6 家医院深入合作，开展了脑科、眼科、儿科、呼吸、心外等特色专科技术合作，显著提升了张家口市医疗卫生服务水平。

六、有效缓解了进京就诊给首都带来的人流压力

随着河北自身医疗服务水平的提升和每年约 1000 余人次的京津专家

到河北进行诊疗服务，以及京津冀跨省异地就医门诊直接结算项目启动，全省进京就诊人数出现大幅度下降，从“进京看病”到“出京就医”，疏解了北京医疗卫生压力，打通了“出京就医”关键一环。北京二级以上医疗机构出院患者中，河北患者人数占比从2013年的9.1%，下降到2019年的7.8%，并在一定程度上承接了内蒙、山西、河南等地原来需进京就诊的患者。

七、探索形成了一批极具推广价值的成功合作模式

协同发展以来，通过京津冀三地的共同努力，探索出了整体托管、设立分院、科室共建、共享共建、专科联盟、远程合作等多种成功的合作模式，其中整体托管模式有效地实现了对三地医疗卫生资源的整合和利用；设立分院模和共建共享模式实现了河北“硬件”和京津“软件”优势的生动组合，极具推广价值；专科联盟模式对于医疗机构打造河北特色专科，突出区域医疗卫生资源优势具有重大现实意义。综合而言，这些合作的成功模式在极大的提升了河北医疗服务式水平的同时，为“十四五”时期的三地医疗卫生的深入协同积累了经验，提供可资各地结合自身实际深度借鉴样本，更为河北患者享受高质量医疗服务提供了机会和平台。

八、人民群众的获得感显著增强

一方面是大大方便了群众就近享受高质量医疗服务。协同发展以来，河北百姓就近在省内医院当面或远程接受北京专家的诊疗服务已变得非常普遍，且在北京医疗机构的合作指导下，省内医院许多专科的技术水平有

了长足进步，省内群众原来需到京津就诊治疗的病症绝大多数在省内就能得到很好的治疗。另一方面是切实减轻了群众医疗负担。诸多疾病的就近诊疗，让患者可以在交通费、治疗费用和报销比例等方面得到切实的好处，我们初步估算，同样的疾病在省内治疗会比去京津治疗节省 40%以上。

九、提高社会救助体系的建设

随着改革开放的进行，一系列的社会弊端也逐步显现出来，如贫富差距不断加大、体制转轨不彻底、社会关系不平衡、弱势群体数量增多等，由此导致社会不稳定因素频频出现，尽管在中国共产党成立一百周年之际，我国脱贫攻坚战取得了全面胜利，全面消除绝对贫困，但相对贫困的问题还尚未解决，这可能会导致一些贫困者重新陷入绝对贫困，因此如何将社会救助制度的作用完全发挥出来，是防止社会两极分化的重要意义所在。如何精确有效的定位我国社会救助制度的模式选择是目前我国面对“十四五”期间制度转型创新期的重要任务，运用国际比较的视角对不同发达程度的国家进行比较，寻找相同的制度运行模式，具有很大的现实意义。社会救助制度的历史演变主要有三个阶段，第一阶段是私人救助阶段，在这一阶段，社会救助的产生主要是由于人的怜悯之心或者宗教信仰，具有代表性的是以色列的犹太教先知、古希腊的先哲与孔子所提出的“仁爱”；第二阶段是国家进行立法济贫，最早进行立法的是欧洲一些国家，因为工业革命引起了一系列的社会变迁，致使国家将社会救助法制化，具有代表性的是英国伊丽莎白一世制定的济贫法；第三阶段是公共援助或者社会救助，在 20 世纪初，社会救助开始以一种专业学科的方式得到普遍认可，当时的社会工作者提出“公共援助”这一理念，之后才衍生出“社会救助”一词，二战之后，西方一些发达国家在建立福利国家模式的过程中，将社会保险制度作为突出重点，使社会救助制度的“保底”的作用更加明显。京津冀三地政府应该强调权利与义务的相统一，建立激励机制，帮助受助者自主脱贫，拒绝出现精神上的依赖，这也是我国社会救助制度的未来发展趋势，有助于我国的社会救助制度进一步与国际接轨。

|第|三|节|

养老和社保领域的协同探索

一、推动了跨省区域人才资质资格互通互认

三地签署《关于京津冀专业技术人员职称资格互认协议》，在京津冀地区内，符合条件的人员即可调配、生活搬迁、吸纳人才政策、社保待遇承接等都朝着均等化的方向发展，目前已经确认要对 27 项专业技术职称资格实现互认，在进行区域流动之后。不必继续重新考取资格认证。简化高端外国人才工作手续和材料，为外籍人才在三地流动提供了便利，三地实现了专业技术人员继续教育证书和学时互认。

二、推动了跨省区域人力资源服务标准统一

2018 年，三地人社部门在唐山正式联合发布了《人力资源服务京津冀区域协同地方标准》，2020 年 8 月，京津冀三地人才中心负责人共同签署了《京津冀公共人才服务协同发展合作协议》。

三、推动了跨省区域异地就医住院直接结算

2017 年 1 月 5 日，河北燕达医院就直接接入北京医保系统，率先在全国实现跨省医保结算系统的互联互通，在燕郊居住的近 40 万北京参保人，按照北京医保政策刷卡直接结算。异地报销是现实生活中很常见的一个事情，随着我国经济的发展，人员流动也相较于之前更加频繁，享受异地就医报销政策是普惠每一个流动人口的政策，异地就医这一现象出现的原因有很多种。例如，因参保当地的医疗水平不高，无法享受更权威的医疗保障，前往其他地区就医；或老人跟随子女长期居住在异地，在生病患病之后自然在现居住地就医，而每个地区与每个地区的医保报销结算制度也不尽相同，目前最常见的异地就医报销流程是在线上提交异地就医备案，不提交异地就医备案，一些地区的医保是无法报销的，而且异地就医政策目前只能在三甲医院以上的等级医院进行，那京津冀三地政府实现跨省区域异地就医的结算政策统筹，就从很大程度上降低了流动人口的就医压力，而且也会促进三地之间的人口流动，唯一的缺陷是河北地区的人口会更加向北京、天津两地流动，在一定程度上会拉大三地之间的差距。

四、推动开展了跨省区域工伤保险工作协作

2018 年 7 月 17 日，京津冀三地人社部门签署了《京津冀工伤保险工作合作框架协议》，明确在工伤认定、劳动能力鉴定和医疗康复三个方面开展合作，逐步推进三地工伤保险政策、标准的统一,三地相互委托对事故伤害进行工伤认定现场调查核实，并在北京、天津、雄安新区各确定了 1~2 家协议机构，率先在全国推进跨省区域工伤协议机构异地管理，打造雄安新区工伤保险便民化服务示范区。2019 年，在《京津冀工伤保险工作合作框架协议》的

基础上，河北省人社厅会同天津市人社厅建立了工伤认定鉴定委托合作机制。

五、推动了跨省区域劳动关系工作协同治理

近年来，三地已建立调整最低工资标准和高温津贴等方面的沟通信息机制，联合印发京津冀劳动合同参考文本和《关于京津冀劳动人事争议协同处理工作的意见》。三地还签署了《京冀劳动保障监察行政协助框架协议》，积极推动劳动保障监察跨区域突发事件联合处置。2019 年 1 月 23 日，签署《京津冀劳动关系工作协同发展协议》，保障了三地在人力资源和社会保障部的指导下，在企业工资分配、劳动标准、劳动用工和集体合同、劳动关系形势分析、劳动人事争议处理、劳动保障监察以及工作信息沟通等七个方面进行协同，推动建立长效工作机制，实现政策上衔接、标准上协调、节奏上一致、服务商全覆盖的劳动关系工作协同发展。2020 年 1 月 5 日，京津冀三地人力资源社会保障行政部门结合实际，率先推出了《京津冀集体合同参考文本（用人单位版）》，致力于构建和谐劳动关系。充分发挥集体合同制度在协调劳动关系中的作用，推进京津冀劳动关系治理体系和治理能力的建设。

六、建立了人社公共服务协作常态机制

按照三地政府合作协议，提出 41 项重点协同事项和建议，建立定期议事机制。在部省（市）联席会议制度下，京津冀三地人社部门多次进行磋商，河北省人社厅与人社部内司局和京津两局共签署 30 项合作协议、备忘录，建立了全面系统的合作框架体系。2017 年 11 月 9 日，三地人社

部门签署了《共同建立京冀（曹妃甸）人力资源和社会保障服务中心备忘录》，并在唐山曹妃甸区正式挂牌成立京冀(曹妃甸)人力资源社会保障服务中心。2018年3月30日，京冀(曹妃甸)人社服务中心专线连通，是全国首家跨省异地社保专网专线，在全国率先探索和启动了人社服务平台跨省共建共享。河北省人社厅与北京市、天津市人社局还分别签订《京冀劳务协作扶贫对接协议》《津冀劳务协作扶贫对接协议》，并组织省内深度贫困县与北京、天津部分区签订劳务合作协议，建立劳务协作常态对接机制，每年举办联合招聘活动，并在职业指导、职业培训等方面建立长效合作机制，帮助贫困劳动力转移就业。

七、开启了区域养老合作新局面

京津冀三地开始打造特色养老区域。三地民政部门还轮流主办召开“推进京津冀养老服务业协同发展研讨会”，研究工作思路，明确目标措施。2017年6月，三地民政部门在廊坊三河市召开“京津冀推进‘通武廊’养老服务业协同发展研讨会”，探索推进京津冀核心区域“通武廊“连片崛起发展新模式。在前期试点的基础上，将河北省内收住京津户籍老人的所有养老机构全部纳入养老服务协同发展政策支持范围。养老服务补贴跟着户籍老人走等政策正式落实落地，并形成常态机制，京津冀养老服务协同持续深化，为协同发展提供强大动力。

八、进行康复治疗协同发展的实践

随着现代科技的发展，我国的医学领域已经步入了一个与信息化时代相结合的发展阶段，所需要的人才数量也是越来越多，而大多数的医学类高校正是培养人才的重要载体。实验开放模式教学在众多教学模式中是最重要的教学体系，实验开放模式其实就是利用实验的方法，进而发现和验证并学习知识的一种教学方法，它培养学生动手实践和创新能力的效果十分显著，通过长时间的实验开放模式可以让学生学会进入社会之后所必需的拥有的处理问题的方法与手段。那么，康复治疗在医院治疗的角色也十分重要，这方面的综合实验开放模式更应该被学习和利用。

首先，康复治疗技术在医学上对临床技能和实践操作能力的要求十分严格，高校设立康复治疗综合实验开放模式对于整个教学的质量也会有一定的提高。并且，在实验室中，学生们可以有更多的机会去接触不同种类的病因，可以激发学生的创新能力，在以后的工作中会有很好的帮助。其次，根据我国社会目前的发展形势，医学治疗模式意境由单纯的生物治疗医学模式转变成生理一心理一社会的康复治疗过程模式，因为，现代社会下人们对生活质量和恢复速度的需求越来越要，但是人口老龄化和意外伤害发生率逐年上升，这就不得不使康复治疗问题越来越受人民的关注，为此，国家卫生健康部门还颁发了相关的康复治疗指南，这也明确和推动了康复治疗的地位与发展，但是随之而来的问题就是我国在康复治疗方面缺少大量的专业人才与动手实践能力的人才，所以各大高校开展康复治疗综合实验开放模式势在必得。另外，康复治疗综合实验开放模相比之前传统的实验教学模式来说，它更具有一定的自由性、检验性以及对学生的启发性，并且开放模式的实验室可以在短时间内将最具有实际应用的知识传授给学生，在学生实践的过程中就可以掌握一些难点，但是它也具有一定的缺陷，实验室具有开放性，实验室中的机器一直高速运转，并且学生接受知识的能力也不同，所以，三地政府应该根据实验室的条件进行适当的安排。

| 第 | 四 | 节 |

交通领域的协同探索

一、建立健全工作机制

国家交通运输部成立由部主要领导任组长的京津冀交通一体化暨雄安新区综合交通运输体系建设领导小组及办公室，主管副省长为副组长，多次召开领导小组会议，强化工作指导，解决重大问题，部署重点任务。河北在建立雄安新区后，我厅又专门成年了雄安新区工作专班，围绕重点工作细化目标任务，落实工作责任，完善工作制度，加强协调调度，做到一项行动一套班子、一支队伍、一本台帐、一抓到底。

二、着力强化顶层设计

国家出台《京津冀协同发展规划纲要》和《京津冀协同发展交通一体化规划》，交通运输部每三年印发行动计划、每年印发工作要点。按照国家总体安排，河北深入开展规划研究，围绕推进“三件大事”，配合编制《河北雄安新区综合交通专线规划》并制定对外骨干路网项目实施方案、冬奥会张家口赛区综合交通规划、通州区与廊坊北三县区域公路规划建设的意见。早在2018年京雄城际铁路已经在同年3月开工，计划将雄安建设成为新的交通枢纽，据悉京雄城际全长将达到92.783公里，整条路线一共设置五座车站，2020年2月，这条城际铁路已经修建完成，雄安自此成为新的地面交通枢纽，保障新区与全国高铁网的紧密联系。雄安交通的定成设计方案遵循“站城一体、站桥一体、建构一体”的理念，实现交通轨道与地面公交的零距离交换，推进京津冀交通的互联互通。

三、强化铁路客运安全互联互通

目前京津冀三地为加快推进区域公路建设，已经完成投资1930亿元，冬奥会重要交通保障项目延崇高速河北段主线建成，部分路段通车。廊坊北三县与京津重要对接路京秦高速京冀冀津接线段建成通车，其他规划研究项目全部列入协同发展计划。大兴国际机场北线高速廊坊段正式建成通车。在停车场方面的建设上，作为保障北京2022年冬奥会和冬残奥会的交通场站之一——北京石景山冬奥会交通场站已经建设完成并正式启动开始运营。据悉，该公交场站占地2.6公顷，可以停放不同类型的车辆，在赛时承担车辆驻囤、车辆整备、防疫消杀等重要功能，与京津冀的交通建设形成配套措施。

四、深化冀津港口合作

2020年，天津港完成集装箱吞吐量1835万标准箱，同比增长6.1%，创历史新高。开通唐山港京唐港区至比利时、曹妃甸港区至乌兰巴托国际班列，在北京、山西、内蒙古等地建成34座内陆港，开通了20余条集装箱海铁联运班列，构建了东出西联、陆海联动的物流大通道。日前，河北黄骅港已经提前完成全年港口建设投资计划，到2019年9月，黄骅港已经建设投资6291万元，累计完成22.55亿元，超年计划1.56%，即提前一个季度完成全年港口建设投资计划。据调研显示，2020年9月份黄骅港综合港9、10通用泊位工程开通，总投资达15.80亿元，将建设2个10万吨级别的通用泊位及相应配套设施，使用海岸线长度559米，2021年计划完成投资2亿，主要装卸货重为化肥、钢材及其他日用杂货，该项目建成之后将进一步提升服务临港产业的运输能力，提高港口码头的综合利用效率，有利于拉动临港产业与腹地经济的可持续发展。

五、持续推动民航协同

大力推进京津冀机场群建设，协同发展以来，全省机场建设完成投资238亿元。2020年9月25日，大兴国际机场实现正式通航，2020年10月27日，北京大兴国际机场航空口岸正式对外开放，实行外国人144小时过境免签、24小时过境免办边检手续政策。石家庄、邯郸机场改扩建工程和秦皇岛、承德机场建成投用，全省运输机场达到6个。张家口和邢台军民合用机场工程有序推进。中捷等4个通用机场建成通航，全省通用机场达到17个。三河公务机场等22个项目加紧开展建设工作。河北机场集团纳入首都机场集团统一管理。河北与华北空管局签署战略合作协议，推进空域环境优化。按照“全服务航班+低成本航空”多元化服务的要求，完善石家庄机场航线网络布局。2019年，石家庄机场集团共运营航线185条，通航城市94个，较2015年分别增长85%和30.56%；旅客吞吐量由

2015 年的 614.1 万人次达到 1315.8 万人次，较 2013 年翻了一番。强化与高铁无缝衔接，空铁联运旅客占比持续保持国际领先水平。

六、提升运输服务水平

加快综合交通枢纽和机站建设，协同发展以来完成投资 144.8 亿元。全省首个综合客运枢纽邯郸客运中心站建成，瑞川等多个物流园投入使用。省现代物流业发展领导小组办公室日前正式印发《河北省智慧物流专项行动计划（2020–2022 年）》，加快建设现代化智慧物流园。加快实现区域交通“一卡通”，与全国 288 个城市互联互通。全省约 1.6 万辆城市公交车和石家庄地铁与京津实现“一卡通”互通互联。加快推进客运“一票制”，建设京津冀交通联网售票。加快推进货运“一单制”，开展“东部沿海 - 京津冀 - 西北”、通道集装箱“海铁公”等 4 家多式联运和京津冀一体化公路甩挂运输试点工作，取得阶段性成效。高速公路 ETC 车道实现全覆盖，用户达到 461.5 万户，为 7 年前 2013 年的 21 倍。

七、推进区域协同管理

围绕立法、执法、标准协同开展合作交流，完善工作制度，深入研讨论证。建立工作沟通机制，制定《京津冀公路立法协同办法》，先后召开 4 次联席会，对执法协作、立法协同进行研究部署、分工合作，形成《京津冀区域内河船员管理协同发展框架协议》等 29 项制度文件和工作方案。出台的《河北省道路运输条例》被省人大确定为立法协同示范项目。强化执法协作，建立案件移送制度，实行执法标识、证件、服装和场所外观

“四统一”开展打击货运车辆超限超载和非法改装改型等联合执法行动。

整体来看，京津冀协同发展以来，按照“交通一体化率先突破”的要求，河北的交通部门坚持协同优先、合作优先、对接优先原则，突出“一盘棋”思维、“一张图”规划、“一股绳”合力，京津冀交通一体化取得明显成效。完成固定资产投资6534亿元。全省打通拓宽“对接路”29条段、1774公里，太行山、延崇高速公路相继贯通，新增高速公路通车里程1856公里，全省高速公路总里程达到7476公里，位居全国前列。首都地区环线高速公路替代路线建成通车，京秦高速京冀、冀津接线段与北京、天津同步通车运营。全省11个设区市900余条公交线路基本实现与京津一卡通行。港口通过能力和吞吐量双双突破1000万人次大关，跨国千万级大型机场行列。大兴国际机场运营以来，旅客吞吐量已超过1000万人次。北京冬奥会张家口赛区“6+1”交通保障项目建成投用。三省市交通部门联合发布《高速公路智能管理与服务系统技术规范》等6项区域协同标准。2017年设立雄安新区以来，河北主动沟通协调、多方咨询论证、积极回报争取，雄安新区规划建设研究成果被国家批复的《河北雄安新规划纲要》《总体规划》充分吸纳，全部纳入《河北雄安新区总体规划（2018—2035）》有关政策建议在《关于加快实现“五新”目标高质量推进雄安新区建设发展的指导意见》中得到充分体现，重点建设项目全部纳入国家中长期交通专项规划、三年滚动计划和年度建设计划，雄安新区“四纵三横”高速公路网中，逐步降低三区域之间的可达性时长。京津冀交通一体化，为京津冀深度协作创造了条件。

|第|五|节|

文旅领域的协同探索

一、协同发展体系日臻完善

（一）加强组织保障

成立了京津冀三地文化旅游部门主要负责同志任组长的领导小组及其办公室，组织召开了七次京津冀旅游协同发展工作会议以及京津冀协同发展工作会暨京津冀旅游推介会，通过京津冀文化和旅游协同发展工作会议统筹协调各项工作，推动重点难点工作实施落地。

（二）做好顶层设计

制定了《京津冀旅游协同发展行动规划（2016—2018年）》《京津冀旅游协同发展中期工作要点（2018—2020年）》，确保三地协同发展工作顺利对接。出台《河北省文化事业“十三五”发展规划》《河北省文化产业发展“十三五”规划》《河北省旅游业“十三五”发展规划》，主动融入京津，推动重点区域公共文化和旅游服务、文化和旅游产业协同发展。配合编制了《京津冀旅游协同发展规划》《京津冀文化产业协同发展规划纲要》，加快空间布局、市场推介、行业管理、产业要素等方面的协同发展，实施规划布局、协调机制、品牌形象、产品开发、市场运营、旅游交通、公共服务和旅游监管八个“一体化”，共同构建世界级文化旅游目的地。印发《2020年京津冀文化和旅游协同发展重点工作方案》，将以满足京津居民休闲、度假、康养等休闲旅游需求为导向，在京东休闲旅游示范区、京北生态（冰雪）旅游圈、京西南生态旅游带、京南休闲购物旅游区和滨海休闲旅游带等5个示范区的建设上发力，每个示范区有2~3个重点文化和旅游项目落地投产。

（三）健全协作机制

签署《京津冀文化领域协同发展战略框架协议》《京津冀文化产业协同发展行动计划》，在文化旅游融合发展、文化市场培育、文化人才交流培训等方面全面加强合作。陆续签署《京津冀演艺领域深化合作协议》《京津冀三地长城保护工作框架协议》《长城保护维修山海关共识》。

（四）组建专业联盟

建立京津冀演艺联盟、京津冀公共文化服务示范走廊发展联盟、京津冀图书馆联盟、京津冀博物馆联盟、京津冀长城保护联盟、京津冀艺术职业教育协同发展联盟、京津冀数字文化馆联盟七大联盟，其中，河北博物院与首都博物馆、天津博物馆等多家博物馆共同签署“推进京津冀古代历史研究与区域文化建设”备忘录，推动京津冀历史文化及综合课题研究，加强三地馆藏文物的收藏、研究和展示交流合作。

（五）提升联合执法效能

对京津冀的旅游行业进行统一的监管，利用互联网平台建立动态的监管机制与预警系统，监管效率要与信用等级联系在一起，最大力度推动京津冀旅游行业的监管体系的发展，以便在第一时间处理出现的问题，对于一些有损诚信的行为进行严厉的打击。通过建设京津冀旅游信用信息监管平台，对京津冀地区的旅游产业人员进行档案编辑，以便来自五湖四海的游客可以快速审核不同旅游企业与从业人员的信誉。目前，京津冀已经依托互联网技术实现了对相关旅游企业的监管与处罚，游客可以通过投诉的手段维护自身合法非权益。另外在联合执法上见成效。积极推动三地文化旅游质监执法协同发展，定期组织京津冀文化旅游市场秩序联合检查工作会议及交叉检查工作，及时沟通三地文化旅游质监执法工作重点、难点，共同研讨破解难点方法；健全投诉交办机制，互通旅游投诉情况，共同研究处理旅游投诉的畅通渠道。

二、协同发展领域不断深化

（一）旅游投资快速增长

雄安新区的规划建设、2022年冬奥会的筹办，从文化、旅游、交通、环境、产业等诸多方面为京津冀旅游协同发展提供了广阔空间和重大机遇。河北作为七个全国全域旅游示范省创建单位之一，步入全城创建、转型发展的新阶段，旅游业已成为吸纳京津要素资源集聚的有效产业载体，中建、恒大、碧桂园、悦榕庄等知名投资商纷纷落户河北，投资文化旅游。

（二）脱贫攻坚圆满完成

中央对河北燕山——太行山集中片特困地区进行大力支持，三地四家省级图书馆将通过调拨图书援建分馆、开通数字图书馆分管共享数字资源等方式分别对河北张北县、阳原县、滦平县、丰宁满族自治县、围场满族蒙古族自治县、承德县、孟村回族自治县、献县图书馆进行对口帮扶。

（三）项目建设深度融合

三地文化旅游部门加强协作，持续引导、促进景区与社会资本联姻，涌现出野三坡与北大青鸟、白石山与中信集团、白沟和道国际与北京大红门等一批产业深度协作成功案例。保定、承德、唐山、邢台等地充分利用区域优势，抢占先机，与京津企业达成了一批投资过亿元的重点文化旅游产业项目建设意向。清西陵旅游综合服务区、古北岳国家森林公园、巴家湾樱花园休闲农业示范景区、曹妃甸影视拍摄基地、周窝音乐小镇军歌博物馆音乐体验中心等一批京津企业投资项目进展顺利。

（四）旅游资源加快整合

共同推出 56 条京津冀旅游线路，这 56 条京津冀旅游路线基本将三地大大小小的旅游景点串联在一起，游客可以根据自己旅游时间的长短、旅游费用的高低去选择路线，京津冀三地主要形成的系列化旅游项目有周末亲子游、自家游、海滨休闲游等，针对 144 小时过境免签政策，对京津冀的核心旅游资源进行整合，打造、打响国际旅游路线，推出一系列包含三地民族特色的旅游产品，如世界遗产、冬奥冰雪、红色旅游等，通过三地区的联合推动，合理开发三地的旅游资源，以古北水镇为例，最近一段时间古北水镇周边乃至承德，新增了许多口碑不错的旅游景点，承德的热河山谷、不老屯的福院儿民宿，都是近几年围绕古北水镇周边比较知名的旅游度假场所，由北京的古北水镇这一个旅游景点，将河北承德地区的许多景点连接起来，在古北水镇的“头羊效应”下，承德部分旅游景点的人流量增多，进一步带动了京津冀旅游的协同发展。

（五）协同示范区建设卓有成效

跨区域协同发展示范区已经雏形。“京东休闲旅游示范区”“京北生态旅游圈”正着力打造，京西百渡旅游度假区、京张体育文化旅游带、坝上草原生态休闲带等已成为京津冀协同发展的先导区、示范区。通州、武清、廊坊，通过“通武廊旅游发展联盟”形成紧密联合体，开创了通武亮“旅游+”发展新模式。以京津冀旅游试点示范区为先导，率先开展了一体规划、一体招商、一体建设、一体管理、一体营销等实质对接工作，建立了以“试点示范区旅发大会”为抓手的工作推进机制，以片区式、整体性开发建设的方式集中打造一批跨区域旅游精品项目引领示范片区，叫响京津冀旅游示范区品牌。

三、文旅配套设施一体化成效显著

（一）加快完善区域旅游基础设施

以北京为中心、“半小时通勤圈”逐步扩大，京津保1小时交通圈构建完成，京津冀地区近800公里旅游“断头路”“瓶颈路段”基本打通或扩容。对京津冀交界处的风景区最后一公里问题开展摸底，探索构建游客“零距离”换乘体系，完善旅游交通标示系统，增设旅游集散中心和游客咨询服务中心。

（二）积极推动旅游信息互联互通

依托在承德建设的京津冀旅游大数据综合实验区，联通三地旅游政务官网和旅游信息官网，扩大京津冀旅游新媒体平台建设。按照京津冀交界处道路旅游交通标志牌设置方案，北京、天津、河北三地高速公路交界处相互设置对方的景区交通标志牌。同时，面向京津冀市场投放京津冀自驾车旅游护照10万册、京津冀旅游一卡通70万张、京津冀旅游卡10万张，为三地游客出行提供便利。

（三）陆续开通京津冀旅游专车

一是与北京铁路局建立会商机制，开通“衡水湖号”“邯郸号”“野三坡号”“正定号”等京津冀旅游班列。二是积极推动京津冀旅游直通车，为广大游客提供便捷优惠的旅行服务。如北京青岛天健国际旅行社开通了北京至承德市区、北戴河、香河天下第一城、野三坡白洋淀、张北中都草原等多条线路旅游直通车。三是开通众多本省市范围内旅游直通车及城市观光巴士，在活跃本地旅游市场、促进旅游消费方面发挥了积极作用。

（四）加强城市旅游集散中心建设

推动石家庄、张家口、唐山、沧州等地先行先试，加强旅游集散中心建设。保定与北京房山区着力打造京西南区域旅游品牌，实现“房山地质公园一卡通”和“京保旅游一卡通”。承德市旅游局积极配合北京康之维科技有限公司在承德设立分公司“京津冀康吧科技有限公司”，以“厕所革命”促京津冀合作。

本章小结：协同发展以来，三地公共服务各领域的协同发展基本都遵循着顶层设计、协同机制建设、重点项目支撑、多层次合作并举的推进路径，全省的整体资金投入巨大，一些重大项目已经完工或者确定了阶段性成果，尤其是交通、文旅、以及医疗卫生领域，在硬件改善和一体化方面的成就非常显著。另一方面，三地公共服务各领域在政策和机制的软环境协同上也进行了宝贵的探索，异地就医结算、社保关系转移、养老补助政策共享等都有了突破性进展。但也必须清醒的认识到，当前各领域的协同仍处于较低层次，距离公共服务均等化的要求还有很大差距，特别是公共教育领域的协同层次很低，至今未见到重大政策突破，已成为阻碍京津冀深度协同发展的一个关键阻碍因素。

第　七　章

河北视域下未来京津冀公共服务均等化面临的隐忧与现实问题

PART 7

随着京津冀协同发展的深入，未来三地公共服务的均等化也必将进入新阶段，同时也必将面对新的问题与隐忧。本章我们将重点围绕与公共服务均等化相关、可预期的宏观性阻力以及公共服务各重点领域在未来协同中面临的具体问题进行探讨，以期为解决相关问题寻求路径。

| 第 | 一 | 节 |

河北视域下未来京津公共服务均等化面临的隐忧

一、公共服务均等化的资金投入将面临巨大压力

从中央财政资金方面看，2020 年全国人民代表大会上国务院总理李克强在政府工作报告中明确要求各地政府要准备“过紧日子”，受经济下行和此次新冠疫情冲击，中央财政资金的充裕程度可见受到了不小的影响，这必将在一段时间内影响中央向地方进行转移支付的强度。而京津冀公共服务均等化需要的资金量巨大，且不能直接产生经济效益，在尚未建立明确的财政转移支付机制，和长期以来投入遵循属地原则的情况下，中央对河北在该领域的转移支付预期会受到较大影响。另外按照以往的规律，河北得到的中央政府补贴款远远低于京津两地的人均财政补助，在中央尚未把京津冀三地公共服务均等化作为协同发展的重要支撑上升到国家战略层面的情况下，其针对河北的公共服务转移支付力度未来也看不出明显的增加趋势。

从河北自身财力看，在发展产业转型期与供给侧改革的政策背景下，本省的经济水平可能要经历很长一段时间的低迷期，财政增收受近年来经济新常态下产业结构调整、节能减排、环保约束不断加大等因素制约，而同时又面临着雄安新区建设、京张冬奥、大气污染治理等国家重大事项

的持续而巨大的资金投入，所以河北的财政压力一直很大。河北单单只在环境污染治理的项目上就投入了大量的资金，其中包含对大气污染、水污染、土壤污染的治理，并由此开展并计划实施了一系列的行动计划，仅2017年，全省就投入200.1亿元，全面落实“1+18”大气污染防治方案；投入83.2亿元，实施了地下水超采治理和引黄补淀入湖等水涵养保护工程；投入24.8亿元，开展了流域水污染和土壤污染重点工程整治以及农村环境整治；首批出资4.5亿元，与北京、天津共同组建永定河流域投资有限公司，开启了永定河全流域水环境整治。不难看出，随着财政支出压力的不断加大，如何均衡有限的财政资金更好的撬动京津冀公共服务均等化进程，将成为未来河北需要重点考虑的事项。

二、公共服务均等化统筹力度提升面临阻碍

重大政策改革创新仍待加强。综合目前京津冀公共服务各重点领域协同发展的探索情况而言，三地政府和公共服务各个重点领域主管部委面对破解协同发展的关键性阻碍虽有不少尝试，但效果尚未很好体现。更有像高考这样群众关注高的问题从未触及。可以说各部门基于京津冀协同发展视角进行的重大公共服务政策衔接创新，与《京津冀协同发展规划纲要》中“改革引领、创新驱动”的基本原则尚有一定差距。另外，由于三地的政策有部分是因地适宜，因而在对接方面会出现政策衔接上的问题，所以对协同发展的工作造成了不小的挑战。例如机关事业单位养老保险制度存在差异的问题。目前河北已经全面开展了机关事业单位养老保险工作，北京、天津却没有开展，机关事业单位人员转移存在养老关系衔接不上、个人账户转移不了的问题，影响了人员流动。面对一系列的问题，唯有按照当下发展现状进行深入地统筹改革与创新，才能有效推动三地基本公共服

务均等化的发展进程，拉近河北与北京、天津两地的距离。

2013 年以来，河北在推动京津冀协同发展中，着力在功能定位、规划编制以及“交通、生态环保、产业”三个重大领域实施突破，取得了阶段性成果。但对于公共服务领域的协同问题着力不多，关注较少，研究不够。三地在基本公共服务各种重点领域的协同发展路径，非首都功能承接布局等方面尚未形成完整清晰的思路。京津冀三地各公共服务领域的协同多处于自发和探索阶段，多是从个体参与者经济收益出发，专门从政府公共服务职能宏观视角考虑的较少，所以三地公共服务协同的层次偏低，高层次的统筹协调不足。例如河北与京津的医疗卫生服务领域的协作中，有 85% 的协作帮扶是基于传统层面的对接，如提供技术帮扶，进行学术交流，专家定期来省会诊，甚至是远程会诊等，而对于协作发展战略中所提出的更深层次的合作交流如共建共管、专科建设仅仅只有 15%。在其他的基本公共服务均等化建设中，个别领域没有建立基本层面的互帮互助、对接共享机制。以社会保障为例，三地在这方面还没有形成可以进行信息化交流的平台，更没有办法准确衔接各种用工信息、社会保险关系转移、异地报销等政策，由此阻碍了协同发展的脚步。在教育领域中也有类似的状况发生，在资源共享的政策要求下，京津冀更多的是针对中小学的交流合作，而高等院校的合作交流共享项目少之又少，京津两地高等院校对河北的招生名额也没有发生明显变化，学校整体搬迁、在河北省内建立分校等新型协作模式也较为少见。协同层次与力度还是偏低。

在此仅以教育协同为例。教育是公共服务的重中之重，人才是发展之根本，高质量人才可以有效推进三地协同发展的步伐，实现规划的任务与目标。但是，京津冀由于自身在教育资源配置方面的不均衡，突出表现在高等教育发展上的差距，是影响京津冀教育协同发展的关键问题。河北虽濒临北京和天津，但与京津相比，无论在经济还是教育上可以说是相差甚远，若仍然坚持老套路，河北与北京和天津的差距只会越拉越大，疏解北京非首都功能，解决北京“大城市病”，推动京津冀协同发展的目标将受到阻碍。《京津冀协同发展规划纲要》的出台、党的十八届三中全会提出深化教育领域的综合改革，为京津冀的教育协同发展提供了有力支撑[①]。《关于深化考试招生制度改革的实施意见》的出台为京津冀教育协同发展提出了新思路[②]，提高对河北省的高考录取率，增加农村学生上重点高校人数，严格控制属地招生比例对于京津冀教育协同发展起到了极大地促进作用。然而，具体到高考招生方面，现阶段京津冀依然存在差距较大的不协同问题。例如，京津冀三地考生考取“双一流”等优质高校的机会不均等，外加高考命题不统一和分数线存在差异的问题，都会影响京津冀教育领域的协同发展。另外，北京的教育功能疏解虽然为京津冀教育协同发展提供了契机，然而，究竟哪些高校将迁入河北，是存量是增量？是普通高校还是重点高校？普通高校搬至河北是否真的能够疏解北京的非首都功能，缓解北京的大城市病？重点高校搬至河北是否能够吸引人才流入河北起到均衡三地公共服务水平的作用？这些尚未确定的问题使得未来京津冀区域教育协同发展充满不确定性。

三、京津冀公共服务设施共建共享仍待升级

一方面，京津冀公共服务设施的建设并没有一个有效的共建共享机制来依托，从 2016 年开始部署京津协同发展的方案到现在仅仅经过几年的实践，不管是时间还是发展经验都比较少，三地的发展还是主要以本地区的发展为主，其次考虑协同发展，要知道不管是在政策的开放度上，还是在三个地区的思想活跃度上面，都存在不足，即便每个地区的经济发展参差不齐，但仍

---

① 王红茹．专家解读《京津冀协同发展规划纲要》看点 [J]. 中国经济周刊，2015，(5)：52-54.

② 万文芳．《京津冀协同发展规划纲要》获批交通一体化将取得率先突破 [J]. 港口经济，2015，(5)：40.

呈现上升趋势，但是一旦牵扯到三地协同发展，反映出来的指标与数据却不容乐观，要知道在协同发展的模式下，强调的是在合作共享的模式下将力量发挥出来。

另一方面，京津冀公共服务设施的共建共享还面临着体制障碍，三地之间既有的行政藩篱依然存在，个别同志仍然在用保守顽固的想法去适应当下开放协同发展的新格局。目前，虽然河北居民的消费水平和人均收入水平是逐年上升的，但是与京津两地的差距还是十分明显的，在公共服务方面依然存在较大的不足，即便三地一直在推进公共服务均等化的发展，但是三地居民依然无法完全享受均等化的资源发展成果。另外，除了实施过程中出现的一系列问题之外，京津冀三地的协同发展理念更为复杂，从资源的调配、问题的发现与锁定、信息的沟通与反馈上面都与跨行政区的共建共享存在差异，京津冀三地公共服务领域的协同发展需要从理论上与实践上双管齐下，在不同区域之间达成合作发展的理念，在发展初期，就应该将共建共享思路明确下来。

四、借力北京外迁资源提升自身公共服务水平存在不确定性

首先，外迁人员缺乏足够的积极性，因为其疏散的激励力度和保障政策不够完善。通过一段时间的实地调查，我们发现在需要重点疏解的不同主体中，制造性质的企业需要的工作人员往往比其他类型的人员多，因此安置补偿费用也比较高，具有代表性是一些国有企业，这些企业开办时间长，具有历史优越性，需要巨额的资金支持其异地重建，而这也可能会导致资金链的断裂，所以企业的搬迁动力不足。而一些非制造性质的企业，比如物流企业、批发市场的经营者，更担心搬迁之后处在新的市场环境导致经营出现问题，由此影响自身的效益。目前相关部门更多的还是关心人

才外迁之后的安置政策，而忽略了企业自身的利益，这些部门由于存在多种多样的顾虑，表示愿意外迁的比率尚不足5%。因此，虽然外迁可以缓解京津两地的“大城市压力”，但是由于资金不足、相关激励手段与配套措施不完善而降低了外迁政策的吸引力。

其次，疏解地与承接地之间的政策协同和制度衔接不够。京津两地虽然愿意进行外迁来舒缓自身的压力，但是疏解地与承接地的政策毕竟存在差异，衔接存在问题，在政策无法相互衔接的前提下，这种以疏散为主的政策导向还是无法发挥其真正的作用。具体政策的衔接问题有：建设用地的指标落实、环保指标的确定、高新技术产业的资质确认、跨区域医疗卫生服务领域机构设置的对接、社保缴纳比例的标准与发放依据，等等。例如，目前京津冀三地对高新技术企业的认定标准还存在一定差异，从根本上阻碍了三地高新技术资源的流动。这违背公共服务均等化发展的初衷与核心思想，破坏了公正公平的市场秩序。

三是软硬件环境不完善，对资源疏解流动的支撑力不强。基于河北与北京发展环境差距大，京津两地人均财政教育经费是河北的近3倍；河北每千人拥有医疗机构床位数和执业医师数分别为北京的1/3和2/3。诸如此类的基本公共服务的不均等会导致流动企业与流动人员的落差感，导致他们固步自封，拒绝转移，即便转移到承接地，也可能由于基本配套设施的不完善，出现人才流失、企业倒闭的现象。另外，目前京津冀区内的轨道交通网络建设依然滞后，“要想富，先修路”，这句话展现了轨道建通建设对京津冀三地协同发展的重要性，但目前，北京与周边各个地区的铁路网还很难满足在京人员的通勤时间在1个小时之内的需求，无法起到支撑非首都功能疏散的作用，天津与河北人口流入北京需要的配套设施即使稍低一些也不会影响流入结果，但是京津冀协同发展的首要目的是缓解北京的大城市压力，这项政策是要鼓励在京人员的外流，而这些需要疏解的对象可能已经在北京安家落户，父母、子女都在北京，况且这些希望疏解出去的对象大都是高质量人才，需要的待遇补偿措施应更为完善，但事实可能并非如此，因而在很大程度上已经扎稳脚跟的人们是不愿意外迁的，即便有一些员工可能因为企业的外迁而跟着外迁，但由于交通不便而纷纷辞职跳槽。另外，由于市郊铁路建设不完善，其他相关的配套措施如医疗卫生、教育资源的共建共享也很会因此受到影响。

四是产业结构差异显著，难以形成良性互动促进资源外迁。形成良性互动促进资源外迁的条件是两个地区之间的产业是在同一层次上或者说是差异性较小、没有衔接问题的产业，或者说产业之间是互补类型的发展，与长三角地区各个城市之间的具有层次性特征的产业结构不同，京津冀三地之间的产业结构既没有层次性，也没有互补性，难以形成产业良性互动。北京市早在2018年，产业结构已完成了工业主导型向服务主导型的转变，迈进了后工业发展的时期，并且第三产业的比例还在不断的扩大中。天津的第二和第三产业的占比基本持平，这就体现了在发展重要工业的同时，服务业也齐头并进。而河北的第一产业要远远高于北京和天津的第一产业，第二产业处在主导地位，整体上仍处在工业化的发展阶段。由上述当前京津冀三地的发展现状来看，河北处于产业链的最低端，北京处于产业链的最高端，天津居于两者中间，三个地区的产业结构各有特色，差异性极高，产业联系存在巨大裂缝，很难形成良性的产业互动，是协同发展的一大难题。差距悬殊的产业结构导致了产业承接协同僵硬、低效，河北难以承接北京公共资源外迁。

五是内部经济发展差距明显，优秀生产要素单向流动影响资源外迁。京津冀区域内部经济发展差距明显是其长期以来的突出特征——京津两地与河北地区的经济发展水平存在巨大差距。截至2019年末，京津冀地区生产总值突破8.4万亿元，但北京与天津两城市的经济总量之和已达京津冀地区的58.5%，其中北京的经济水平远远领先于区域内其他城市，约占据京津冀经济总量的1/3。北京与天津的人均地区生产总值同样远高于河北，分别为河北人均地区生产总值的3.5倍和1.9倍。此外，由于经济差距的问题出现，使“核心 - 边缘”的城市分布格局越来越明显，核心城市虽然可以享受到区域优势所带来的经济效益，但是这也会造成边缘城市更进一步的经济低迷，在这种形势下，边远城市的资源更加流向核心城市，核心城市由于承受能力有限，日积月累会到达发展的瓶颈。另外，由于“核心 - 边缘”的区域布局已经形成，那对这些区域的资金投入也会产生差异，人才流动也会出现相同的问题，造成资源内耗，产生发展壁垒，出现资源外迁难题。

第二节

公共服务各重点领域协同发展面临的现实问题

党的十九大特别是党的十九届三中全会以来，河北抢抓京津冀协同发展重大机遇，认真落实习近平总书记对河北“四个加快”“六个扎实”要求，着力补短板、强弱项、惠民生，全省民生财政支出由2016年的2742亿元增加到2019年的6714.2亿元，增长了1.45倍，占一般公共预算支出比重由近六成提升到超八成，基本公共服务投入成效斐然，与京津的合作也如第六章所述取得了重大进展。但鉴于河北基本公共服务发展水平一直滞后，当前三地在公共教育、社会保障、医疗卫生、文化体育、生态环境等重点领域中的协同发展中仍将面临诸多现实障碍，能否有效破除各种阻力，不断提升均等化水平，正日益成为关系京津冀协同发展战略大局的关键问题。

一、医疗领域协同中面临的问题

（一）三地对医疗卫生协同发展的关注点不尽相同

1. 北京更为关注自身医疗资源如何更好的疏解。由于丰富医疗卫生资源给北京带来的巨大外来人口压力，因此，在三地医疗卫生协同中，北京更多的关注于医疗资源疏解到津冀时自己的内在需要问题，例如合适的承接区域、优惠配套政策、过硬的基础服务、不变的外迁人员待遇等，最终在实现自身利益不受损或者进一步改善的基础上，最大限度的降低外地到京就诊人数。

2. 天津更为注重资源承接和在京冀腹地工作人员的就医问题。天津在协同发展中与河北有相似之处，同样具有承接北京所疏解优质医疗卫生资源的强烈愿望，以改善自身的医疗服务能力。同时，希望加深和拓展与京冀医疗机构的合作，尽力改善津籍人员集中工作地的医疗条件和提升在京冀腹地工作人员就医的便捷性。

3. 河北更为关注如何借助北京的优质医疗资源提升自身医疗服务水平。河北鉴于自身医疗基础的薄弱和环绕京津的特殊地理优势，他别希望在此次京津冀医疗卫生协同发展中，尽可能多承接北京外迁的优质医疗资源，尽可能多与京津医疗机构开展实质性的合作，尽可能快的提升自身的医疗服务能力和水平，尽可能便捷的让省内群众在京津便捷就医。可以说对于京津冀医疗卫生协同发展而言，河北的需求最多，渴望最为迫切，态度最为积极。

（二）河北自身的协同路径仍不清晰

1. 省级层面对全省医疗卫生协同发展的总体定位和目标方向均亟待明确。当前全省开展医疗卫生协同合作缺乏有效的顶层设计。一是当前省内各地的功能定位、与京津的关系定位还未彻底厘清，区域内尚未达成共识。二是省级层面对不同地区协同发展的重点方向、重点专科缺乏宏观引导，容易造成各部门、各地区分散行动，总体来看各地协同合作工作呈现无序状态。三是在规划制定方面，河北尚未制定“十四五”时期关于推进京津冀医疗卫生协同发展的专门规划，已出台的省“十四五”规划中也并未明确具体提及相关内容。

2. 市级层面对当地医疗卫生协同发展的目标方向还不清晰。当前各地相关部门开展工作的方向感不强，对自身的发展重点模糊不清，尤其是对本地医疗机构的功能定位和重点专科发展方向不明确，无法充分发挥自己区位特点和资源优势。调研发现，各地在推进医疗卫生协同的过程中普遍没有设立明确的目标定位和发展方向，协同工作开展的较为盲目、散乱。当地有关部门对于通过协同合作要实现什么样的功能以及这些功能能够实现怎样的目标并没有明确的概念。

3. 省内协同发展的区域布局不均衡，尚未实现区域之间错位发展。一是各地市推进医疗卫生协同发展的基础条件差距较大，当前京津冀协同的重点区域医疗卫生协同的水平相对较高，如雄安新区、张北地区、廊坊北三县是医疗卫生协同的重点方向，有较多的合作项目落地，具有明显的政策优势。其他地区自身协同工作开展的基础差、支撑少，省内也未对其进行重点关注扶持。二是各地尚未在全省统筹下进行错位发展，医疗卫生协同中盲目发展、同质化竞争等问题亟待解决。当前各地在推进医疗卫生协同的过程中普遍存在分散决策问题，常会出现一对多的对接关系，如省内多家医院同时找北京一家医院对接，或者同时申请同一个项目、医疗中心，这种同质化竞争现象是对优质医疗资源的浪费。

4. 全省统筹协调水平不高，缺乏省级层面的整体谋划和引领。目前河北推进医疗卫生协同工作在省级层面的组织领导协调力度不够，统筹谋划意识不强，省级层面的主导地位不够突出，还没有充分发挥河北省统筹协调的作用。优质的医疗卫生资源是有限的，聚焦区域均衡布局，需要在全省范围内对各地的需求进行合理的调配才能实现资源利用最大化。当前省级层面对于各地与京津的合作需求缺乏整体谋划和统筹协调，对各地开展对接工作缺乏应有的指导，致使各地分散行动，容易出现盲目发展、同质化竞争等问题，造成医疗卫生资源配置不均衡。

（三）河北与京津医疗卫生协同发展体系还不完善

1. 医疗卫生协同的相关政策体系尚不完善。一是医保异地结算机制仍有待细化落实。虽然京津冀跨省异地就医门诊直接结算范围不断扩大，大大提升了医保服务的便利性，但三地在其配套的一些政策上尚有较多差异，如财政补助、起付标准、服务价格等仍存在很大差距，河北三级医保定点医疗机构住院起付标准为 800 元，而北京为 1300 元。另外三地药品目录、诊疗项目和医疗服务设施目录也不尽相同，需要相关政策进行更大范围、更深层次对接。二是医疗卫生信息资源协同共享难。目前虽然不断推进医学临床检验结果互认、医学影像检查资料共享，但由于各地医院信息化程度不同，对电子病历、医学档案等信息的搜集标准和管理存在差异，加大了医疗卫生信息资源互联互通的难度，亟需加强医院信息标准化建设，完善区域内信息协同共享协作机制。三是联防联控的公共卫生服务体系尚未有效建立。虽然三地在重大疫情、传染病防控工作和卫生应急协同处置等方面开展了协作，但京津冀疾病预防控制政策措施的衔接协调尚需加强，区域卫生应急联动机制尚待完善，才能进一步实现传染病直报和预警、基层卫生防疫的对接协作，建立卫生应急信息实时共享和资源统一调配的联动体系。

2. 协同发展中人才支撑体系尚不完善。一是高水平医疗卫生人才不足。一方面是由于地区间薪资水平标准的差异和人才发展的软环境等诸多问题让很多医院本身缺乏对人才的吸引力，留不住人才，解决这种现实问题亟需配套优惠政策的支持。另一方面是由于河北人才队伍的培养力度仍需加强，亟需通过建立健全卫生人才队伍提升机制，扩大对外交流合作，拓宽医学人才进修渠道。二是区域内医疗卫生人才流动性差。当前区域内人员流动受编制等政策体制的限制仍然较为严重，虽然已经出台了《京津冀卫生计生人才交流与合作框架协议》等相关政策，但具体推进计划、保障措施仍需进一步深化落地，尤其是加大医师多点执业配套措施的实施。

调研发现，人员职称衔接问题是当前医疗协作的突出障碍，由于各地政策不同，派遣专家待遇和职称存在不互认的问题，严重影响其外派支援的积极性，很大程度上阻碍了人才的流动。

3. 国家层面对河北发展的支持体系不完善。目前京津冀医疗卫生协同合作过程中，国家层面尚未立足协同发展建立起针对河北的专项支持政策，提供专项资金补助，单纯依靠京津的对口帮扶覆盖范围还是较小，提升效果较慢。且三地合作中河北单向发力较多，京津主动作为较少，国家层面引导疏解的相关政策不健全，三地间的利益平衡难以保障，制约合作深度的项目用地难等问题依然存在。因此在跨区域合作中需要从国家层面加大协调力度，进一步明确疏解、承接清单，并提供相应的扶持和补偿机制，通过中央层面的政策红利来不断缩小三地医疗卫生服务发展差距。

4. 协同发展中项目合作体系尚不完善。

一是对合作项目缺乏分类管理和指导。目前省级层面能够掌握各地已经开展的合作项目情况，但没有根据医疗机构不同的发展定位实行分类管理，同时对基层合作意向了解不全面，无法对各地进行前期引导，对未来趋势、发展动向也不能全盘把握。二是引导多元主体参与合作的力度不足。目前在已签署的合作协议中发现，合作主体主要集中在公立医院之间，或者是各地的卫生健康部门与医院之间，其他医疗卫生机构、医学院校以及社会力量等主体参与度较低。由于协同合作将重心始终围绕在医院上，无法充分调动多元主体参与的积极性，尤其是在与高校、科研机构合作共建重点专科方面仍需加强。三是对合作的效果缺乏监测和评价。部分合作协议签署后没有制定相应的规划任务分工方案和监测评估方案，缺乏全过程监管机制和绩效考核制度，难以确保现实效果与既定目标的一致性。

（四）河北自身的协同基础依然薄弱

因为三地经济发展的总体差异，以及行政建制有别，河北的医疗卫生发展水平在与北京、天津的横向比较中就显得基础薄弱，弥合医疗卫生服务水平差距就成为“十四五”时期深化京津冀医疗卫生协同的内在要求，而缩小这一差距的关键就在于借协同发展之力显著提升河北自身的医疗服务水平。按照2015~2019年的数据，见表7-1，京津冀医疗卫生协同发展以来，河北省的医疗卫生服务水平与之前相比，有了很大的提升，例如每千常住人口床位数从2015年的4.61增加到2019年的5.66张，其他如执业(助理)医师数和注册护士等指标都呈上升趋势。但细致分析数据会发现，可以通过直接投资加以改善的每千常住人口床位数这一体现医疗硬件的关键指标与北京的水平已经非常接近，而更能体现医疗技术软实力水平的卫生技术人员数、执业(助理)医师数和注册护士等指标仍与北京、天津两地有显著差距，甚至一些指标的差距还出现了拉大，例如每千常住人口技术人员数量的差距由6.79人扩大到了7.34人。另外，河北医疗服务水平的区域差异非常明显。例如河北的一些县域内还没有一座二级甲等医院，甚至省内个别地市范围连一家三级医疗机构都没有；全省农村卫生室的硬件配备尚有很大缺口，乡村医生的技术水平整体较低；城市社区卫生服务机构的服务能力和水平不足，群众认可度低等问题都充分说明了这一点。

表7-1 “十三五”期间京津冀地区医疗资源配置情况

省市名称	每千常住人口床位数(张)		每千常住人口卫生技术人员数(人)		每千常住人口执业(助理)医师(人)		每千常住人口注册护士(人)	
	2015年	2019年	2015年	2019年	2015年	2019年	2015年	2019年
北京	5.14	5.90	11.81	13.80	4.44	5.40	5.27	6.10
天津	3.63	3.91	5.92	7.03	2.34	2.97	2.21	2.65
河北	4.61	5.66	5.02	6.46	2.25	3.01	1.79	2.44

二、养老保险领域协同中面临的问题

（一）养老金待遇计发主体确定原则有待改革

按照《北京市城乡居民养老保险办法实施细则》《天津市城乡居民基本养老保险实施办法》和《河北省人民政府关于完善城乡居民基本养老保险制度的实施意见》规定：三个地区均是以户籍为标准界定参保对象，规定具有本省（市）户籍的，年满16周岁（不含在校学生）不满60周岁的，非国家机关、事业单位工作人员的和不属城镇企业职工基本养老保险制度覆盖范围，其省（市）城乡居民，可以在户籍所在地参加城乡居民养老保险，从而实现城乡居民社会养老保险制度的全覆盖。北京天津河北三地的参保人员如果在缴费期间，因外迁户口，需要跨地区转移自己当前城乡居民基本养老保险关系的，可以向迁入地发出申请，按规定办理相关手续。对同时缴费在城乡居民养老保险和城镇职工基本养老保险的人群，并且已达到法定退休年龄，满足城镇职工基本养老保险所需条件，可将其转入到基本养老保险，按规定折算出城镇职工基本养老保险的缴费年限；而对于前两个条件中不符合城镇职工基本养老保险按月领取条件的，每满一年城镇职工基本养老保险缴费将看作同城乡居民养老保险一年的缴费年限，将其养老保险个人账户转入城乡养老保险个人条目中。

京津冀三地一般采取公民参与的最后参保险种和最后参保地来对养老金制定发放准则，按照这种原则去确定社会保险支付标准，虽然这种原则在评定上和操作上简单易懂，但是由于保险金的确定与最后参保地相关，这就会造成参保人员的“趋富”效应，因为参保金的大小与参保地的经济发展水平相联系，参保人为了获得更高层次的保险金，就会由经济发展水平低的地区转移到经济发展水平高的地区，以领取高额的保险金；另一方面，由于这些流动人员的迁入，也会影响到承接地区域参保人员的保险金水平，最终影响甚至阻碍我国人力资本的有序配置和流动。而对于正规的机关事业单位的员工来说，养老金待遇的高低与统筹地区的养老金相关；其次，机关事业单位的保险金采用分账管理的方法，因此，不同的账目管理方式意味着有不同的筹资方式，在发放养老金时要清楚是哪种统筹基金，是政策变革之后的事业单位基本养老保险统筹还是变革之前的过渡性养老金。

（二）京津冀三地的养老保险缴费标准不同

北京城乡居民统筹养老保险的缴费有两种标准：即最低缴费标准和延期缴费标准。最低缴费金额是当地农村居民人均纯收入的 9%。城乡居民统筹养老保险的统筹层次是灵活的，可以根据自己的经济水平，选择可以承受的缴费标准进行缴费，这也是该政策变革之后的最大特色，其缴费的跨度很大，如 2016 年度的缴费范围是 1000~7420 元每年，可以根据政策要求和自身条件选择适合的缴费数目。

天津与河北并不是按比例进行缴费，而是设置分段缴费标准，天津城乡居民统筹养老保险缴费标准则按档次划分，由参保人自行选择，不同之处在于两地设置分段缴费数值高低不同：天津参加城乡居民养老保险的人员（以下简称参保人），应当按照规定的标准缴纳养老保险费。缴费标准设置为每年 600 元、900 元、1200 元、1500 元、1800 元、2100 元、2400 元、2700 元、3000 元、3300 元十个档次。由此，参保人可以对参保档位进行自主挑选，遵循多缴多得，少缴少得的原则。河北的城乡居民养老保险的筹资缴费标准与天津相同，也是选择缴费档次进行缴费，同样遵循多缴多得，少缴少得的原则，一般缴费标准目前设为每年 100 元、200 元、300 元、400 元、500 元、600 元、700 元、800 元、900 元、1000 元、1500 元、2000 元、3000 元 13 个档次，参保人自主选择档次，按年缴费，多缴多得。省人力资源社会保障厅会同省财政厅按照国家有关规定，结合河北城乡居民收入增长等情况，适时调整缴费档次标准。

（三）养老保险关系转移接续不畅

政策的变革导致目前京津冀三地出现“新人”“中人”“旧人”的划分，其中“新人”指政策变革之后开始缴纳养老保险的人群，“旧人”指在政策变革之前已经开始领取养老保险的人群，对于这两种人群采取新人新办法。，旧人旧办法的养老保险金的处理方式，而“中人”是最复杂的群体，他们既在政策变革之间进行养老保险的缴纳，又在政策变革之后参与到新政策的养老保险缴纳中，因此，京津冀三地对于“中人”的参保群体的养老保险的管理存在缴费年限的分歧，许多“中人”需要弥补的养老金缴费年限太长，等同于国家需要补贴的养老金额越大，而且由于政策的区域差异性，导致目前跨区域的“中人”养老保险的结算方式仍然难以确定。

（四）京津冀三地的制度赡养率和养老保险基金收支不平衡

根据实际统计可知，目前京津冀三地的制度赡养率上升，养老保险基金收不抵支，出现资金缺口，我们从图 7-1 关于城镇职工基本养老保险制度赡养率可以看出，天津的制度赡养率最高，其次是河北，最后是北京，形势不是很乐观，制度赡养率反应的是多少个年轻人缴纳养老保险来负担一个老年人的养老金，赡养率越高，社保基金的压力越大，当前天津与河北的养老基金已经出现赤字，而北京也是仅仅略有结余，由《京津冀协同发展纲要》的战略部署可知，北京的养老压力需要由河北、天津两地来承担，承接北京转移出的与养老相关的产业与人群。在京津冀协同发展的政策背景下，河北与天津在自身养老压力无法承担的基础上很难在做到有效疏解首都的压力，由此，河北和天津为了保证自己区域内政策的平稳运行，只能更加严格筛选从北京流入到本地的劳动力人群。因为流动人口跨地区转移，其养老保险并不是全额随之转移，例如，一名劳动人员从 A 地转移到 B 地，其在 A 地缴纳的养老保险并不会全部转移到 B 地，一般只转移养老金总额的 12%，剩余的部分由接入地缴纳，因此，这对于接入地来说，会抵触流动人口的转入，而对于转出地来说，不仅可以减少养老保险的指支出，还可以降低养老保险的资金缺口，等同于间接将养老负担转移到别的区域；而对于转入地来说，情况与转出地完全相反，只接收过来的参保人并没有接收到养老金，无疑给当地的养老金支付增加压力，导致本地区可能无法进行正常的养老保险的供给，养老保险可能会出现资金缺口，甚至资金缺口会越来越大。

在各地实行基本养老保险属地管理和财政“分灶吃饭”的背景下，养老保险在不同的统筹地区进行转移，参保者的责任主体也会随之改变。虽然某一政府的养老保险转出越多，养老基金支付压力越小，但是其支付转移责任也是会变大的。同理，某一政府的养老保险转入越多，养老基金支付压力越大，未来的待遇兑现负担也会变大。因此，参保人的转出与转入相比，还是转出的压力小于转入的压力，为了避免由于人口流动而带来的养老基金压力，京津冀三地设置了具有限制性的流动人口转移条件，但也从侧面影响了合理的劳动力流动。

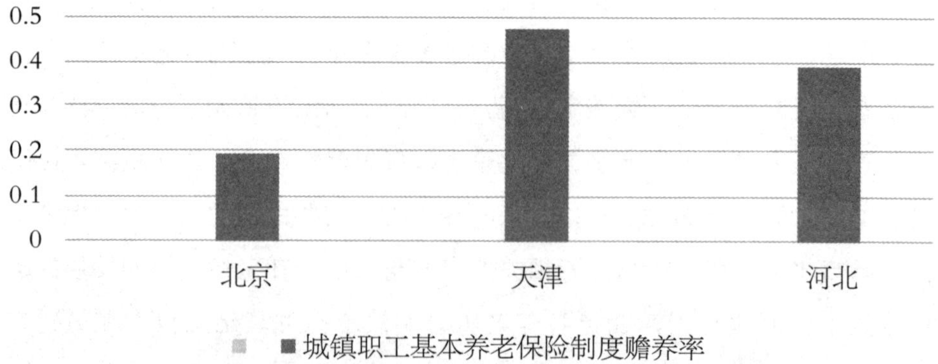

图 7-1　京津冀城镇职工基本养老保险制度赡养率

（五）养老金差距大导致劳动力逆向吸纳

悉知哪里的工资水平和社保待遇较高，劳动力就会流入哪里，这就从源头阻碍了京津冀协同发展战略的根源，河北和天津的工资待遇水平与社保给付金额与北京相比还是存在很大的差距的，因此，无法承接北京的养老压力，由此增加了政策制度的对接难度，国家统计局分省年度数据显示，2015 年~2018 年北京与天津的人均 GDP 均高于河北的相应水平。2018 年北京市人均 GDP 达到 14 万元，天津市和河北省分别为 12.1 万元和 4.74 万元。总体上看，北京与天津的年人均 GDP 分别为河北的 2.95 倍和 2.55 倍。京津冀三地的待遇差距造成区分度十分明显的劳动力吸纳效应。根据第六次全国人口普查资料估算，北京市城镇跨省流入人口为 634.25 万人，河北省跨省流出人口为 303.45 万人，分列京津冀地区人口流入地首位和流出地首位。在北京市外来常住人口中，来自河北省的最多，占 22.1%，来自天津的占 1.2%；在天津市外来常住人口中，来自河北省的最多，占 25.2%，来自北京的占 0.8%。[①] 京津冀三地的劳动力流动方向是清晰可见的，大趋势就是河北流入北京、天津，天津流入北京。而根据京津冀协同发展战略的制定目的来看，应该是北京流入河北、天津，天津流入河北。现状与政策目标不符合，两者呈现的冲突急需破解。

三、教育领域协同中面临的问题

（一）合作自发分散，教育协同发展整体思路缺乏

在教育协同发展方面，京津冀的教育合作前景光明，目前，三地在教

---

① 张金峰. 京津冀职工基本养老保险制度对接策略研究 [J]. 天津行政学院学报，2016（5）：18 卷 3 期

育资源的互动上较为频繁，尤其是在河北环京津区域更为明显，但是当前的合作大多基于碎片化、无序化的合作模式，并没有切实有效的方案与实际行动，没有顶层设计就无法完成政策的普及，更加无法做到之后的监管，虽然三地政府签订了上百条教育协作项目，但是这些项目中并没有实质性的指导意见。在管理层面上，京津两地特别是北京对教育功能转移的态度、内容和方式尚不明确，河北教育协同发展相关规划也尚未编制，缺乏统一明确的指导意见，所以应尽快构建具有权威性和执行力的京津冀教育协同发展思路与机制。

但对于京津冀教育协同发展，三地的关注点并不一致。在高等教育上，北京更关注其郊县的发展，倾向于将部分高校转移到本市的郊县；天津基本没有迁出高校的考虑；河北则想借助与京津教育功能的疏解，承接京津部分高校或建立分校，在京津冀协同中提高本省的高等教育水平。在职业教育上，京津的关注点基本是一致的，都想争夺河北的生源发展职业教育。在基础教育上，京津没有与河北合作发展的积极性，更关注的是两市因为产业转移和功能疏解到河北而产生的外溢人口子女基础教育问题，河北关注的是借助京津基础教育优质资源，提升基础教育水平问题。因为关注点的不同，京津冀三地很难在教育协同发展上取得一致意见，相反，在职业教育上还很可能出现相互竞争的状况。

再者，随着京津冀三地的协同发展战略的实施，北京所计划设置的“两翼”即雄安新区与北京城市副中心都在政策的偏向下不断深入发展，就必然要求结合新区发展需求高标准、高站位谋划好各等级教育的均衡发展问题，从而做到区域的融合发展，并实现与北京首都功能定位错位发展，就成为推动京津冀各类型教育协同发展不得不面对的现实问题。

（二）合作层次整体偏低，合作深度有待加强

与京津教育合作经过多年的探索与实践，从纵向看，全省在高等教育、职业教育、基础教育及幼儿教育各个层面均有合作；横向看，所有设区市与京津都有对接。但合作深度不够，可以简要概括为：一是散，合作项目比较分散，没有形成集约化发展态势；二是小，从各级各类学校整体而言，合作项目数量微乎其微，从已经实施的合作项目而言，合作的规模太小，没有形成规模效应；三是低，现有的项目合作多是在基础教育和职业教育领域，高校的合作项目偏少，而且专业性偏低，高层次合作还不够理想；四是软，项目合作基本上是学生实习和师资培训，没有较大的资金投入实现"办分校"和"联合办学"。在师资培训中，教师的专业化程度不可能通过一两次培训获得质的提升，如果不能让教师的专业提升常态化，那么优秀教师引领教育的作用就会大打折扣。

（三）多元主体的利益协调困难，制度性壁垒亟待破解

京津冀教育协同发展中涉及三地政府、中央政府机构、各群众组织、企业等多元利益主体，有专家统计，仅高等教育阶段的协同发展就涵盖了三地政府和国家层面主管部门 16 个（13 个中央政府机构，3 个国家级群众组织），11 个中央政府层面的共建部门，以及部分与高校联系紧密的重量级央企、国企等，见表 7-2。所以京津冀区域的教育协同发展较之长三角区域的教育均等化和粤港澳大湾区教育均等化建设，涉及到的利益主体更加多元和复杂，建立起恰当的协调机制进行利益分配与统筹谋划的难度也更大。因此，纵观京津冀协同发展的实践，教育协同发展的标志性成果和根本性突破尚未实现，目前正处于纵深推进的阶段。

表 7-2　京津冀高校协同发展所涉及的利益相关体

高校主管部门			（其他）共建单位		
类型	名称	数量	类型	名称	数量
地方政府	北京市人民政府 天津市人民政府 河北省人民政府	3	地方政府	/	/
中央政府部门机构	中央办公厅 教育部 外交部 工业和信息化部 公安部 司法部 交通运输部 国家民族事务委员会 国家卫生健康委员会 国家体育总局 应急管理部 中国地震局 中国科学院	13	中央政府部门机构	生态环境部 农业农村部 水利部 自然资源部 住房和城乡建设部 国家林业和草原局 国家广播电视总局 国家国防科技工业局 国家铁路局 国家中医药管理局	11
群众组织	中华妇女联合会 共青团中央 中华全国总工会	3	企业	中国航天科工集团、中国铁路总公司、国家电网公司等	/

另外，属地思维及其衍生出的制度性壁垒仍是制约京津冀教育协同发展的重要因素。首先，三地的教育协同发展需要多层制度的衔接，而目前三地的政策制度并没有很好的对接，比如在人事制度上、科研管理制度上、财政制度上，由于责任主体不同，各个区域更加偏向各自区域的利益，各自为政的现象仍较普遍，就以教师为例，一位教师在不同的区域，她可能面临不同的政策考核机制、课时计算机制、科研成果评测与认定机制、职称评定机制，若没有统一的标准，那区域内教师资源自由流动就会受到很大限制。其次，每个区域的政策偏向该区域的发展，就会导致地方

保护主义的出现，三地分灶吃饭，难免会出现不公平的政策待遇，政绩评价机制肯定会出现偏移，在实际上阻碍京津冀整体利益的最大化。

（四）不同教育阶段的协同均有现实问题困扰

在基础教育阶段，河北与京津教育课程安排不统一，三地的教材选用不一样，课程安排不同步，使得河北无法运用现代化信息网络共享京津骨干教师的课程讲解，也使得在交流学习过程中，只能借鉴京津的教学理念和管理经验，无法将课程内容落地生根。并且河北的人才引进条件不优越，与京津相比，河北提供的福利待遇跟不上，住房安置无保障，家属工作难安排，一些原本引进到河北的教育人才在一段时间后又回流到京津。

在职业教育阶段，河北 178 个县市区都有中职学校，11 个设区市都有特色鲜明的高职院校，按常理说，河北的职业教育在京津冀区域内具有一定的竞争实力。事实上，河北的职业教育与经济社会人才需求相脱节，与企业相脱节，专业设置雷同，同质竞争严重，片面地追求扩招。学生毕业后，因为与企业的需求不匹配，而被拒之门外。与之相对应的京津职业教育做的更为活跃，例如，天津市第一轻工业学校与保定高阳职教中心联合办学，开办春季高考班，每年招收一个班，40 人左右，在保定高阳职教中心学习两年，在天津市第一轻工业学校学习一年，参加天津市春季高考。仅天津一轻校 1 所学校就利用天津大学、天津职业大学等十余所高校的品牌效应，吸纳了高阳职中 200 余名优秀学生就读，以缓解天津职业教育生源不足问题。

在高等高等教育阶段，由于京津冀高等教育领域存在的巨大差距，教育的公共政策仍在向京津倾斜，致使河北的高等教育面临着自身无法解决的难题。例如，在京津双一流高校招生比例中，本地考生分配的指标是 30% 左右，给河北的指标屈指可数，河北只有 1 所“双一流”高校，河北工业大学还在天津境内。另外，河北高校普通本科招生计划数占本专科计划比例为 43.8%，低于全国平均比例（54.5%）近 11%；博士生招生计划数占研究生计划比例仅为 4.3%，低于全国平均比例（11.5%）7%；普通高校生均公共财政预算公用经费，北京和天津分别比河北高出 3.6 和 1.9 倍。更为关键的是，中央教育资源难以协调。京津冀教育协同发展不仅是京津冀三家的事情，教育部有几十所直属高校在北京，这些高校资源的利用，单靠京津冀三地教育部门的力量很难调动。

四、科技协同领域面临的现实问题

在科技创新协同领域，京津冀三地的发展已经取得了不小的成就，不管是在机制创新方面，还是其他技术的创新、资源的创新、信息共享平台的创新，但还是有一些阻碍科技创新协同发展的问题与困境尚未解决。

（一）协同创新的统筹机制不健全，创新政策衔接不顺畅

首先，国家在整体的筹资机制建设并不完善。虽然国家已经制定了《京津冀创新驱动发展指导意见》和《京津冀协同发展科技创新专项规划》，但是在真正实践的过程中也会存在在一定的问题，就像只有图书没有老师，学生无法自主掌握知识，那这些图书就无法真正发挥作用。

其次，京津冀推动协同创新的具体工作机制仍有待探索。在利益共享机制方面，《京津冀协同发展产业转移对接企业税收收入分享办法》适用范围较小、设定门槛高（“三税”达到或超过 2000 万元）且实施细则不明确，很难指导实践。

最后是京津冀三地在科技创新的相关政策方面存在较大差异，衔接不通顺。一方面，三地由于经济发展不平衡，导致其对科技发展的投入就不平等，由此其制定的创新政策也存在差异，北京进行试点，天津享受北京的政策红利，而河北无法享受到两地的创新政策红利。另一方面，创新技

术的流动共享是建立在可以共享的环境下的，若当前的政策环境不清晰，那创新技术的推广效果一定会大打折扣。按照目前的现状来看，首都科技创新券首次申请不超过5万元不需要匹配自筹经费，天津按照业务合同金额的50%核定具体补贴金额，河北科技创新券按照专项经费和自筹经费1∶1使用，三地标准存在较大差异。

（二）创新资源分布不均衡，创新要素跨区域流动面临制约

目前京津冀的科技创新资源是丰富的，但是其分布情况是不均衡的，很明显，北京的创新资源一定是高于河北与天津的。比如，北京拥有京津冀地区34.5%的高等院校、73.7%的研发机构、89.8%的国家重点实验室、有效发明专利拥有量占区域总量的81.2%。

在此背景下，目前就存在着大量的制约因素横直在创新要素跨区域流动与高效配置面前，比如河北的医疗卫生资源与教育资源不充足，那么与其配套的人才配置、设备配置也无法匹配完善，即便河北培养出了高质量的人才，由于基本公共服务无法均等化发展，也会面临人才流失的问题。我们继续以教育资源的分配为例，河北高考考生面临优质高等院校招生名额稀缺的现状，成千上万人竞争为数不多的优质高效录取名额，无疑增加了内耗。以2016~2019年的河北高考数据为例，北京天津的一本录取率是河北高考一本录取率的两倍，这导致了河北优质人才为了子孙后代的发展而选择落户北京，北京的高质量人才也不会外迁到河北。

（三）创新协作平台数量多、资源分散，不利于创新链与产业链构建

虽然在京津冀协同发展战略的推动下，三地的创新协作平台数量增多，但是质量却不够高，真正具有竞争优势与产品特色的平台屈指可数。一方面，由于三地缺乏清晰的产品定位与科学的发展规划，外加各种项目聚集在一起，没有条理性，无法实现具有针对性的发展；另一方面，这

些创新协作平台都是短时间内建设的，分布也比较松散，难以对每一个平台配备完善的基础设施，导致这些平台后续发展动力不足，还要受到环境、土地等因素的制约。再者，河北政府也鼓励创新创业的公司聚集在河北，丰富河北经济发展的路径，但是由于缺乏为创新创业提供发展平台的经验，导致吸引力不足，后续储备力量不可持续，紧靠政策的刺激，是无法实现可持续发展的，长此以往，河北地区创新链与产业链就无法高效构建。

（四）河北企业研发创新意愿不强、需求不足，影响京津冀科技创新合作

通过实践数据的对比，我们可以清楚的发现，河北企业与北京天津对比起来，其研发的创新意愿不强，从总体来看，整体创新意愿明显低于江浙沪地区。2015 年京津冀地区有研发机构的企业占比 10.6%，比江浙沪地区低 18.3%；规模以上工业企业的 R&D 经费内部支出占主营业务收入的比重为 1%，低于江浙沪地区 1.2% 的水平；新产品销售收入占主营业务收入的比重为 13.8%，低于江浙沪 7%。在京津冀区域，河北的企业研发创新活力不足、创新能力不强，与京、津相差悬殊，拉低了区域整体企业研发创新水平。北京、天津的规模以上工业企业中，有研发活动的企业占比分别为 32.2%、37.7 % ，远高于河北的 9.1% 的水平；R&D 经费内部支出占主营业务收入比重均为 1.3%，相当于河北的 2 倍。

本章小结：在“十四五”时期，河北省推动京津冀三地公共服务均衡发展面临着资金投入压力巨大、协调统筹能力提升困难、公共资源共建共享有待升级、借力首都优质外迁资源存在重大不确定性都等一系列宏观困境，并且医疗、教育、养老、科技创新等领域还都面临着非常具体的微观阻碍亟待破解。所以未来推动三地公共服务的均衡发展必须有更加坚定的决心，秉承久久为功的心态，从宏观和微观层面同时着手，持续发力，进而不断取得实质性成果。

第　八　章

国外区域公共服务均等化的先进经验比较与借鉴

PART 8

基本公共服务均等化不仅在中国各区域内受到足够重视，而且国外区域的基本公共服务均等化也取得了一些成果。本章我们将简单介绍纽约、伦敦、巴黎、东京和首尔等都市圈的基本公共服务均等化的情况。之后，从各个都市圈基本公共服务均等化情况中分析其在实践中的共同点和差异性。以期从国外区域公共服务均等化的实践中获取经验指导京津冀区域公共服务的发展。

|第|一|节|

国外区域公共服务均等化典型案例

一、纽约都市圈基本公共服务均等化

纽约都市圈北起缅因州，南到弗吉尼亚，横跨美国10个州，波士顿、纽约、华盛顿与费城这四大城市群也在其中，除此之外，还有巴尔的摩等40多个中等城市及周边的一些卫星城镇，形成了一个带状式的大型都市圈。都市圈人口总数约6500万，是美国人口的1/4，在这个圈内的城镇化率极高，达到了90%之多。与中国不同，纽约在美国的城市分布图中处于一个顶尖的位置，之后其他城市居于下一层次，而不是逐一排列，是一种并列关系，比如费城、华盛顿、波士顿、巴尔这四个大城市，之后下一层是坐落于这几个大城市周边的中小城市，可以很形象的将其比做成金字塔式的分布。那么，纽约作为金字塔的顶尖，并没有与其他层次的城市产生巨大差异，而是相互支撑，各具特色，成为纽约都市圈公共服务均等化实现的重要产业基础。纽约都市圈五大城市产业状况见表8-1。

表 8-1 纽约都市圈五大城市产业分布

城市名称	主要产业	职能地位
纽约	商业及服务业	北美及世界的金融商贸中心
波士顿	金融、教育、高科技产业、建筑及运输业	美国电子、宇航、生物等产业中心
费城	清洁能源、制药业、制造业、教育服务、交通运输业	整个都市圈的交通枢纽，有“美国的鲁尔”之称
华盛顿	信息、金融、商业服务、健康教育服务、休闲旅游业、生物科技、国际商务全美政治中心	美国的政治中心
巴尔的摩	工业制造业、商贸、服务业	美国制造业和进出口贸易中心

纽约都市圈的四次合理规划也为基本公共服务均等化的实现打下了扎实基础。在纽约都市圈的规划中非政府组织发挥了极大的指导作用，尤其是区域规划协会（RPA），通过搜集群众的意见与建议，实际调查、数据分析、探析原因，确保规划内容的科学性。纽约都市圈建设到目前为止共制定了四次基本规划，历次规划内容见表 8-2。

表 8-2 纽约都市圈历次规划的主要内容

	规划范围	面临问题	规划思路	规划影响
第一次区域规划（1929 年）	14317 平方千米 22 个县 897.9 万人	城市区域过度蔓延，交通拥堵，社区乡村状况恶化	从人口增长、道路通达、土地利用与建筑规模四个大方向对纽约都市区进行了较为细致的规划	规划促进了基础设施方面的建设

续表

第二次区域规划（1968 年）	33022.5 平方千米 31 个县 1900 万人	老城市中心衰退，社会分隔严重，基础设施缺乏，交通标准较低	RPA 评估城市区域的过度蔓延、老城市中心的衰退、种族隔离与环境污染等问题，试图解决	区域发展与交通运输相联系，并提出了开放空间的重要性。同时本次规划采用的公众参与过程对整个美国乃至全世界都有巨大影响
第三次区域规划（1996 年）	33000 平方千米 31 个县 2000 万人	经济增长缓慢，发展存在不确定性，收入差距持续扩大，种族间不平等愈发严重	RPA 在第三次规划中提出“3E”体系（经济、环境与公平），并将重建方法划分为五项方略，包括绿地方略、中心发展方略、区域通达方略、劳动力方略、治理方略	规划提出应注重经济、环境、社会与人的共同发展，同时兼顾不同利益群体间的平衡，为近 20 年来纽约的经济增长与生活质量的提高奠定了基础
第四次区域规划（2017 年）	33669.8 平方千米 31 个县 2280 万人	收入差距较大，生活成本提高，种族隔离普遍，基础设施衰败，环境问题严峻	对公共机构进行改革以应对交通基础设施的老化和收入不平等，应对环境变化的挑战，改善区域内交通基础设施的状况，提供更多可负担的住房	

由表8-2可知，纽约都市圈在第一次区域规划中首先对城市交通进行重新的设计与构建，保证之后其他方向的发展，奠定了发展基础。都市圈内公共服务均等化水平的提高主要是在第二次和第三次规划的过程中。第二次规划在总体功能定位上，RPA整个大都市的基本公共服务卫生水平不能仅仅依靠自身的设计与发展，将那些组织性不强或者无组织的城市依照大城市的标准进行建设，从方方面面提高真正大都市的服务水平，核心建设还是以利民为主，将基本公共服务的建设项目围绕在居民区周围。在住房服务上，RPA还建议提供更多类型住房，针对不同收入的群体对住房的需求情况来调整新区域的住房建设政策，而对于低收入群体的住房需求者来说，可以提供一些低租金补助房，由此实现在住房待遇上的公平，同时通过政府的调控，可以抑制地皮的溢价，进而影响房价。在公共服务供给上，RPA建议增加老城区公共服务设施供给，新城区需要建设，老旧城区也应该维护，提高老旧城区的基本公共服务供给水平，保障低收入群体的生活质量，在一定程度上也可以吸引其他社会阶层的人进入老城区；改善供给方的供给质量之外，还要提高需求方自身的素质水平，例如政府可以为穷人提供一些教育培训或者技能学习机会，利用政策导向性推动其就业，同时政府也应增添一些适合这些区域的人合适的工作，保证其工资水平可以支撑自身家庭的日常生活运转。在自然环境上，RPA认为没有开发的自然空间应减少对其的开发与破坏，每个区域内应保留一部分自然资源区，这也是提高该区域居民日常生活水平的手段之一，通过娱乐休闲的生活方式提高自身的生活满意度；其次，还要逐步去改善环境的污染情况，加强对环境污染的治理，保证空气质量、饮用水质量。在交通建设上，RPA早就提出要提高交通基础设施水平，为其他四方面的举措提供良好的实施环境。纽约都市圈的第三地规划我们从上文中的图表可以看出主要是围绕绿地方略、中心发展方略、区域通达方略、劳动力方略与治理方略这五种展开的。吸进资金与投资，刺激该区域的经济发展；区域通达方略指对已有的公路、铁路进行修缮，提高交通运输效率；劳动力方略指要提高该区域居民的整体素质教育，重点针对低收入阶层，要为这个阶层提供受教育的机会，提高技能培养与就业之间的联系；治理方略指对已有的公共管理机构进行创新，合并公营与私营，创立新的公共服务机构。RPA 在第四次规划中提出对纽约大都市运输署和纽约港务局进行改革，对区域铁路网进行扩张整合，进行碳排放总量控制等建议。

截止到现在，RPA 已经进行了四次区域规划，前三次的规划效果十分显著，在很大水平上提高了基本公共服务的建设水平，都市圈内基本公共服务均等化水平，但第四次由于是在 2017 年刚刚发布，成果尚未显现。在前三次成功规划的基础上，区域内居民数量持续增加，在过去的 20 年之间增长了 230 多万的人口，与 20 世纪 90 年代相比就业也增加了 150 多万；人均寿命也有了明显的提升，甚至高于美国总体的平均寿命水平；公共卫生与生活质量有所提高；当地犯罪率大大降低；交通客流量明显增加等方面。

二、伦敦都市圈基本公共服务均等化

伦敦都市圈位于英国南部，以伦敦、利物浦为发展轴线向周边扩散，包括伯明翰、曼彻斯特等大城市和许多中小城市。伦敦都市圈约有人口 3650 万，总面积约为 4. 5 万平方公里，为全国面积的 1/5，都市圈的经济总量约占全国的 80% 以上。在工业革命结束之后，伦敦都市圈逐步发展成为英国最大的经济发展核心区域，成为英国最为主要的各类技术、产品的生产基地。目前，整个大伦敦地区是英国都市圈的核心，包含了除伦敦在内的其他 32 个行政单元。随着城市集群化的不断发展，逐步形成了以伦敦为中心，带动周边区域的发展，周边区域的城市也在不断向伦敦输送发展力量，使得伦敦逐步成为世界经济、金融的贸易中心，除此之外，还有高新技术的发展、文化的交流、信息的传播还被誉为“国际设计之都”。除此之外，在文化旅游方面，伦敦也是旅游必来的圣地，它是欧洲非常著名的古玩和艺术品交易中心，这里的市场可能是伦敦最具艺术气质的地方，大厅中充满着各种各样的艺术品，极具展示出欧洲文化艺术的魅力，在硕大的市场上漫步，耳畔回响着悠扬的音乐，更加让游客体会到伦敦的浪漫，感受到来自不同世界的文化所带来的惊喜。

由此可见，伦敦的基本公共服务均等化规划发展的如此之好，离不该政府的顶层设计与规划，也有政府与工会的合作推进、民营组织的相互协作，多方力量凝聚在一起，初步形成了如今的伦敦都市圈。要知道，大伦敦规划秉承了 19 世纪末英国社会活动家霍华德爵士提出的“以小城镇群代替大城市并努力保持小城镇就业平衡”等城市规划理念。1997 年，英国的民间规划组织“伦敦规划咨询委员会”发布大伦敦发展战略规划，主要围绕对经济水平、生活质量、可持续性、机遇这四个指导思想来推动其发展，之后经过了 20 多年的实践，伦敦逐步从一个封闭的城市演变为开放的都市，最后形成了由内伦敦、大伦敦、标准大城市劳务区和伦敦大都市圈四个圈层构成的圈域形都市圈，都市圈内公共服务均等化水平不断提高。

在科技发展上，《伦敦规划》中把东伦敦科技城定在了肖尔迪奇。为了推动肖尔迪奇的科技创新与发展，英国政府提供了 4 亿英镑的资金支持，在顶层设计中，规定新建筑要空出一部分作为科技创新孵化园，在政策的红利下，越来越多的高新技术企业与核心技术产业坐落于肖尔迪奇，例如，思科、英特尔、亚马逊、彭博、推特、高通等高新技术企业都入驻肖尔迪奇。之后通过调查可知，从 2012~2015 年，仅仅 3 年的实践，伦敦的高新科技公司与之前相比增加了76%，增长了近3.8万家，并为英国政府提供了5万多的工作岗位，大大降低了当时英国的失业率。如今，一说起肖尔迪奇，我们就想到“科技城”这三个字，据统计，目前与科技创新相关的工作岗位占全伦敦就业岗位的三分之一，肖尔迪奇成为真正意义上的科技城市。

在交通建设上，伦敦都市圈内各个城市之间的交通极其便利，在天上、陆上、地下都建立了完善的交通路线，将伦敦市与周边的城区紧密联系在一起，目前根据英国媒体的报道，斯特拉福德车站(Stratford Station)车站已经成功超越滑铁卢车站(Waterloo Station)成为伦敦最繁忙的车站，斯特拉福德在伦敦是一个重要的交汇处，其发展壮大的原因与河北省石家庄类似，俗称火车拉来的城市，多条火车、地铁、公交线路都在斯特拉福德汇合，虽然现在的疫情导致出行人数大幅度下降，但是斯特拉福德仍然承担着伦敦重要的交通负担。相较于我国京津冀在河北周围建设的“一小时生活圈”相比，伦敦为了促进核心城市与中心城市的交通对接，自伦敦开始向外辐射，形成了一个庞大的郊区道路网，这个郊区交通道路网在铁路上面的占比最高，且分布均匀，不仅方便人们换乘，花费时间也不多。另外，伦敦还建立了“一环九射”的高速公路网络。由此，城市与城市之间的道路、铁路、轨道都被合理分配，共同承担交通运输的责任，且不会产生某条线路的交通运输压力大的现状。此外，伦敦政府还鼓励居民减少对私家车的使用，必要路段还会收取交通道路拥堵费，多使用公共交通，划分专门的公共汽车专用通道，由此来提高整个交通体系的通达性。

此外，在人口、住房、基础设施建设、就业、养老服务、交通、环境保护等公共服务方面，伦敦都市圈也采取了一定的措施促进其区域内公共服务均等化的实现。1946年的《新城法》掀起了新城建设运动，计划在离伦敦中心50公里的半径内建成8个卫星城。例如8个卫星城之一的米尔顿·凯恩斯具有完善的生活工作配套，新城建设的购物中心，至今仍然可以有效利用。米尔顿·凯恩斯新城的交通也非常便捷，其道路规划借鉴了美国政府在洛杉矶设计的网格道路布局模式，即每个网格的范围是 1 平方公里，一个网格就是一个社区。其街道划分为小车道、公共汽车道以及自行车道。规划还将人行道考虑其中，有效实现了人车分流。新城在建设过程中也为居民提供了大量的就业机会，由于居民的受教育程度、技术的熟练程度以及所擅长领域各不相同，所以规划考虑新城不同居住群体的差异，为各类居民提供了相应的就业机会，让其感受到新城给自身带来的尊重感以及安全感。此外，新城也注重相关生活配套的建设，不仅为老年人建立了老年机构供其养老，并且还建造了相关文娱配套，让其在养老的同时感受新城的温暖。2015 年，米尔顿·凯恩斯新城的就业率达到 77%，比英国整体就业率高出 3%。在环境保护上，米尔顿·凯恩斯从规划之初就很重视环保，他将城市总面积的六分之一都用于建设公园，在商业圈内也建设了许多室内花园，提高居民的生活质量，并且城中也有大大小小数十个湖泊以及环新城而建的森林公园。

三、巴黎都市圈基本公共服务均等化

巴黎都市圈以法国巴黎为中心，沿塞纳河、莱茵河延伸，主要城市包括巴黎、阿姆斯特丹、鹿特丹、安特卫普、布鲁塞尔和科隆，除此之外还有 30 多座人口 100000 以上的城市。都市圈总面积 14.5 万平方公里，圈内人口超过 4600 万人，是欧洲人口密度最高的区域，这也是世界上最大的跨国都市圈。大巴黎地区作为整个巴黎都市圈甚至欧洲中部地区的核心发展区域，由七个省构成，被称为“法兰西岛”。尽管巴黎都市圈跨越了国界，但国别并没有成为影响区域发展的制约。

在巴黎都市圈规划的过程中，政府运用法律手段支持都市圈规划，以法律形式规范城市规划，进行城市的区域规划，结合实际情况考虑每个区域的情况，利用法律手段治理行政划分，在二战后巴黎都市圈主要是进行了产业布局调整，具体表现在将第三产业即服务业集中在室内发展，而将第一第二产业即一些基础工业开始想城市周边转移。根据 1956 年国土开发计划，巴黎市为了分担主城区的压力，在城周边修建了的五座卫星城，由此与巴黎一同构成了一套完整的城市系统，虽然巴黎将工业园区转移到周边卫星城，但是这些卫星城市并不是纯粹发展工业，法国政府为这些卫星城市投入了大量的资金进行基础公共卫生建设，同巴黎一样，交通、娱乐、服务、通信等基础设施的建设标准向巴黎看齐，旨在提高区域内公共服务均等化的水平。在这一次的区域构建规划与管理过程中，将城市的交通主轴线与新建的卫星城市相连，构建了区域内外综合发展的交通运输系统。之后在 20 世纪 90 年代中期黎政府对该规划进行了修订，形成了有名的“巴黎大区总体规划”。此规划的核心思想与计划是在保证巴黎与周边城市的协同发展的同时，还要构建一种良性竞争关系，政府不能打破这种竞争模式，只能在大型的基础公共服务上面进行构建，如环境保护、区域开发等，而对于各个区域的内部规划内容不做调控，此次规划中心对巴黎的空间规划进行了定义，三个空间相互协调，相互制衡。这次规划对巴黎都市圈的发展具有重要的意义。

巴黎都市圈内的交通系统高度完善。发达的陆、海、空交通系统，井然有序的交通环境，把巴黎中心区、大巴黎地区、巴黎都市圈高效地连成一体，目前已经形成了我国京津冀地区计划建成的一小时通勤圈，即由巴黎去往包括阿姆斯特丹、科隆等城市在内的都市圈各地的通勤时间均在一小时之内。通过不断扩建城市的交通网来解决巴黎中心城区、巴黎周边卫星城、整个巴黎都市圈的交通问题，其中，巴黎中心城区的交通主要由地铁承担，巴黎周边卫星城主要由城际轨道承担，整个巴黎都市圈由高速铁路和公路串联，各种交通工具也起到了主要的作用，巴黎的奥里机场、各种高速铁路网、各种高速公路网，还有秘籍的港湾如阿姆斯特丹港，以及市区内的60条市区公交车线路，240条郊区线路以及多条夜间运营线路等都促进了都市圈交通的通达性。

巴黎都市圈在不断地规划中，公共服务均等化水平不断提高。形成了产业有序发展，基础设施不断完善，交通高度通达。

四、东京都市圈基本公共服务均等化

东京都市圈以东京为中心，半径100公里范围内的地区（大城市核心辐射的极限距离），主要包括东京都、神奈川县、千叶县、埼玉县、茨城县、枥木县、群马县、山梨县。东京都市圈不仅仅是日本的政治、经济、文化、对外交往中心，而且还是日本最大的人口聚集地，2016年该地区人口数达到4396万人，约为总人口的34.6%。东京都市圈庞大的人口数量对区域内基本公共服务提出了更高的要求。为谋求首都圈作为经济、政治与文化中心的有序发展，实现区域内基本公共服务均等化，日本政府在其发展过程中不断进行合理规划，先后制定并颁布了《首都圈整备法》、《首都圈市街地开发区域整备法》、《多极分散型国土形成促进》等多部法律法规来保障都市圈规划的顺利实施。从1958年开始，日本政府针对东京都圈建设先后制定了五次基本规划，历次规划内容见表8-3。

表 8–3　东京都市圈历次规划的主要内容

	规划期限	规划地域范围	规划人口规模(万人)	规划思路
第一次	1958~1967 年	离东京市中心半径约为 100 公里的地域	2660	在东京中心区外设置绿化地带，防止建成区膨胀；在市街地开发区域建设卫星城，吸收人口及产业
第二次	1968~975 年	东京、埼玉、千叶、神奈川、茨城、栃木、群马、山梨等八都县	3310	将东京作为全国经济高速增长的管理中枢，并对其进行相应的城市改造；在周边各城市开发区，继续推进卫星城市的开发政策
第三次	1976~1985 年	东京、埼玉、千叶、神奈川、茨城、栃木、群马、山梨等八都县	3800	改正东京市中心的一极依存形式，建设“区域多中心城市复合体”，形成多级多圈型结构，谋求周边区域的社会、经济、文化机能的发展
第四次	1986~1999 年	东京、埼玉、千叶、神奈川、茨城、栃木、群马、山梨等八都县	4090	延续第三次规划思想，进一步强化首都圈中心区的国力中枢职能，并提出发展副中心，承担中心区的部分功能；强化各组成区域之间的联合以及提高地区的独立性
第五次	1999~2015 年	东京、埼玉、千叶、神奈川、茨城、栃木、群马、山梨等八都县，并包含其周边区域	4180	再次强调建立区域多中心城市“分散型互联网结构”的空间模式，进一步提出了以多样化、个性化的家庭办工等职住模式的设想

日本的基本公共服务均等化战略贯穿于五次规划。这五次规划逐渐把东京中心区部分功能分解到周边县，扩大了基本公共服务均等化的辐射范围，并且实现资源和利益在区域间有效传递并保证区域内公共服务供给的

一致性。目前，东京都市圈大体上已经实现了基本公共服务均等化。

在公共教育上，东京都市圈与世界其他国家的都市圈相比，不管是在质量上还是数量上都处于领先地位，因为其最重要的特点就是日本政府为区域内的人民提供均等的受教育机会，义务教育的质量也十分优良，已经基本实现教育的均等化。目前日本政府为人民提供的是九年制义务教育，这也是教育补助的大头，而针对另一些高等教育阶段、高等院校的建立，也仅仅是进行少量的补助，这些学校的运营还是靠通过收取学费的方式来取得资金支持。这种教育基本公共服务的建设模式，保证了从初级等级到高级等级的公共教育投入是呈递减形式，确保了底阶段教育基础的雄厚，高阶段教育的强针对性，更进一步的对资金进行合理配置，优化各个阶段和层次的教育。那么在学校的配置方面，日本政府从低到高考虑了学校的设施、教学的设备、班级的编制安排、师资力量的培养与配置，以相关的法律法规为依据，在最大程度上缩小教育中出现的差异性。在公共医疗卫生上，日本相继制定了一系列法律法规来保证区域内医疗卫生服务的均等化，同时通过公共财政预算重点支持公共卫生保健、传染病预防与控制、各级国立与公立医院、边远地区医疗设施等。在社会保障上，社会保障制度实现了全民覆盖，区域内农民、个体户、自由职业者、政府公务员等各类人员都被包含在社会保险制度之中。

在人口控制问题上，日本城市有一个不同于其他国家的问题：老龄化严重。为了缓解这一问题，在相关的社保政策设立上，提高了对老年人的认定标准，如增加退休年龄，延迟退休，退休二次就业等缓解日本政府的养老压力，这从侧面加剧了都市中心人口过密的问题。因而日本政府在城市中建立了许多副中心，来从各个角度去分散主城区的压力，日本通过打造这些卫星城市，构建一小时工作圈，是为了给主中心输送无限的活力，这是保障也是基石，通过周边设施的建设，让更加廉价的劳动力进入城区，提高整体的发展。日本政府在对周边卫星城是进行规划时，并不是将只要疏散主城区压力就可为目标，而是分类分区域进行规划，比如横滨市主要发展住宅区，成为东京的卧室；多摩地区主要承接大学、研究开发机构和高科技产业；神奈川县成为日本重要的工业聚集地，承担着国际港湾职能，也是部分企业总部、国家行政机关的聚集地；埼玉县接纳东京都部分政府职能，成为政府机构、居住、生活、商务职能集聚地，成为日本的副都；茨城县的筑波成为科学城。分工明确的周边各个城市与“首都圈”中心东京构成一个有机整体，东京都市圈从“一极集中”，变成“区域多中心城市复合体”，提高了圈内运行效率和整体竞争力，缓解了都市中心人口过多的压力。

在交通基础设施上，东京都市圈交通基础设施建设完备，不管是哪个国家哪个城市，交通都是推动城市经济发展的关键，“要想富先修路”的理念贯穿在各个国家的城市规划建设之中，日本本来就是一个岛国，其国土面积有限，空间规划更为复杂，日本政府将大量的人力、物力、财力都投入到交通的规划建设中，由此日本城区的轨道交通网是全世界最为密集的，中心点是东京站、秋叶原和新桥。就以日本首都东京为例，该区域的轨道交通路线主要特点是：数量多、密度大、覆盖范围广，为人们提供了更好的流动能力，对于晚上城市的功能发展，提高城市的空间可达性等等都有很大的益处。除了陆上的交通路线，京都地区的海运航线也十分发达，因为日本国土尽被海水包围，东京作为日本首都，毗邻东京湾与太平洋，拥有 40 多个港口，有大有小，每个港口都有不同的职能分工。要知道交通基础设施建设是实现人口在都市圈内城市之间广泛流动的重要方面。

环境保护和人民福利也是基本公共服务均等化的一方面。在东京都市圈建设的雏形期和加速期，由于过分强调“经济开发”，致使民众的生活环境遭到严重破坏。因此，在东京都市圈建设的调整期和成熟期，日本城市建设着力于完善生活环境和提高民众的生活福利水平。在上表的五次开发中，日本政府不仅仅重视对空间的协调规划，还注重提高居民的生活满意度。例如，在城市的环境整治方面、基础公共服务建设上面都进行了专业科学的推论，定制了可行的方案。通过这些整治措施，东京都市圈在建设中，民众的生活环境大幅度改善，生活福利水平也逐步上升。

五、首尔都市圈基本公共服务均等化

首尔是韩国最重要的中心城市，在朝鲜战争结束后开始迅速发展，人口不断增多，城市化水平也逐年提高，并最终形成了一个具有世界影响力的韩国首都圈。从 1960 年开始，在工业革命的推动下，首尔市区的人口与经济都有了明显的增长趋势，也是由于经济在短时间内的快速增长，导致了首尔地区的房价飞涨、环境质量每况愈下、交通越来越不便，出现了一系列经济增长造成的问题，在很大程度上降低了首尔市区的综合发展速度与竞争能力。为了解决这些矛盾和问题，韩国政府开始逐步实施一系列的规划与改革，进行了三次综合治理，造就了如今首尔市的发展现状。

从 1984~2020 年，韩国首都一共进行了三次首都圈的规划，第一次主要是推动首尔区域内人口、产业和功能的发展，第二次主要是促进首尔地区的生活圈的建立，提高该区域内人民的生活质量与舒适程度，第三次主要是希望通过新的规划达到先进国家的城市水平，围绕可持续发展进行改造，与周边区域共谋发展。在这三次规划中，首尔城市圈的数量也是随之调整的，从最初的 5 个区域缩小到现在的 3 个区域，随着时间的推移，对环境的治理也越来越重视，逐步开始限制区域无节制的发展，引导区域向正确化方向发展，进行特殊开发，联合首都进行综合的环境治理与保护措施，之后在最近的一次规划中，韩国政府着重以可持续发展为核心，根据每个区域的特点来完善当前的空间结构，吸引各种类型的投资，带动经济的发展。

这三次规划的过程，同样也是首尔都市圈基本公共服务均等化水平不断提高的过程。如制定实施了系统化、综合性的首都圈宏观规划；制定了功能分散的政策，引导首尔城市职能外移；引领新城建设，疏散都市圈的人口压力与产业布局的合理化。从20世纪60年代至80年代，韩国政府一直在推行新城政策，以分散首尔过度集中的城市功能。20世纪60年代初，开发建设了昌元、骊川、丘尾等新城；20世纪70年代新城建设政策以重化工业的疏散为重点；进入20世纪80年代以后，为解决住宅不足和土地、房屋价格上涨等问题，在绿带之外规划建设盆唐、一山、坪村、山本、中洞等5个新城，合计规划承载人口120万，产业发展以服务业为主。20世纪70年代初，韩国实施了“新村促进运动”，具体表现为政府为农村提供大量的资金支持来提高本地的基本公共服务建设与设备投放，提高农民的生活质量进而降低农民向城市的流动数量。在交通建设方面，随着首尔都市圈的不断发展与建设，由最初单一的城市结构演变为现在的多元化局面，因而以首尔为中心的交通网络开始不断往中变扩充，到20世纪90年代后，韩国政府从真正意义上对交通布局进行更改，由此之后，首尔都市圈的交通脉络一一搭建起开，改善了交通环境。

除此之外，为了对首尔的首都功能进行疏散，提高区域内公共服务均等化水平，韩国还通过设立世宗特别自治市，将部分中央行政部门搬出首尔都市圈迁入到世宗市内的行政中心复合都市地区。世宗市以高新技术产业发展为主，与英国伦敦都市圈的构建理念类似，在吸引创新科技进入的同时，也注重对环境的治理，虽然没有英国伦敦六分之一的城区都要建设为公园的标准，韩国首尔也留出了大量的面积来建设公园绿地，构建自身区域的环境特色，形成亲水亲山的环境特点；在人口吸引方面，考虑到该城区的合理容纳程度，通过各种政策来控制人口规模，其中实施效果显著地是通过配合生活单元来控制人口，即根据合理容纳的人数去配备恰好的教育、医疗卫生、就业等指标，通过多个单元格来来动行政中心地区的发发展，并辐射周围 4~5km，即划定出来的“指定周边地区”，在此分成东、西、南、北四个生活圈，避免过度开发来保护环境，达到中心区域和周边区域的共赢发展；最后，韩国政府在更为宏观的角度着手，采用多轴的概念形成城市群新网络，形成新的可持续性的发展动力，推动韩国都市圈的发展。

在首尔都市圈的建设中，韩国仁川是地域最为宽广的城市，在发展过程中，韩国首尔并没有独自成为金字塔的顶端，而是形成了韩国仁川与首尔市相互协同发展，各有分工的局面。韩国首尔在发展过程中出现了较大的环境污染问题，因此，韩国仁川在发展过程中为了防止出现更为严重的环境污染问题，推行绿色经济发展模式，制定了《改善首都圈大气环境特别法》和《改善大气环境计划》，对首都圈的大气质量、能源、废弃物、气候变化等进行监控，并由首都圈三市道负责规定大气污染排放总量，定期检查重点排放源等。

|第|二|节|

国外区域基本公共服务均等化的共性和差异性分析

在区域基本公共服务均等化的实践过程中，很多地区都进行了长期的探索，既有成功的经验，也有失败的教训。在第一节内容中，我们对国外的公共服务均等化做了简单概况，在对国外区域基本公共服务均等化进行解读后，可以发现各个都市圈公共服务均等化存在一些相通之处，但同时也发现基本公共服务均等化并不存在标准模式，而是都带有鲜明的本国特色。如公共服务体系类型不同，基本公共服务均等化供给模式不同，政府的转移支付体系复杂多样等。本节我们将从共性和差异性两个方面对各个区域基本公共服务均等化进行分析。

一、国外区域基本公共服务均等化的共性分析

（一）健全的法律法规为公共服务供给及均等化提供法律保障

纽约都市圈、伦敦都市圈、巴黎都市圈、日本都市圈、首尔都市圈在公共服务均等化的实践中均有完备的法律保障。首先是在各个都市圈的历次规划区中，各个国家都出台了一系列法律法规保障区域规划的顺利实

施。比如，《巴黎大区总体规划》《巴黎地区国土开发计划》《首都圈整备法》《首都圈市街地开发区域整备法》《多极分散型国土形成促进法》等等。这些科学合理的有法律效力的规划促进了这些都市圈的最终形成，提升了都市圈内经济发展的水平，为区域内公共服务均等化的实现提供了一个良好的平台。其次，在区域基本公共服务均等化实现的过程中，各个都市圈也颁布了一系列法律法规，促进基本公共服务均等化的发展。纽约都市圈在医疗卫生上也是通过不断的立法保障区域内医疗卫生服务的均等化。在基本公共服务供给的过程中，各个都市圈还有专门的法律进行监督，以此来保证供给的科学性和合理性。总之，各个都市圈在公共服务的各个环节都有健全的法律进行保障。

（二）财政转移支付制度促进公共服务均等化的实现

虽然每个国家与每个国家的历史、文化、风俗习惯存在差异性，都各具特色，但是不可否认的是公共财政的均衡对任何一个国家和区域的发展都非常重要。国外各个都市圈的发展离不开相对稳定的转移支付制度。总结各个都市圈的实践情况，发现各个区域在转移支付上有一些共同的特点。

首先，转移支付都要确保其具有稳定的支付来源，其根本目的是为了增强政府可以对资金进行准确的预算，一些国家还会单独将一些税种作为转移支付的资金来源。其次，将转移支付公式化，这样做的目的是为了保证资金的稳定性，政府先通过固定公式进行计算，其转移金额也不会有大幅度的变动，地方政府利用同样的方式公开运作，增加了转移基金的透明性，更进一步的杜绝了在转移过程中出现的讨价还价的现象。最后是使用“因素法”，政府在进行资金转移支付时，要通过当前时期的财政能力、财政需求进行资金运转的预测，因而要考虑多种因素，如根据国民生产总值、基本税率、税源的浮动变化来预测政府的财政收入情况，通过综合考虑人口、交通、面积等不同区域的水平，来测算不同时期的财政需求，进而确定转移系数。各个都市圈通过相对稳定的转移支付制度促进区域公共服务均等化的实现。

（三）重视区域公共基础设施的均等化

各个都市圈基本公共服务均等化实践中很重要的一部分就是重视区域内公共基础设施的均等化。纽约都市圈在历次规划中都有涉及到基础设施问题，但是在重新规划之后都得到了更好的解决。还是以美国为例，美国农村的基础公共服务建设是世界上最为发达的，这是由于美国农村的基础设施建设不仅仅依靠政府，民间经营组织也会贡献力量与资金，因此每个农村的基础设施建设都十分完善。除此之外，美国的农村与城市之间的交通枢纽也十分完善，这就会吸引城市内部的人员流入到农村生活。伦敦的基础设施建设也非常完善，已经形成了立体化的公共交通网络。法国巴黎与英国伦敦不同，其卫星城市在建设时已经做好各种配套措施，极大地促进了圈内公共服务水平的提高。日本东京政府虽不能像美国一样通过农村吸引城市人群，但是东京政府每年将大量的资金投入到农村建设之中，例如整治农村土地、修建农村交通，缩小城乡的差距，使农村居民的日常生活与城镇居民一样，从一定程度上减少了农村流入到城镇的人数。各个都市圈通过公共基础设施均等化的发展来促进区域内公共服务均等化的发展。

（四）完善的基本公共服务均等化监督管理

如何确定本国的基本公共服务建设是否实现均等化？基本公共服务均等化的进程又是如何界定？其实，国外的很多国家为了衡量其均等化的程度，都建立了完善基本公共服务评定机制，同样这种国家公共服务均等化绩效评估机制也适用于区域内公共服务均等化。在20世纪末期，英国政府已经通过互联网建立了现代信息技术平台，通过网络化的监督管理，并将监管部门与日常管理部门结合发展，由此大大提升了对基本公共服务的绩效评估效率，评估质量也有了显著地提升。美国也对基本公共服务均等化进行监督管理，并且由专门的机构负责这项工作。主要表现在美国政府由基本公共服务的评审专家进行绩效评估，其所依据的评定指标与居民的需求意愿相关，之后随着居民意愿的多元化发展，导致了美国的评估体系更加多元化。纽约都市圈公共服务均等化的实现也离不开国家层面对公共服务均等化的监督和管理。这种完善的基本公共服务均等化监督与管理确保了各个都市圈的基本公共服务均等化取得了实效。

（五）推行各种有效的公共服务均等化政策

各个都市圈公共服务均等化的实现都是和历次区域规划联系在一起的。一般而言，国外的许多国家都是依据自身的实际情况来制定推进基本公共服务均等化的举措，以美国为例，纽约都市圈在医疗卫生、教育、文化、体育、社会保险等服务内容方面采取的是多方位补助模式。同时，还对对广大农村地区实施免税和减税优惠政策，促进了区域间的平衡。东京都市圈为了提升基本公共服务均等化的进程，实行公共服务的民间委托和民营化，并颁布了《关于引入竞争改革公共服务的法律》。通过这些政策来保证区域间财力的横向均衡，并提高了基本公共服务的质量和效率。

二、国外区域基本公共服务均等化的差异性分析

（一）多元化的供给模式

纵观全球，每个国家与每个国家的基本公共服务供给模式都存在差异性，政府的力量是单一的，基层社会组织的力量虽不抵政府的力量，但是

仍然有其发展的空间与贡献，因而对基本公共服务的供给主体逐步形成了政府与民间组织结合的发展模式。例如，美国政府在农村的公共服务建设上面，要依靠社会组织的力量进行建设，在农村医疗卫生服务领域方面，医院的建设大都是由民间慈善机构负责筹建。纽约都市圈内的公共服务也是如此。二是在经济发达但地方政府自治能力不强的日本、韩国等国家，如东京都市圈，首尔都市圈，形成了以中央政府为主导、农村的社会组织为辅的供给模式。

（二）公共服务体系类型不同

国外的公共服务体系大致可以分为两种类型：公平与效率兼顾型和公平主导型。美国、德国和日本是公平与效率兼顾型的典型代表，这在纽约都市圈和东京都市圈的公共服务中也有所体现。“公平与效率兼顾型”的公共服务体系的主要特点是建立起以个人自助为主，政府补助、商业保险为辅的公共服务体系。英国、法国和北欧国家是典型的公平主导型国家。“公平主导型”的公共服务体系把公平作为首要价值理念，强调以政府为主体，实行对全民的普遍保障。该体系遵循“全民普及、公平公正”的原则，覆盖面广，服务项目多，层次高，服务体系比较健全。如北欧国家公共服务体系的形成受到社会民主主义思潮的深刻影响，突出特点是对社会成员进行全面的、高水平的保障，带有浓厚的均等化色彩，从伦敦都市圈和巴黎都市圈的基本公共服务均等化实践中也可以看出来这种公平性。

（三）财政转移支付形式不同

虽然各个都市圈在实现区域公共服务均等化的过程中都注重政府的转移支付，但转移支付的方式大有不同。日本中央政府向地方政府的转移支付是解决纵向不平衡的重要手段，主要通过地方交付税、国库支出金两种形式来实现。通过地方交付税来实现地方对中央税收的分享，以增强地方财力，其中普通交付税是分配给那些标准财政支出大于标准财政收入的地方政府的转移支付资金，依据各个地方政府的基准财政资金需要额和基准财政收入额之间的差额进行分配，占地方交付税总额的94%，另外6%的特别交付税用于弥补普通交付税不能反映的地方财政的一些特殊支出。国库支出金是一种集规定用途和附加条件于一身的转移支付形式，是中央政府为实施特定的经济社会政策，对地方政府的特定项目进行的补助，属于典型的有条件拨款。通过向地方拨付国库支出金可以保证全国范围内的义务教育、生活保障及其他社会福利事业都能达到一定水平。东京都市圈基本公共服务均等化的发展也主要是依赖于这两种支付方式。

（四）社会保障形式不同

以社会救助为例，所谓社会救助制度是指在公民在最低标准的生活水平上仍难以维持时，由政府提供一定的补助来维持生计的一种制度。社会救助制度建立的初衷是保障社会稳定，目前，在经济全球化的背景下，各个国家都形成了各具特色的社会救助制度模式，它不仅保障了社会中贫困人群的人格尊严，还促进了社会公平意识的发展。美国的社会救助制度是一种综合型的模式，从罗斯福新政中颁布的《社会保障法》以来，美国成为了世界上第一个建立社会保障体系的国家，即便如此，美国仍然存在贫困问题，而贫困问题虽然与经济危机有一定联系，但究其根本，与社会结构的发展是分不开的，因而社会救助制度仍然需要建设与发展，从尼克松总统的“与贫困作战”再到克林顿总统的《个人责任与就业机会调整法案》，美国的社会救助制度不断进行改革，救助方式也在不断发生着变化。英国的社会救助制度是一种全面型的模式，由于英国是最早建立社会救助制度的国家，社会救助制度的模式变化与发展经验成为其他国家学习的典范，其全面式的救助模式为社会救助制度的发展奠定了基础，提供了重要的现实意义与理论意义。英国的社会救助领取也是有条件限制的，救助对象的申请需要接受各个方面的调查，所依据的标准是由英国政府统一规定的。不同的社会救助制度所展现的救助水平与支出费用是不同的，高福利国家如英国、瑞典等国家的社会救助资金支出十分庞大，需要繁重的赋税来支撑，但相反，若弱化社会救助的力量，又会给社会带来更多不稳定的因素，因而，许多国家开始寻求适中的社会救助制度，以便达到期待的实施效果。对于中国而言，应借鉴美国的将社会救助与个人能力相结合的制度经验，除了满足基本生活需求之外，还要提高救助者的生活质量，由“输血式”的救助模式逐步转变成“造血式”的救助模式，推动基本公共服务均等化的发展。

|第|三|节|

国外区域基本公共服务均等化经验对京津冀基本公共服务均等化的启示和借鉴

鉴于国外在区域基本公共服务均等化方面的研究更为成熟，我们可借鉴国外区域在基本公共服务建设上面的经验，取其精华去其糟粕，从政策制定本身推动京津冀基本公共服务的建设发展。但是由于各国当前所处发展阶段不同、公共服务面临的问题不同，京津冀公共服务均等化在借鉴个别国家先进经验时，必须结合京津冀协同发展的实际情况，采取更适合本国国情的策略来推进区域公共服务均等化进程。

一、推进京津冀三地基本公共服务均等化法制化进程

从各个都市圈的成功实践来看，越是具有完善的法律法规为依据的都市圈，其基本公共服务均等化的效果就越好。下面结合国外都市圈建立过程中法律法规的使用方式经验，就如何推进我国相关法律法规的建设，提出以下几点建议：

第一，消除行政壁垒。京津冀可以借鉴法国巴黎都市圈的经验，通过法

律提出打破行政壁垒的做法，运用法律手段促进京津冀区域规划，保障规划的权威性，为京津冀三地公共服务均等化的实现夯实基础。第二，界定政府事权。京津冀应该建立政府间事权划分法律，用统一、完整界定政府间责权关系的法律代替现有的党和政府文件中出现的处理政府间关系的指导性原则。第三，规范转移支付。转移支付是区域公共服务均等化实现的重要推力，但我国目前还无一部有关政府转移支付的专门法律，这就由此使财政转移支付的功能无法全部发挥出来。因此，在相关法律发挥的建设上，京津冀三地的政府要抓紧推进与建设，结合各个地区的实际发展情况，在法律法规中明确政策转移支付的规模与比例，进行权责划分，另外，法律法规中要包含严格的监督体系与绩效考核方式，对转移支付的项目内容、转移方法、依据原则目标进行督查。第四，建设公共服务市场。我国应在借鉴国外经验的基础上，结合自身的国情加快出台与公共服务建设相关的法律法规，为我国基本公共服务均等化的发展营造一个公平公正、稳定运行的发展环境。京津冀三地的区域协同发展的最终目标就是实现均等化，因此要加快制定和颁布相关法律，并创造条件便于该法律的落实执行。

二、强化基本公共服务均等化过程中的社会参与

社会参与的主体主要是社会组织和公众。京津冀基本公共服务均等化要发展必须要大力发展社会组织。一是注重社区社会组织的培养。社区是人们生活的主要场所，它承担了居民大部分日常生活，也是最接近居民生活的领域，通过社区组织，政府可以切实了解到居民的真正需求，并且有重点的为社区居民服务，京津冀地区的公共服务均等化最终也是要落实到每一个社区中去。二是京津冀地区要完善扶持社会组织发展政策，落实好各项惠民政策。三是加快社会组织人才培养和社区领袖选择。可以通过职业培训、项目指导、公

益创投等多种方式进行人才培养，同时通过专业的培训对社区领袖进行增能。

京津冀基本公共服务均等化的发展也离不开公众的参与。公众参与的基本形式主要包括评估、选择、决策、监督等。若想每一项政策都发挥其真正的作用，京津冀三地政府必须建立完善的监管机制，对公共服务的建设、公共服务的评估等进行实时监督；基本公共服务需要居民的参与，通过参与才能提出建议，根据建议才能推动均等化的发展，之后在范围上给公众更多的自由，进一步提高公众参与的积极性。除了鼓励人民群众进行基本公共服务均等化的建设之外，三地政策也要多向人民群众公布各种均等化发展的信息，时刻保持项目建设的透明性，有监督有反馈才会有进步。

三、探索多元化公共服务供给方式

京津冀区域基本公共服务均等化的实现要从供需两方下手，一是要持续推进政府购买公共服务。比如在公益事业、社区自治上，政府可以直接提供服务外包，选择信誉良好民间机构、社会组织进行。二是政府要加强和社会资本的合作。三是发展慈善事业，提倡志愿服务。京津冀三地可以广泛发动志愿组织和广大志愿者参与基本公共服务的提供。相关部门要及时发布相关公共服务志愿信息，在志愿活动开始前进行专业化培训，做好志愿服务记录，利用“时间银行”等对志愿者进行激励保障。此外，也要发挥好慈善机构和社工机构在基本公共服务中的引领作用，鼓励更多的人参与公共服务中来。四是推动数字网络化公共服务平台的建设。利用大数据技术促进公共服务创新供给。这也能够加强政府与公众间的联系，及时了解公众需求，解决公关服务面临的问题。五是继续加强京津冀三地之间的交流与合作。在教育、医疗、卫生、养老、文化、体育等各方面加强合作，提升区域内基本公共服务均等化水平。

四、增强政府财政的保障能力

一是中央和地方各级政府要加大对公共服务配置上的资金支持。保证三地公共服务项目有持续稳定的资金支持，并且使公共服务项目达到相应的标准。在资金支持上中央和地方各级财政尤其要注重对河北以及贫困地区公共服务支持，补齐短板。二是京津冀三地政府要完善区域内的长效协调机制。基本公共服务均等化程度高的地区要帮扶基本公共服务均等化程度低的地区，基本公共服务均等化的各个方面也要注重协调，均衡发展。三是优化转移支付结构，加大转移支付力度。具体可从以下几方面去改善，对于一般性的转移支付要根据其均衡性较强的特点增加其转移支付规模，增加其比例，引导一般性转移支付资金投入到发展状况较差的地区和公共服务重点领域；在专项转移支付方面，由于其自身的特点对政府的转移支付效率有阻碍作用，政府可以逐步减少使用专项转移支付的方式，增加政府在资金上的自由支配度。此外，还必须加强对转移支付资金的监管。通过相关部门的监管保证资金落到实处，发挥了作用。四是单列中央财政专项资金。中央财政的专项转移资金不能与地方政府的转移资金一同管制，需要按照可浮动的比例对基本公共服务均等化的建设进行投放，一方面去减轻京津冀三地政府的资金压力，一方面也有利于缩小京津冀公共服务差距。五是，中央应该给予河北省相对较多的财政转移支付。在京津冀协同发展的战略中，河北省应是这项政策的援助对象，但是根据实际情况来看，河北省被赋予了“京津冀生态环境支持区”的重担，很多企业被迫关闭造成经济损失、人员失业等问题，这使河北省处于损失的一方。因此，在财政保障上尤其要关注对河北的保障。六是要提高各类资金的使用效率。资金的使用需要有完善监管机制，要保证每一项资金用处合理、合法，资金的使用要有追踪机制，记好账本。

五、注重三地基本公共服务均等化的绩效评估考核

一是要建立健全政府考核机制，充实政府绩效考核内容，将考核的结果进行分析与对比，作为评价各相关部门工作实绩的重要依据，采取激励措施，提高政府工作人员的工作效率和对提供公共服务的能力。二是合理设置公共服务均等化绩效考核指标权重。综合运用定量、定性分析方法确定各个指标的权重，可以按影响程度、合作等级等设置权重，形成科学的绩效评估考核，公平衡量三地基本公共服务均等化实现情况。三是遵循公开透明的原则，监督考核过程和结果。政府的绩效评估考核过程以及结果必须是公开透明的。应该定期通过多样化的方式向社会公众和媒体说明情况，四是将政府绩效考核评估与责任问责追究机制相结合。在定期对政府进行绩效考核评估后，如果没有达到相应的标准，要落实责任主体，追究到相关部门或者个人。

本章小结：他山之石可以攻玉，从国外的公共服务均等化经验可以看出，国外对区域协同中的公共服务均等给予了高度重视，并且在法律保障、财政支持、强化监管、政策协同等方面具有明显一致性，这为我们推动京津冀三地公共服务均等化进程提供了很有价值的参考。同时必须注意，由于地域、发展阶段、文化等方面的差异，各国在推进本国都市圈公共服务均等化的进程中还非常注重根据实际情况采取恰当的策略，所以在社会主义国家推动京津冀公共服务均等化发展，与以往资本主义发达国家的推动策略必然会存在重大差别，所以要在具体问题具体分析的前提下，遵循创新性策略，敢于突破政策瓶颈，在公共服务均等化进程中走出一条独具特色之路。

第　九　章

河北视域下加快京津冀基本公共服务均等化进程的思路目标与政策选择

PART 9

通过前文对京津冀基本公共服务协同发展的深入分析可以发现，三地的公共服务差距依然巨大。因此，寻求合适的方法策略促进京津冀三地的基本公共服务均等化，是当下最急迫的任务。所以本章遵循问题导向，先从整体宏观层面就京津冀公共服务均等化发展的目标、思路、原则进行了探讨，之后结合实际，分别从中央、京津和河北三个不同视角，提出了未来京津冀基本公共服务均等化建设的政策路径。

|第|一|节|

河北视域下京津冀基本公共服务均等化的宏观思路、原则与目标

以助河北发展，推动京津冀协同发展不断深化的战略视角设定三地公共服务均等化的思路、原则与目标就是从全局高度为各相关部门工作提供明确的遵循和指引，思路、原则和目标相互依存共生，所以必须进行整体性把握，其最终指向只有一个，即尽快实现京津冀公共服务一体化。

一、河北在京津冀基本公共服务均等化过程中应遵循的宏观思路

结合国家《京津冀协同发展规划纲要》和中共河北省委《关于贯彻落实〈京津冀协同发展规划纲要〉的实施意见》中对三地公共服务均等化的构想与要求，河北省在缩小公共服务水平差距上要坚持“缩小差距与协同发展互促共进”的基本理念，既鼓励解放思想大胆探索，又反对盲目冒进，在稳步持续的创新中让京津冀公共服务差距尽快缩小。可遵循紧盯“一个目标”，通过“四个着力”，力求“三个突破”的基本思路定位。

一个目标：即在立足于河北现有基础的前提下，以尽快提升自身基本公共服务水平，缩小三地基本公共服务发展差异，实现公共服务一体化为总体目标。

四个着力：着力争取中央和京津的支持与帮助，逐步填平三地政策落差；着力推进政策创新，打造公共服务的政策高地；着力构建三地基本公共服务资源优化配置与共建共享机制，全面拓展和深化与京津的基本公共服务合作；着力提升政府在推进社会事业协调发展和公共服务均等化中的主导作用，推进三地社会事业统筹发展作为河北在京津冀公共服务均等化过程中的工作重点。

三个突破：通过在非首都功能疏解核心承载地开展先行先试，集中资源和政策优势，力争在最短时间内实现与京津公共服务差距明显缩小的突破；通过将政策创新点着重于教育、医疗卫生、社会保险的衔接上，从实际出发，实现京津冀基本公共服务均等化；通过科学谋划与统筹布局，稳步提高河北基本公共各领域服务水平。

二、河北在京津冀基本公共服务均等化过程中应遵循的基本原则

（一）政策创新，协同共赢

加大河北自身政策创新力度，破除省内限制资源合理流动的体制机制壁垒，打造公共服务和政策高地；积极推进三地户籍、高考、社会保险、医疗卫生等公共服务制度的对接与完善，推动建立三地优质公共资源共建共享机制，形成分工合理、特色鲜明、合作共赢的公共服务协同发展新格局。

（二）争取支持，加大供给

主动向中央层面争取支持，让国家充分考虑河北在京津冀协同发展

中的特殊性，主要突破点是政策的偏向与资金的支持，鼓励京津政府定时定点对河北进行援助与帮扶，河北也要逐步加大各级财政的投入，将加大对于公共服务供给作为京津冀协同发展重要手段，努力且主动的将京津与河北在公共服务领域的差距缩小。

（三）统筹谋划，加强引导

依据国家《京津冀协同发展规划纲要》给河北各地的功能定位，结合省情和各地实际，对全省公共服务各重点领域的协同发展进行统筹谋划，制定各领域专项协同规划，以节约成本，避免盲目竞争和重复建设；同时，要积极倡导建立三地公共服务区域协同发展机制，充分发挥政府与市场双重优势，结合产业、就业、人口等布局调整，推动京津冀区域内公共服务统一市场的形成，引导三地生产要素有序高效配置和自由流动。

（四）试点示范，率先突破

在明确河北公共服务协同发展总体思路和目标任务的前提下，不搞齐步走、平面推；同时要选择河北有条件的非首都功能疏解核心承载区和产业转移主要承接地作为京津冀公共服务均等化改革试验区，率先开展试点示范。

三、河北对京津冀基本公共服务均等化的预期目标

河北要按照“规划布局和资源配置整体化、服务标准趋同化、服务管理协同化、服务水平现代化”的要求，积极参与并推动三地基本公共服务顶层设计，通过提高自身供给能力和水平，衔接与完善不同公共服务制度，逐步统一基本公共服务标准，促进优质资源共建共享，激发市场主体

活力，均衡财政保障能力，推进京津冀基本公共服务均等化的建设进程。具体目标任务，见表 9-1。

表 9-1　河北在京津冀基本公共服务均等化中的总体目标任务

时间安排	目标任务
近期 （2021-2025 年）	1. 争取中央财政向河北倾斜 2. 争取京津财政向冀横向转移 3. 积极承接北京迁出的教育、医疗等非首都功能
中期 （2025~2030 年）	1. 建立国家统筹调节基金 2. 基本公共服务领域的区域政策差异逐渐消除 3. 公共服务共建共享体制机制初步形成 4. 河北与京津的基本公共服务差距明显缩小 5. 河北的基本公共服务水平显著提升
远期 （2030~2035 年）	1. 三地公共服务规划和政策的一体化 2. 公共财力投入均等化 3. 公共服务水平均等化

|第|二|节|

河北视域下基本公共服务各重点领域均等化发展的策略与目标

一、医疗卫生领域均等化策略

（一）明晰的均等化思路

遵循“强基固本、提升能力”的均等化定位，在京津冀三地协同发展的政策背景下，河北政府应抓住机遇，通过制度创新提升河北的医疗卫生水平，加强不同形式的合作，深刻贯彻“错位发展”的理念，建立具有本地专科特色的基础设施建设，在京津两地区的帮助下，将转诊率最高的10个病种分配好配备资源，缓解北京就医压力。加强“统筹协调”举措，以各地市为单位通过政府加强协调，减少省内引入北京医疗资源的恶性竞争，形成协同发展合力。实施“重点突破”战略，着力提升产业承接集聚区的医疗服务水平，采取先试点，后推广的方针，以最快效率实现医疗卫生领域中医疗保险与公共服务的对接，让流动人口不在感受到就医难的问题，同时还要退工医疗卫生与其他产业的协同发展。

（二）明确的目标任务

见表 9-2。

表 9-2　河北在京津冀医疗卫生领域均等化中的目标任务

时间安排	目标任务
近期 （2021-2025 年）	1. 明确的首都医疗资源承接方案 2. 开办分院合作办医试点 3. 医保异地定点试点 4. 形成京津对河北医疗卫生的帮扶机制
中期 （2025~2030 年）	1. 区域医疗中心建设展开 2. 医师多点执业普遍试点 3. 医保异地即时结算 4. 简称区域互联互通的医疗卫生信息平台 5. 区域内检查结果普遍互认 6. 河北与京津的医疗卫生服务差距显著缩小
远期 （2030~2035 年）	1. 河北建成一批国家级医疗中心 2. 三地区域内实现分级诊疗双向转诊 3. 三地医保全面统筹衔接 4. 三地医疗卫生服务水平基本实现均等化

（三）对策建议

1. 推动中直单位直接参与三地医疗卫生协同。一般来说，北京中直单位的优质医疗卫生资源要多于其他单位，但是这些单位北京政府无法直接管理，推进京津冀三地的医疗卫生协同发展，着力点就在于这些优质的医疗资源能否实现共享，因而中央政府要进行统筹安排，各部委应积极推动中直医疗机构与京津冀进行医疗卫生联动，对于三地医疗卫生联动出现的问题进行疏通与调节，积极听取各方的建议，合理进行调配，以最快速度与最高质达成共识。

2. 全方位提升合作层次。一是打造优质医疗卫生承接地。建议积极与北京方面协商，将河北省环北京 14 县（市）、产业承接聚集区和重点项目承接地作为医疗卫生资源承接的重点区域，根据各地特点，合理划分功能区，谋划若干个区域性医疗中心集中打造，作为首都医疗资源重点承接和吸附平台。二是继续深化多层次合作。建议在继续深化现有多种合作模式的基础上，重点拓展医疗机构托管、建立分院、合作建院、或整体搬迁等高层次合作方式，通过建立医疗卫生协同发展政策框架体系，激励引导京津的优质医疗资源到河北开展深入合作，达到互惠共赢的目的。三是树立高层次协同典范项目。建议继续把河北燕达医院作为京冀共建示范项目重点打造，深入推进北京儿童医院与省儿童医院、301 医院与涿州市医院等重点合作项目，以点带面、整体推进，打造一批区域协同样板项目。四是抓好河北省内 10 个病种专科基地建设。建议国家协调北京和天津，通过对口支援、结对子帮扶等多种途径，在帮助提升河北尤其是环京、津地区医院医疗服务水平的同时，重点支持河北目前外出转诊率高且具有一定基础的 10 个病种专科发展，打造特色专科基地，尽量将病人留在当地治疗，也缓解周边地区居民赴京、津就医冲突，减少京、津大医院就医压力。五是加强疾病防控和公共卫生领域等合作。增强区域内对重大传染病防控和突发公共卫生事件的应急部署安排，建立完备的防控系统与预警系统，建立首都经济圈卫生应急协作系统，提高区域内突发公共卫生事件应急处置能力。

3. 聚焦重点地区创新发展。一方面要着力将雄安新区建成京津冀医疗卫生深度协同样板。应扎实落实省内既有的援助政策，稳固三地对口帮扶格局，在“十四五”时期集中力量将雄安建成京津冀区域内的一个医疗卫生高地。建议重点围绕雄安国家医学中心建设，与京津共同谋划、共同建设数个相关的配套性医疗卫生项目，并将其列为京津支援雄安建设的重点内容。同时要借助“互联网 +”平台，将京津地区的优质医疗资源与河北共享，还可以通过网络远程分享的方式发展雄安的医疗卫生服务建设，切实增进与京津高质量医疗资源的多层次共享水平。另一方面，要深入推进廊坊北三县与通州医疗卫生一体化高质量发展。建议借助廊坊北三县与通州建设协同发展示范区的便利，按照规划、建设和使用三个一体化的方向，重点推动京冀两地医疗卫生服务体系规划一体化建设的实践尝试，要创新建立北三县与通州医疗卫生一体化发展的政策框架体系，真正为医疗卫生资源的共建共享探索路径。同时要加大省级层面的政策支持力度，在项目、资金、用地等方面重点倾斜，采用机构托管、建立分院、合作建院、整体搬迁等深层次合作模式，切实引导一批北京医疗卫生资源向北三县疏解。特别是在中医科室共建、肿瘤区域医疗中心等方面寻求突破。

4. 切实提升政策标准的协同层次。从宏观视角看，建议省委省政府促请国家卫生健康委出面统筹安排，统一协调与研究一些在医疗卫生资源配置方面出现的难点与问题，从微观视角看，首先，建议按照“缩小差距，争取统一”的原则，重点针对起付标准、服务价格、医保用药目录、诊疗项目、医疗服务设施目录等三地差异进行政策创新，加强对接协调，突破原有制度障碍，加深政策协同层次。其次，扩大医学检验结果互认、医学影像资料共享的医疗机构范围，例如对一个病例进行双向转诊与双向检查结果的确认。持续推进三地医疗卫生领域的信息共享政策，加强医院信息标准化建设，通过云端共享、“互联网 +”等信息技术手段，对电子病历、医学档案等信息的搜集标准和管理进行统一。在深耕区域临床医学数据示范中心建设的基础上，运用远程诊疗等技术，增加医疗卫生资源信息共享的医院数量，拓展病例双向转诊与双向检查结果的制度。最后，推动执业医师多点执业和医疗卫生人才有序流动。建议加紧制定京津冀区域医师多点执业的配套措施，尽快协调出台三地流动医护人员职称衔接互认的具体办法，并对京津派遣专家待遇和职称互认出台专门规定，增强三地医护人员流动的便利性。

5. 着力打造重点专科和高水平区域医疗中心，实现省内优质医疗资源提质扩容。一是实施重点专科培育计划。建议全省“十四五”时期要加大资金投入和政策扶持，实施系统的国家级、省级和市级临床重点专科培育计划。在发展好现有国家级专科的前提下，依托河北医大二院、四院、三院、省人民医院、省儿童医院、承德医学院附属医院、省眼科医院等具备条件的医院，甄选基础雄厚的省级重点临床专科重点培育，并借势协同发展，积极争取京津相关医疗机构和专家的支持；重点支持和引导省内具备资质的医疗机构，在中医科、骨科、肿瘤科、心血管科、眼科、脑科、儿科、呼吸科、心外科等具有比较优势的领域，积极申报和培育省级和市级重点临床专科，以推动全省医疗水平的整体性提升。二是尽快建设三地的医疗卫生中心的构建。一方面，对已经落户河北的医疗卫生中心，相关部门要快速落实，抓紧时间进行建设并投入使用。与京津共同推动区域分级诊疗和医联体建设，充分发挥各地资源和政策优势，积极吸引京津优质医疗资源，建议选定石家庄、张家口、秦皇岛三地作为未来创新国家级区域医疗中心的首选区域，再从上述三地筛选出具备创建条件的医疗机构，借深化京津冀医疗卫生协同发展之机，高层次高起点主动对接国家卫生健康委和位于京津、专科对应的国家级区域医疗中心输出医院，争取更多的国家级区域医疗中心落户河北。三是科学谋划布局省内区域医疗中心建设。“十四五”时期的省级区域医疗中心建设要与京津冀医疗卫生协同发展紧密结合，各省级区域医疗中心是密切对接京津医疗机构的前沿阵地，是省内京津冀协同发展重点平台建设的重要支撑。所以建议根据地理位置、人口密度、医疗卫生综合能力、便于京津对接等相关因素，遵循均衡配置的原则，在各地市至少建设 1 个省级区域医疗中心，在城市人口规模大、优质医疗卫生资源集中、对接京津优质医疗资源基础好的区域可以设置多个省级区域医疗中心，通过相对集中的资源要素投入，为实现全省人民“大病不出省”的目标。

6. 深化京津冀医疗卫生联动合作，持续完善三地疫情联防联控、人才培养等联动机制。一方面，要健全疾病预防控制体系和卫生应急处理机制，推动重大传染病联防联控和突发卫生事件应急联动处置。与京津共同完善新冠肺炎疫情联防联控联动机制，实现疫情预警监测、通报和信息互联互通，科学精准推进疫情防控常态化工作，坚决筑牢“三道防线”，发挥好首都“政治护城河”作用。完善区域卫生应急联动机制，实现传染病直报和预警、基层卫生防疫的对接协作，建立卫生应急信息实时共享和资源统一调配的联动体系。建立定期跨区域应急演练机制，联合做好重大互动保障和应急处置工作。另一方面，要完善医疗卫生人才协同培养和使用机制，着重加大在住院医师规范化培训、全科医生培养、紧缺专业人才培训等方面的支持力度。加强京津冀医学教育合作，借助京津医学院校和研究机构的资源，建立高层次人才培养基地、住院医师规范化培训基地和继续医学教育基地，积极开展多种进修培训活动。另外建议投入专门资金，与京津联合建立医疗卫生远程培训云平台，大力培养河北地区的医疗卫生技术人员，提高他们的专业水平。

二、教育领域的均等化策略

（一）教育均等化思路

实现京津冀三地区在教育领域的均等化，首先要做的是积极推进京津地区教育资源的疏散；另外坚持可持续发展这个概念，改善河北各个层次的普通教育，在协调政府、企业与学校携手共进的基础上进行体制改革和创新，采用双轮驱动协同发展的方法；着重提高河北的高等教育和职业教育发展能力和发展水平，推动人才培养与产业发展相融合，促进京津冀教育一体化发展。

（二）目标任务

见表 9-3。

表 9-3 河北在京津冀教育领域均等化中的目标任务

时间安排	目标任务
近期（2021~2025 年）	1. 设立北京教育资源疏解核心承载试验区 2. 分校分院合作办学试点 3. 高招向河北适度倾斜
中期（2025~2030 年）	1. 院校整体搬迁试点 2. 京津冀高校联盟成立并运转 3. 建立高校优质教学科研资源共享机制 4. 共建职教园区培训基地 5. 三地高招制度一体化探索 6. 河北与京津各层教育水平差距明显缩小
远期（2030~2035 年）	1. 统一京津冀区域内教材、大纲、考卷 2. 统一基础教育和高中阶段的考试政策 3. 建立起与区域产业发展相适应的职业教育体系

（三）对策建议

1. 统筹承接教育协同发展。建议由省教育厅牵头组织有关部门、设区市，就河北省教育与京津两地协同发展这一问题提出解决方案，首先要对自身的发展定位，对资源进行合理配置，构建发展路径 ，全面布局，对制度进行创新，加快编制《河北省推进京津冀教育协同发展规划》，以雄安新区为核心，谋划省内北京外迁教育资源集中承载试验区，积极承接京津教育功能疏解，将河北省内的职业教育与高等教育作为与京津地区的对接重点。同时促请教育部牵头尽快编制《京津冀教育协同发展规划》，统筹三地教育协同发展，给予河北优先支持。

2. 争取国家政策支持。推动京津冀三地教育的协同发展，需要国家政策的支持，在国家的帮衬下设立专属基金，对基金进行合理分配，提高河北省的医疗、教育等公共服务领域均等化，但基金分配要向河北倾斜，补齐“木桶”中的短板，对薄弱环节进行一对一援助，如对教育资源匮乏的地区进行定向援助，对口帮扶，提升其办学水平，鼓励多元化发展，教育是发展之根本，教育事业的均等化对之后河北其他公共服务均等化也有一定的推动作用。

3. 探索推进三地统一高考招生制度。推动京津冀三地高考招生制度的统一发展，不能一步登天，需要逐步推进，对于不公平的招生计划，需要教育部促进京津冀三个地区的招生计划制定方案，分时间逐步的增加对河北省内考生的招生数额，包括部属院校在内的高等院校都要增加名额，为河北考生制造机会；之后进一步推动三地建立统一的高考招生制度，降低京津两地的招生红利，提高对河北的人才培养，但同时也要尽量避免这些人才外流的现象发生。

4. 大力发展职教合作。建议着力解决好河北省中职学校学生在京津学籍注册等体制政策问题；积极推广“校企校”“校企”合作模式，全面强化河北省职业教育与京津职业院校、相关企业的深度合作，不断扩大合作规模，推动京津冀职业教育融合发展。建议在曹妃甸区、渤海新区、正定新区等河北省承接京津先进制造业和重化工业的重要产业聚集区，与产业发展同步，强化与京津优质职业教育资源的合作、疏解承接工作，为产业提升提供人力、技术支撑。

5. 加强基础教育均等化建设。促请国家统筹京津冀基础教育协同发展，增加对河北省的各项资金支持；推动京津冀建立基础教育协同联席会议制度，国家和地区政府要及时相互沟通，共同制定关于如何推进河北基础教育与京津两地协同发展的政策措施；在办学模式上可以推广集团化办学，在不同地区设立分校，共享教育资源，将京津两地先进的教学理念与教育资源融入进去，从方方面面提高河北省的基础教育水平。

6. 推进教育信息化建设。在社会信息化的发展中，学校的信息设备也应该紧跟社会发展潮流，加强学校的设备以及管理信息化也是学校发展的一个必要程序。信息化的应用在教学过程当中也是不可或缺的一部分。教学化的信息应用可以体现在：学校应该建立自己的学生学习网站，学生可以利用学好等进行登录，在网站中有疑难解惑以及例题分析等板块，学生以及家长可以在网站中就疑难问题进行讨论以及解答。这种方式不仅仅给予学生好奇以及愉悦的心理，也给家长以及学生等进行交流的机会。同时，在网站中还可以增加教师评价等板块，家长以及学生可以对教师的教学进行评价，方便于学校领导对于教师的教学工作有更深一层的了解，并且针对教师以及学生的问题进行解决，方便学生更好的进行学习。这种网站的应用一方面可以提高学生的数学学习成绩，从另一方面来说可以更好的解决现在学校方面对于数学教学的一些问题。

三、就业和社保领域的均等化策略

（一）均等化的思路定位

统筹劳动就业、社会保障和人才开发政策，对一些限制人才发挥与劳动力合理流动的政策机制，要及时进行整改，打破人才固化的局面，从多角度出发，建立京津冀三地共享的人力资源管理市场体系，配备完善的社会保险制度，为京津冀三地协同发展提供强有力的人才支撑，并为人才提供强有力的社保制度保障。

（二）协同的目标任务

见表 9-4。

表 9-4　河北在京津冀就业社保领域均等化中目标任务

时间安排	目标任务
近期 （2021-2025 年）	1. 就业信息平台互联互通 2. 河北省级社会保险统筹
中期 （2025~2030 年）	1. 人才优惠政策共享 2. 人才资格质互认 3. 三地社会保险顺利衔接
远期 （2030~2035 年）	1. 人力资源共同市场形成 2. 社会保险顺畅转接

（三）对策建议

1. 强化沟通协调机制。在原有工作基础上，为进一步完善沟通协调机制，河北政府应建立专门的协调机构，通过这个机构实现与京津两地在各种政策与事物上的衔接，有章程有针对性的进行对口联系，协调机构主要以人社部为纽带，建立一系列沟通协调机制，及时处理在沟通过程中遇到的问题，主要是将三地之间不同的政策进行梳理与规整，制定完善的衔接方案，使三地的就业安排、人事变动、社会保障等工作协同发展，互惠互通，建立可持续发展的公共服务均等化体系。

2. 加强基础平台建设。一是按照产业布局，有针对性的建设与实际需求对接的实训基地。二是打造一批知名劳务品牌，加快中国华北家庭服务业人力资源市场建设，建立更多的“家庭服务培训输出基地”，实现培训、技能鉴定、就业“一条龙”服务和员工制管理。三是在人社部的扶持下，建立对基层人才的人力资源与社会保障平台，争取在“十四五”之前，将公共服务平台建立在河北省各个市、县、乡，建立牢固的“地基”支撑河北之后的建设发展。四是建立科技创新发展平台，创新引领科技发展，科技发展是第一动力，从科技破土而出到萌芽转为成果都需要平稳的生长环境，建立科技创新平台，促使京津两地的产业的转移与发展，在高端技术企业的吸引下，使越来越多的人才流入河北，推动河北的发展。

3. 提升信息化水平。一是加快省内各个政府单位的互联网建设，如人社厅、教育厅、公安厅等等，在省内互联互通的基础下，更进一步的加强各个部门之间的信息共享，通过数据比对打破相关部门之间的隔阂，破除衔接问题，提高信息沟通效率。二是得到人社部的帮衬，人才推动经济发展离不开人社部建立开放统一的人才市场，通过人社部的安排部署，发布信息，进行档案管理，由此可以促进外来人才的融入。三是构建信息共享平台，通过这个平台传递诸如劳动就业、人力资源招聘等各种信息，可以让群众准确及时了解到有用的信息，政府也可得知三地的岗位需求、项目建设需求、资金运转需求等信息。

4. 深化区域内劳动就业合作。一是建立河北地区内可以互联共享信息的人才市场，由此将政府、企业、社会的信息进行匹配交流，促进人力资源互补。二是争取将世界技能大赛项目的中国集训地建立在省内，在财政与专业技术的扶持下，依托实训设备基础较好的技工院校，在机电一体化、综合机械、自动化、汽车技术、焊接、工业控制方面，建设 4~5 个世界技能大赛项目中国集训基地。三是在环京津地区、环渤海地区和冀中南地区各规划建设 1 所职业技能公共实训基地，为满足京津冀协同发展的人才需求，去有针对性的培养高技能人才。四是征调各方的资金支持，为人才培养发展方案提供高质量的培训。五是希望人社部可以在河北省各个沿海和贫困地区建立创业型的试点城市，用 3 年时间在河北省每个县（市、区）至少建立 1 个以吸纳高校毕业生为重点的创业孵化基地。开展构建和谐劳动关系综合试验区建设。

5. 加强人才培养和引进。推进人才吸引方案，强硬手段可能是事半功倍，要采取柔性的办法引进人才，其中要侧重引进中直、央企、国企等人才引进办法，控制人才引进的力度，人社部也应加强对河北人才吸引的支持，一是在沿海地区建设人才特区，在曹妃甸新区、渤海新区建设“海内外高层次人才创业园”，在廊坊建设“中国博士后成果转化基地”。二是建立“京津冀人才帮扶计划”，并建立专门的人才帮扶基地。京津冀三地携手推进人才帮扶方案的实施与发展，定时定点由京津地区的专家对河北进行现场帮扶，推进高新技术的研发与创新。三是在沿海地区、冀中南地区建设国家级专业技术人员继续教育基地，重点在专业技术人才的培养方面给予资金倾斜，在工程项目的扩建上给予政策支持。

6. 推进建立相互衔接的社会保险机制。一是尽快对河北的社会养老保险进行统筹，确保河北省养老保险基金的可持续，同时实现河北省内不同地区养老保险的资金衔接，保证资金转移顺畅。二是提升河北省内的社会保险统筹层次，以养老保险为例，我国养老保险已经连续多年提升，而当下面临的是越来越多的老年人享受不多的年轻人的社保缴纳，长此以往下去，养老保险定会收不抵支，而提高统筹层次，并逐步缩小京津与河北的社保待遇差距。三是对京津冀三地区的失业保险领取标准与缴费年限进行衔接，缩小河北与两地的差距。四是加强社会保险的信息化建设，将“一卡通”工程全覆盖，促进即时结算。五是建立三地月度转移资金清算制度，即不在逐笔转移权益人资金，而是到月末时三地分别计算当月转入与转出资金只差，核对无误后集中一次性转移资金，提高效率。

7. 大力推进异地就医结算，加快异地就医即时结算平台建设。河北省已开始部署异地就医信息系统平台建设工作，制定了《河北省异地就医实时结算信息系统建设指导意见》。下一步必须加大协调京津人社部门，正确尽可能多的京津医疗机构纳入异地即时结算体系，方便群众异地就医就诊需要。

四、养老服务领域的均等化策略

（一）养老服务的均等化思路

该思路最终的落脚点是提高河北的养老服务水平，分担京津两地的养老压力，通过在京津周边建立不同档次的养老机构，着重建立中等档次的养老机构，以便有效缓解京津地区的养老照护压力，同时，政府还要对土地、资金、税收等方面进行政策帮扶，吸引京津冀三地的资本投资，在利用养老产业拉动经济增长的同时，实现养老服务均等化的目标。

（二）均等化目标任务

见表 9-5。

表 9-5　河北在京津冀养老服务均等化的中目标任务

时间安排	目标任务
近期 （2021~2025 年）	1. 异地养老补贴共享试点 2. 启动区域内医保异地使用试点 3. 养老服务扶持政策持续创新，扎实落实
中期 （2025~2030 年）	1. 养老优惠政策差距明显缩小 2. 区域内异地医保实现通用 3. 河北与京津的养老服务水平差距明显缩小
远期 （2030~2035 年）	1. 养老扶持政策一体化 2. 社会保险顺畅转接 3. 区域内养老机构统一规划布局

（三）对策建议

1. 加大政府财政投入力度。河北省政府要加大对养老服务体系的建设，养老机构的建设与发展需要大量的资金支持，不管是最初的设施建设，还是后期的运营管理方面，中低档的养老机构都很难盈利，因此安排财政性资金去提高养老机构的照护质量，同时对贫困老人给予居家养老护理补贴，也可以提高他们的消费能力，间接推动养老机构的发展，由此也可以提升民营养老机构企业的信心，吸引他们投入更多的资本拉动养老产业的发展。

2. 积极开展政策创新。民政部门不应一直以旧政策管新实事，创新当下的工作模式，完善相关配套设施，例如在税收方面加大资金补贴力度，对于那些京津地区的企业进行土地优惠、用水用电优惠等，创造有利于企业落脚发展的实质性政策，在养老服务均等化方面，还要解决跨区域医保报销政策，异地门诊就医政策，扫除一系列京津地区老人来冀养老的阻碍与堵点。

3. 加强京津冀养老服务体系建设合作。在养老机构的建设与运营方面，单靠河北政府的帮扶很难维护其稳定性，京津两地的民政部门也要与河北的民政部门携手推进，比如京津两地养老机构入驻河北省的，除了河北当地政府给予相应的补贴之外，京津两地也应给予一定的补贴。拉动均等化养老服务的发展，着力点是在京津周边的河北地区建立养老服务机构，其目的是为了缓解京津两地的养老服务压力，所以除了政策补贴之外，河北还要提供相应的照护人才培养，积极推动养老机构与京津地区养老机构的沟通学习，京津也应定时安排相关工作人员到河北进行交流学习。

五、旅游领域均等化发展策略

（一）均等化思路

依托河北独特的资源禀赋和地区功能定位，以促进区域协同发展、共同构建大旅游目的地的目标，以“联、流、合”为路径，打通京津冀联接点，保障三地要素流动通畅，促进三地人员及要素合理且均衡流动，通过强化旅游休闲产品发展、促进河北与北京的路网连通、打造河北休闲度假产品，形成区域旅游大格局。

（二）协同目标

见表 9-6。

表 9–6 河北在京津冀旅游领域协同发展中的目标任务

时间安排	目标任务
近期 （2021~2025 年）	1. 编制旅游协同专项规划 2. 重点解决断头路问题
中期 （2025~2030 年）	1. 三地旅游交通互联互通 2. 旅游明显带动脱贫致富 3. 大旅游目的地基本实现
远期 （2030~2035 年）	1. 统一标准、联合营销 2. 统一旅游公共服务平台 3. 三地旅游市场实现一体化

（三）对策建议

1. 成立京津冀旅游协同发展领导小组。推动京津冀旅游均等化发展需要由三地的旅游部门联手推动发展，构建领导小组，完善三地的信息交流平台，定期开展会议讨论这段时间发生的问题；对于难以解决的问题，可以有偿邀请专家顾问；对各种业务建立具有针对性的处理小组，在京津冀三地的接壤地区设置旅游部门，处理对接事宜，对接机制中要包含工作方案、任务路线图，细化相关工作内容，统筹处理与三地的旅游协同发展相关的工作。

2. 编制京津冀旅游协同发展专项规划。编制关于三地旅游协同发展专项规划的目的是为了明确京津冀三地的分工与定位，每个地区的工作切入点与问题突破口都不同，避免在存在客观差异的地方花费时间与精力，要强化互补性，促进一体化建设，具体可以体现在交通设施方面、信息服务方面、旅游行业人才培养方面；与此同时，三地还要与国家旅游局积极协调，将京津冀三地旅游发展规划纳入到国家的总体规划中去，明确协同发展的定位，建立具有三地文化特色的旅游市场，明确标准化建设、公共服务设施建设、人才队伍建设等三年行动计划。

3. 谋划出台《关于进一步推进京津冀旅游协同发展的指导意见》。依据《旅游法》有关规定，根据京津冀协同发展总体部署，制定完善京津冀旅游协同发展相关政策。三地旅游部门要积极谋划，联合出台《关于进一步推进京津冀旅游协同发展的指导意见》，对京津冀旅游市场营销、行业管理、行业标准、公共服务设施建设、人才交流等提出具体指导意见，推动京津冀旅游协同发展政策一体化。

4. 打造旅游公共服务基础设施平台，提升京津冀区域旅游软实力。旅游公共服务基础设施平台主要包含旅游集散中心、咨询中心、指示标建设等，加强对旅游公共服务体系的建设，深化旅游公共信息服务，等于从根本上加强了旅游交通便捷服务与旅游惠民便民服务。在互联网时代的背景下，推动“互联网 +”的智慧旅游建设，提升旅游信息化服务水平，提高游客的体验感，通过网络预订节约时间与经济，保证旅游效率

5. 加快推进旅游市场一体化建设。旅游市场一体化的建设包括旅游资源一体化与旅游产品一体化，与“一卡通”类似，三地要有共同的旅游二维码，相互宣传，在海外宣传方面，京津地区要将媒体资源倾斜到河北，将宣传资料与方案分享给河北地区；除此之外，三地还要联合打造旅游路线图，诸如一些自驾游路线图、跟团路线图，设置京津冀三地的旅游专列，形成“大旅游”的局面；在支付方面，可以构建统一支付结算的模式，发展电子业务，开设京津冀旅游一体化专栏，为三地人民出游提供便利；同时加快服务规范市场监管一体化建设，着手制定统一的服务质量规范与标准。

6. 构建京津冀旅游一线人才培养机制。以上的推动京津冀三地旅游协同发展的策略都需要有相应的人才来部署与实施，因而，三地要联合建立适应旅游协同发展的人才培养体系，从无到有，从少到多，逐步培养相关专业人才，建立专属于京津冀三地的人才库；花费时间与精力培养出的人才应体现他们的价值，因而完善京津冀三地的人才交流机制，促进人才在三地的流动，相互提供挂职机会，共同开展旅游业相关培训，相互输送旅游专业师资，探索旅游企业人才交流学习。

六、公共文化体育领域的均等化策略

（一）均等化思路

目前推动三地均等化发展的思路是：首先，河北要根据自己已有的资源与优势，主动去完善当下的公共服务体系，在文化方面，打造共享资源库，除了河北省图书馆之外，北京天津可以在河北省建立图书馆分馆，并打造属于京津冀三地的文化产业，创新当下的文化发展模式，联合新媒体推广具有三体特色的文化产品，在京津两地的带领下，提升自身的公共服务文化水平，并形成自己独有的文化特色。除此之外，国家相关部门还应协助建立京津冀历史文化遗产保护体系，

（二）目标任务

见表 9-7。

表 9-7　河北在京津冀公共文化体育领域协同发展中的目标任务

时间安排	目标任务
近期（2021~2025 年）	1. 启动京津图书馆、博物馆在河北建立分馆试点 2. 谋划共有文化品牌 3. 制定京京津冀文化旅游体育产业规划等顶层设计
中期（2025~2030 年）	1. 建成三地共享的公共文化资源库 2. 建成系统的三地历史文化资源保护体系 3. 冬奥会的各项准备稳步有序推进 4. 公共文化体育服务资源的共建共享机制初步形成
远期（2030~2035 年）	1. 成功举办第 22 届冬奥会 2. 统一开放的京津冀文化体育市场基本形成 3. 区域内公共文化体育资源实现共建共享

（三）对策建议

1. 加强顶层设计，统筹规划区域体育产业和体育文化发展布局。首先，从最基本的概念上来说，体育事业是一种非盈利性的体育服务，它以一定的目标、组织、管理系统等要求为基本框架，在国家对体育管理的部门之下，由国家的财政去支持或者生产创作具有公益性或者福利性的公共产品，也就是一种归属于体育的公益活动。而体育产业却是一种盈利性的体育服务，它由社会提供一种经济活动并作为国民经济的一个部门，与其他具有共同性质的产业相结合，只注重体育产品在市场上的收益，但它也具有一定的非盈利性活动，将其成产出来的产品用于提高整个国家的公民的身体素质，从而有效提高社会主义的发展，实现我国社会文明综合素质的全面进步。

其次，体育事业是直接由国家政府进行管理，它的资本来源与成本收入都需要经过国家的控制，而体育产业不仅仅可以让国有企业进行操控，它还可以隶属于单个的个体，主要目的就是盈利，和体育事业具有的公益性不同，也就是两者的价值取向不同。其次，体育事业是由国家直接控制，而体育行业是由国家间接控制，在国家进行经济调控的时候，体育事业能发挥一定的作用，而体育产业只能通过税收政策来遵循国家的调控。

因此，应该联合京津冀三地的体育与文化部门，建立协同发展的会议制度，为更加系统且科学的研究三个地区体育与文化的整体规划，相关部门应以服务半径为依据，考虑服务人口的数量，打破目前现有的城乡界限，重新统筹规划空间布局，河北地区应向京津两地靠拢，研究制定统一的文化体育发展配置与信息互通制度。其次，相关部门在衔接之后要施行统一的服务标准，在体育与文化的发展方面，可以高效率的规划协作重大事件，也可以快速落实三地之间的合作事宜。

2. 完善基本公共服务体制机制。探索分析怎样将优质的资源进行共享，共享机制如何建立。在文化事业方面，上文提到要将京津地区的图书馆分馆建立在河北地区，其目的是将京津地区的文化资源向河北转移，提高河北地区的文化发展水平，同时，建议国家应与京津两地同步，将一些新增的文体资源落入河北，重点是向河北基础较为薄弱的地区转移，补短板，稳发展。

3. 培育统一开放的区域体育和文化市场。开放的区域体育和文化市场还需要综合管理与执法机制，维护文化与体育市场的健康发展，从源头阻止违法乱纪行为，有效净化体育与文化的运行机制；另外，要运用现代化信息技术结构文化与体育生产要素互联网体系，鼓励与文体相关的民营企业的发展，支持他们打造具有三地文化与体育特色的品牌，提升京津冀三地的文体品牌的传播力与影响力。

4. 加强人才交流与合作培养。体育人才方面，京津冀三地要全面利用好国家的相关培养方案与政策，比如在奥运项目上强化对三地运动员的协同培养，最大限度地提高训练保障水平。有竞争才会有进步，为保证三地体育人才的质量，要加强他们之间的交流，定期举办竞技项目，促进教练员与运动员之间、教练员与教练员之间、运动员与运动员之间的互动交流，加强三地高层次体育经营管理人才的培养。组织一些与青少年相关的竞技比赛，三地轮流举办，可以依托各地区的体育院校组织活动，为提高青少年竞技水平、培养发现后备人才搭建广阔平台。在文化人才方面，河北要充分利用北京、天津文化专家队伍、文化志愿者等人才优势对河北群众文化队伍尤其是基层文艺骨干进行培训。通过河北艺术职业学院与中国戏曲学院开展河北梆子本科班合作办学的开展，充分利用北京、天津优势资源，加强音乐、舞蹈等艺术教育门类的交流和合作。

|第|三|节|

推动中央层面加大京津冀基本公共服务均等化政策供给

一、做好顶层设计，推动制度创新

做好顶层设计，加强规划引导。京津冀基本公共服务均等化首要问题就是三地之间的整体性与协同性，中央层面应带头引领使相关部门如教育部、人力资源保障部、财政部等相互联合，以及京津冀三地政府以及河北雄安新区管委会，明确京津冀三地协同发展的总体布局与前进方向，全力解决目前京津冀基本公共服务均等化所面临的问题，尽快研究制定《京津冀基本公共服务均等化专项规划》《推进京津冀基本公共服务均等化工作方案》《推进京津冀基本公共服务均等化"十四五"行动计划方案等。在目标明确方面，要从京津冀整体的角度出发，去制定规划与方案，详细陈列当前京津冀地区急需解决的公共服务均等化的清单目录，根据基本公共服务体系建设要求，朝着确定下来的目标前进，通过确切的工作路线图与方案，促使均等化水平不断提升。

优化财政转移支付制度。利用先试点后推广的方式对京津冀进行财政转移支付制度的创新，在试点城市总结发展经验，解决发展困境；对于资金筹集，建议京津冀三地建立专门的协同发展基金，中央在京津冀出资的基础上也给予一定的财政补贴，而这项基金的主要用途是三地交通建设一体化、环境保护一体化、教育资源一体化、医疗卫生一体化等一系列公共卫生服务均等化的建设上。

深化公共服务全领域协作。首先，全领域协作要求各个部门联动，主要是通过国家相关部门牵头，京津冀三地区相关部门联动，以实现公共服务均等化为目标，按照发展规划、具体方案、实施计划，来推进工作任务的进度；其次，部门联动需要高质量的沟通机制与信息共享体系，因而，建议应该将完善自上而下的沟通体系作为首要任务，确切横向与纵向之间有条理的联系，鼓励三地部门之间的相互沟通，逐步清除京津冀三地之间在体制上的羁绊。

建立跨区域的信息共享平台。建立京津冀三地之间的信息共享平台，确保公共服务均等化信息的共享，需要以服务对象为主，将多样化的信息整合在一起，通过这个平台，促进三地之间的信息对接。同时要探索依托互联网的科学技术去跨地区、跨机构的进行信息共享，彻底将三地之间的部门隔阂消除。

建立互联互通的基本公共服务网络体系。在当今互联网发展迅速的背景下，京津冀三地区之间的社保体系、人力资源体系、医疗卫生体系等建设都可以依托互联网，施行统一的发展标准，在保证这些部门相互之间衔接的前提下，通过互联网完善相关的信息转移系统；同时做好流动人员的相关社会保险的转移与后续保障工作，例如在医疗保障方面，按照国家的统一部署，推进异地就医的直接结算功能。

推动教育资源合作共享。教育资源合作共享即实现教育服务的均等化发展，例如利用多种形式将京津冀地区内办学水平较低的中小学与办学水平较高的中小学进行联动，不管是在硬件设备的共享方面还是优秀的教师资源共享方面，促进这种形式的教育联盟，包括其他的高等院校与职业技术院校；其次，开展区域之间的教育合作，如推进京津冀三地区的高等院校与职业技术学校的联合培养，鼓励进行学科建设与教师沟通。

促进医疗卫生资源协作发展。促进医疗卫生资源协同发展的着力点是将京津两地优秀的医疗资源与河北地区组成联合体，进行整院托管，鼓励不同地区的医护人员进行交流进修，必要时可以进行远程诊疗，由此开展区域医疗合作，在信息互联互通方面主要是应对卫生应急与疾病防控，防止诸如新冠疫情发生时，无法及时进行联防联控。

推进养老服务合作发展。在京津地区与河北地区的交界处，建立养老机构，推动河北企业进行养老机构连锁运营，京津两地要毫无保留的将照护技术分享给这些养老机构，维护其稳定运营，缓解京津两地的养老压力，进一步探索一体化的养老服务模式。

二、理清对接清单，实施共建共享

一是厘清京津冀基本公共服务对接清单。京津冀基本公共服务均等化的工作内容主要围绕教育、社会保险进行，而在社会保险中有包含着养老与医疗两个方面，建议应从上述这几个方向入手，对与基本公共服务均等化相关的制度进行梳理；之后要明确对接三地相关的政策法规，避免出现衔接失误的问题，要结合当前社会的发展规律和经济发展的速度，调整并确定好政策之间相互对接的顺序，全方位保证教育、医疗、养老、其他社会保险的政策法规的可执行性。另外，京津冀三地区也要联合成立一个统一的管理对接机构，由该机构进行统筹协调。当下还要抓紧时间提高社会保险的统筹层次，明确社会保险的支出责任，解决与流动人口相关的政策不足，如异地就医等，从方方面面提高社会保险的保障质量与效率。

二是抓住重点领域，实施共建共享。推进基本公共服务均等化离不开与不同区域经济的联动，基本公共服务的供给与区域经济和产业升级密不可分，既可以通过基本公共服务设施的增添、完善与优化来推动区域经济的发展，又可以通过区域经济的发展来带动基本公共服务均等化的推进。以养老机构为例，通过政策引导吸引过国内外的中高端养老产业入驻京津周边的河北地区，在河北进行投资建设，创新河北境内的养老服务的局面，通过健康的养老服务模式与优质的产品促使河北发展健康的养老产业，由此缓解京津两地的养老压力，同时还可以在提升河北经济发展的前提下，推动其他领域如医疗卫生领域，社会保险领域的发展，从多方面促进河北的区域发展。在秦皇岛促进旅游业与医疗卫生领域的发展，将休养与医疗照护联系在一起，推进高质量环境健康养老、健康养老与旅游相结合、精准化养老。因此，可以鼓励京津两地将医疗资源、健康养老资源外迁到河北地区，在河北地区建立连锁分院，合作共赢，从整体上带动河北健康养老产业的创新与发展，进一步促进区域经济的发展与产业的升级。

三、把握发展重点，强化监督考核

一是加大重点地区基本公共服务供给。河北地区区域辽阔，推动京津冀三地基本公共服务均等化发展，并不仅仅是带动河北与京津接壤的周边地区的均等化发展，重点是要推进河北中部的核心地区的基本公共服务的均等化发展，除了改善、新建、扩建原有的基本公共服务设施，还要引进与培养在基本公共服务均等化建设方面的人才，推进在基本公共服务均等化方面的资源合作、帮扶等，一步一步缩小基本公共服务的差异。河北的基本公共服务发展本身也是参差不齐的，建议要集合多方力量，共同解决河北贫困地区与其他地区基本公共服务的差距，例如提高对环京贫困地区的基本公共服务水平。除此之外，要加强河北境内石家庄、唐山、保定、邯郸等区域性中心城市和张家口、承德、廊坊、秦皇岛、沧州、邢台、衡水等节点城市优质公共服务资源的配置，在将区域性的中心城市们确立为基本公共服务均等化的试点城市之外，也要鼓励它们与节点城市之间的相互帮助与扶持。

二是建立和完善监督考核机制。没有竞争就没有压力，没有压力就没有动力，没有动力就没有进步，对京津冀三地区的基本公共服务均等化建设进行考核，构建对基本公共服务均等化的考核指标，对参与京津冀三地区的基本公共服务均等化的人员、服务范围、服务种类、完成目标、设备投入等设置最基本的标准，但要建立动态的调整机制，科学而灵活进行监督与考察，同时加强政府对基本公共服务均等化的职责，将对相关领导干部的监督与考察也纳入其中。

四、在雄安新区建设京津冀公共服务均等化先行区

在河北设立雄安新区的目的在于承接北京的非首都功能，从根源上缓解北京在各方面的压力。但目前雄安作为京津冀协同发展的重要部署，其公共服务配套水平依然偏低。所以，以雄安新区为突破口，加快核心承载地公共服务提升速度和质量对京津冀基本公共服务均等化的实现是非常必要的。第一，要对本地区公共服务领域进行建设与更新，由此实现与北京的良性对接，例如，雄安新区的教育、社会保险、医疗卫生建设都要与北京的基本条件相持平。在政策定位上，要大胆进行创新，在各种相关政策的衔接领域着重发力。第二，拟定出要疏散到雄安新区落户的企事业单位、医疗卫生机构、科研院所等机构目录，建立台账制度并做好对接协调工作。第三，要尽快启动新区公共服务发展规划编制工作。按照中央赋予雄安新区的战略定位，确定当前雄安新区的教育、医疗卫生、社会保险在

基本公共服务均等化上的短期、中期、长期任务与目标，按照制定的发展规划展开相关工作，确定重点任务。第四，创新性提升新区“磁场效应”。从高招制度、户口待遇、住房保障、社会保险关系转移、异地就医结算平台、人才待遇等几个方面做努力，促进新区基本公共服务均等化水平的提高。第五，以公共服务领域为切入点，尽快构建国家对口支援新区开发建设机制。第六，基础公共服务建设需要大量的资金支撑，京津要对新区进行定向援助、对口支援和对口帮扶。第七，加强新区公共服务水平提升的监测考核。建立统一规范的统计监测指标体系，完善雄安新区的考核机制，制定科学的考核评价指标与完善的考核办法，快速推进基础公共服务均等化的发展需要将其各种工作内容纳入到考核机制，严格规范各种任务，将考核指标作为各个部门工作的重要依据，同时加大对各个部门的监察力度，调动各个部门的工作积极性。

雄安新区作为京津冀三地推动公共服务均等化的先行试点城市，需要把握并做好三个“高”：一是配置高水平的教育服务资源。教育事业的发展需要对基础教育设施进行高质量高水准的规划，由此需要从全国各地引入高端教育资源，融入到基础教育建设的各个阶段，从根源上实现优质教育的全覆盖，缩小今后雄安新区的基础教育与北京基础教育水平的差距，进一步实现与北京市入学“同一张卷”。二是建立高水平的医疗卫生服务体系。雄安新区处于建设阶段，可以更好的融入京津两地的医疗卫生资源，京津两地可将医疗卫生服务资源引入到河北境内，带动河北医疗卫生服务发展的同时，在新的平台下，可以享受更多的政策待遇，促进自身的发展，雄安新区更应在政策扶持的条件下，尽最大能力建立高水平的医疗卫生服务体系，如建立更为专业的西医、中医、妇科医院、儿童医院等专科医院，保证新建的医疗卫生服务体系与北京相当。三是建设高水平的文化体育服务设施。在雄安新区建设一批新的具有河北特色的文化体育设施，形成更为强大的功能体系，要从基本做起，合理配置博物馆、图书馆、体育馆、游泳馆、体育场、全民健身活动中心、青少年活动中心等公共文化体育资源。

五、加强重点地区京津冀基本公共服务的对接合作

打造网状化医疗承接区。在秦皇岛、唐山、廊坊、保定等主要节点城市，构建渔网式的医疗承接区，为京津地区转移过来的优质医疗资源提供对接地，这个医疗承接区还可以作为京津两地与河北医疗资源的转换中心。在硬件设备配齐的前提下，要逐步探索养老、医疗方面的问题，如异地就医、异地报销等政策的实施，要将医疗承接区的作用发挥到最大，同时，建议鼓励医疗承接区加强与周边的医疗机构携作。

提升重点地区教育承接能力。河北教育承接的重点地区为保定、廊坊，提高两地的教育承接能力，全方位高效率的承接京津两地的教育资源的投入，与京津两地的高等院校建立工具特色的学科，将北京高校的分校建立在河北，通过网络的形式共享与京津两地共同的教育资源，探索“京津冀高等学校联盟”。通过对El合作、集团化办学等方式，寻求最适合京津冀三地教育资源共同发展的模式，通过不同的方式建设大学城，比如与企业合作、进行校区建设、实施分校管理等。

六、推动重点领域公共服务政策和制度的衔接

突破京津冀教育制度壁垒，疏通教育政策衔接渠道。打破教育壁垒的第一步是京津冀三地的相关教育部门联手协作，成立专门的教育协同发展小组，制定统一的中小学培养方案，不偏不倚，设置相同的培养方案、培

养方式、培养目标，提升河北地区中小学的师资水平，同时还要扩招师资队伍，增加薪酬待遇，对现行的师资管理模式进行创新，杂事简办，对老师实行绩效工资模式，增加流入河北教师的待遇，防止出现外流现象。在京津冀医疗卫生服务领域，核心点是破解三地的异地就医问题，政策制度之间的衔接是破除该问题的关键，推进政策的衔接，完善京津冀三地的异地就医结算系统，将国家制定的异地就医政策与之结合，逐步扩大可以异地就医的定点医疗机构，符合条件的可以直接进行结算，提高工作效率与病人的就医效果。在养老方面，要打破养老服务与老年福利的壁垒，使京津冀地区的老人不受身份户籍的限制，就可享受流动之前的养老保险待遇，尽快建设社会保障一卡通，在养老机构的发展方面，要将养老院与护理院进行对接，实施医养结合模式，要联合三地共同构建养老机构，避免出现养老机构建成之后出现自成系统、独资经营的问题。除此之外，要统一三地的养老机构建立标准，将养老资源有效整合，在统一的养老机构建设标准与服务标准下，制定科学合理的评定等级与管理体系，提高养老机构的整体发展。

七、全力推进公共服务市场化改革筹建京津冀公共服务投资基金

筹建京津冀公共服务投资基金需要政府的帮助，建议采用“政府 + 基金”的模式，将基金主要用于基本公共服务均等化的设施建设、网络平台构建等基础设施建设上。采用 PPP 模式，用建设一经营一移交 (BOT)、重构一经营一移交 (ROT) 等方式，共建学校、医院、养老机构等公共服务设施，运用合理的项目定价和协商风险分摊机制，吸引私人部门参与 PPP 项目建设。证券市场具有强有力的融资功能，建议将融资方式多样化，不要拘泥于一种融资方式，要寻求低成本、高效率的融资方式，推进公共服

务均等化的发展，建议可以通过靠谱的第三方公司，让政府作担保，对外发行股票债券，实现项目的融资。之后要严格完善市场准入制度，在市场进入方式、检验身份、核实信息方面都要进行细化，将有能力有条件的公司纳入市场体系，增加融资的稳定性。通过建设资金补助、运营补贴、规划保障、水电气热价格优惠、依法减免行政事业性收费等方式，吸引企业、社会组织、个人等社会力量参与。鼓励引导金融机构创新金融产品和服务，增强对社会公共服务企业及其建设项目的融资支持力度。

|第|四|节|

统筹京津支持三地公共服务均等化发展的政策着力点

一、构建共赢理念，协调经济发展

首先要引导三地进一步破除“一亩三分地”的保守思想，按照习近平总书记要求，构建协同发展的共赢理念，在公共资源和服务共建共享上进行大胆探索，建立起顺畅的环形沟通机制，不断推动三地的公共服务体系相互衔接，实现各种项目与工程的互联互通，降低河北与京津两地的差距，逐步使三地居民享受到均等化的基本公共服务。其次，京津冀三地各自内部的经济发展也要协调到位，这是推进基本公共服务均等化的首要条件。《京津冀协同发展规划纲要》中明确提出京津冀区域整体定位是“以首都为核心的世界级城市群、区域整体协同发展改革引领区、全国创新驱动经济增长新引擎、生态修复环境改善示范区”。因此，京津冀三地区需要在自己的定位上去推动区域经济的发展，建立具有本地特色的产业格局，但也要保障三地产业的对接与转移，始终以推进三地经济协同发展为目标，合理优化内部资源，更高效率的推进基本公共服务均等化发展。

二、积极探索京津冀基本公共服务供给新模式

基本公共服务供给需要政府的日常干预，这是因为公共服务的自身特征，在市场机制的作用下可能会出现提供公共服务是出现市场失灵的现象，虽然政府可以对其进行调节，但政府的功能也不是万能的，在经济水平日益提高的今天，政府所提供的基本公共服务可能和现在居民需要的公共服务有所差别，甚至是达不到现在居民的要求，在互联网时代的背景下，人民的需求也是越来越趋于多元化的，因此，单凭政府的努力，是很难满足人们的需求与社会的需要，此时，就需要市场机制的介入，市场机制的介入可以打破垄断的场面，等同于引入了竞争机制，在竞争的催动下，效率就会提升，可以进一步去优化当前的基本公共服务，有限缓解目前均等化不到位的现状。市场机制的引入，为政府带来了社会组织的力量，不仅可以弥补政府力量的不足，还可以对政府机构进行一定的调节与平衡。另一方面，在基本公共服务的供给方面可以与多方力量进行联合，采用联合机制的方式，比如可以通过签约的形式，采用统一的监管体系，推动均等化的发展。在推动均等化发展的方法上，还可以采用以下的模式：首先，京津冀三地的基础设施与服务可以共享；其次，采取政府统一采购的模式，京津冀三地使用共同的供应链，由政府制定相同的采购政策。再次，采取统一的价格管理制度与监督体系，另外设立独立的监督部门，政府少干预或者不干预；最后设立共同的基金管理委员会，可以借鉴国外的发展模式，如欧盟的凝聚基金，京津冀三地可以按照预算总额的某一比例来出资进行建设或处理在推进均等化发展过程中出现的问题。由此促进三地的资源配置。

三、建立京津冀人力资源共同市场

建立京津冀人力资源共同市场是推进均等化发展的后勤保障，因此，三地政府要尽最大可能统筹劳动就业，设立人才开发政策，扫除一切限制人才发展的体制障碍，促进劳动力要素有序的流动，建立统一的人力资源管理市场，衔接三地的社会保险制度，为京津冀三地的人才提供完备的社会保险配套服务。

（一）构建开放有序的人力资源市场

一是结合三地协同发展特别是产业对接需求大力开发和及时发布适宜的就业岗位，引导劳动力有序流动。二是破除影响人才在区域内合理流动的行政区划限制、户籍身份障碍、社会保险差异以及其他制度性分割，促进三地共同开发和高效使用人力资源。三是发展人力资源服务业、拓展跨省市外包、信息化服务等新型业态，加快发展互补性强、合作潜力大的业务。

（二）出台三地统一的人力资源政策

一是推进政府购买人力资源服务，对符合条件的职业技能培训提供三地统筹的财政补贴支持，鼓励京津冀区域范围内的企业与职业院校、技工学校、培训机构深度合作。二是共享人才支持政策，拓展中关村创新示范区、天津滨海新区、曹妃甸改革试验区的人才政策惠及范围，对区域内创业人才机遇普惠化、有统筹的财税、落户、子女就学等优惠政策。三是推进人才评价和职业资质标准互认，在专业技术职称和职业技能等级，创业型人才、高技能人才、高层次人才认定等方面建立统一标准和互认机制，建立京津冀人才库。

（三）建立相互衔接的社会保险机制

一是，在河北省内部先进行社会保险的省级统筹，保证河北内部各个地区的社会保险对接；二是，提高三地各自区域内部的资金统筹层次，有条件可以建立三地共同的社会保险统筹标准，一步步缩小三地之间的差距。

四、构建一体化教育统筹机制

要坚持统筹规划。在全面提升区域内教育发展水平的基础上，依托京津教育优势，通过政策和体制机制改革创新，重点帮助河北提高教育，特别是高等教育和职业教育发展能力和发展水平，推动人才培养与产业发展相融合，实现京津冀教育一体化发展。

提升高等教育整体发展水平。一是加强对京津冀高校学科建设、人才培养、产学研基地建设等方面的统筹考虑和整体规划，制定整体提升计划和联动机制。二是在现有通过设立分院、合作办学等方式，促进民办高校、低端教育资源向周边转移的同时，鼓励以整体搬迁或主体搬迁等模式转移到河北省境内办学，研究制定吸引学校整体搬迁的配套优惠政策措施。三是划出专门区域，构建“京津冀高校联盟”，充分利用京津地区优质教育资源帮扶河北省高等院校发展，加强在教师干部交流、学科建设、研究生培养、科学研究等方面的合作，促进优质教学、科研资源的共享和流通，打造京津冀优质高等教育品牌，提升区域整体教学质量和人才培养质量。

提升招生录取机会公平性。一是建立针对三地的跨区域招生计划协商机制，根据每一年的具体情况，制定跨省招生计划，要增加京津两地对河北的扶持力度，尤其是在本科高校的招生名额方面；二是国家教育部按照增量的形式增加一定数量的本科，目的是专门增加京津两地对河北的招生数量，增加河北考生接受京津优质高等教育资源的入学机会。三是统筹推进区域教育制度一体化。探索建立统一的区域教育相关政策，包括教材统一、大纲统一、考试统一，实现区域高考一张考卷、一样的录取分数线，真正让考生享受到京津冀协同发展的红利。

加快构建现代职业教育体系。一是立足于服务首都经济圈产业布局调整和经济结构优化的需求，推动学科、专业和院校布局一体化。二是选择一批北京优质职业学校在河北建立分校、分院和合作共建，实现办学增量或整体存量向河北布局；同时探索通过建设职教园区、职教城等模式，汇聚优质职业教育资源，推动技能人才培养与产业发展相融合。三是合理配置三地就业培训资源，实现错位发展、优势互补和资源共享。北京要加强面向高端服务业及创新创业人才的孵化基地建设；天津应充分利用第二产业优势，提供高技能人才培训服务；河北主要面向中低端劳动力求职及技能提升需要，为企业直接用工提供岗前培训服务。

五、京津需加强对河北公共服务援助支持

京津冀在实现基本公共服务均等化过程中，应厘清基本公共服务对接清单。对阻碍京津冀基本公共服务均等化的制度藩篱进行全面梳理。鉴于河北是三地最弱一方，京津两地应对河北省教育、医疗卫生、养老、社会保险四个方面着手进行适当援助，明确需要对接、调整的相关政策和地方性法规，制定对接清单。要根据公共服务项目的容易程度与当下经济发展的需求，确定京津帮扶河北的项目顺序，保证效率最大化，先着手开展可执行性较强的项目，主要是在教育、医疗卫生、社会保险方面的制度衔接上，调整好时间表与路线图，由三地联合形成的管理机构进行推进与协调。在医疗卫生方面要注意基金的统筹层次与社保的指出责任归属方，保

证其稳定发展的效率。

抓住重点领域，实施共建共享。推进基本公共服务均等化离不开经济的支持，因此加强与各个区域经济的互动，将公共服务的供给与经济发展的层次结合，还要考虑产业升级，区域经济的发展与基本公共服务均等化是合作共赢的关系，既可以通过增加、完善基本公共服务的设施来带动区域经济的发展，还可以反向由区域经济的发展推动基本公共服务均等化的发展。在养老机构方面，京津两地将高端养老机构迁入河北，改善当前河北在养老服务产业的现状，推动河北关于养老照护、健康养护、服务产品的发展，“医养结合”模式的推动还可以促进医疗卫生体系的建设。例如，河北秦皇岛的北戴河休疗医院就是“医养结合”模式的典型试点，在优质的生态环境下，利用旅游产业带动休疗方式的发展，加之与医疗卫生产业的结合，高质量的推动了健康养老、健康医疗等健康服务项目的发展，因而，促进京津两地的养老资源的外迁，也可以带动两地医疗资源与健康资源的外迁，在河北地区共建共赢，合作发展，有效促进三地的区域经济发展，进一步保证基本卫生公共服务的均等化发展。

在养老照护方面，京津冀应快速推动长期护理保险制度的建立与发展，例如在筹资机制方面应完善的政策有：一是扩大政策覆盖范围。长期护理保险制度本身具有公平性，它不应只针对城镇职工，其重心应往农村偏移，紧紧围绕十九大报告中提出的“全覆盖、保基本、多层次、可持续”的方针，将农村居民纳入保障范围之内，缩小城乡差距，扩大资金来源，为长期护理保险提供强大而有力的动力。二是建立科学的筹资标准。通过科学有的定性分析与定量分析，科学厘定筹资标准且不盲目统一，针对不同的发展区域建立具有层次性的筹资标准，在不增加参保对象负担的前提下保障长期护理保险的可持续发展，进一步做到收支平衡。三是构建多元化筹资渠道。在筹资过程中实现责任共担有助于资金获取的稳定性，不能仅仅依靠政府补助，每个主体都应承担相应的财政责任，另外长期护理保险属于独立的保险险种，在发展过程中，应逐步减少对医保基金的使用。

六、以京、津为重点持续推进户籍制度改革

中国的户籍制度经过几十年的探索到现在全国还没有形成统一的户籍法，但是允许各地根据实际情况进行户籍制度改革的探索。京津冀三地的户籍制度存在壁垒，抑制了三地人口的自由流动，不利于公共资源的优化配置。河北早在2012年就开始实施居住证改革，这也是户籍改革的过渡性和阶段性措施。就河北而言，应该继续减少自己创造的户籍壁垒，尽快让在当地生活、工作的人融入到城市中去，提升河北省的竞争力。目前，河北大部分地区已经实现了零门槛，重点是北京和天津的户籍制度改革。一直以来，北京和天津户口明显比河北户口更具优势，如何消除这种差异对京津冀基本公共服务均等化的实现很重要。因此，北京应继续推进居住证制度的落实，建立健全以居住证为载体的基本公共服务和便利提供机制。同时，京津，尤其是北京要做好人口动态监测工作，搭建全市实有人口和常住人口监测平台，为城市管理和公共资源配置做参考。北京和天津也可以适当放宽落户条件，除了高层次人才引进、应届毕业生“进京指标”、有条件投靠方式之外，还可以增加其他方式，比如志愿服务累计时长、在京居住时长、特定地区购房、缴纳社保年限、为城市做出突出贡献者等。除此之外，北京和天津也要从教育、医疗卫生服务、就业、文化等各个方面减少户籍制度带来的限制。比如，可以建立京津冀就业协调机制，充分考虑公共就业服务要素在不同地区之间的有效对接和自由流动。

|第|五|节|

河北推动促进京津冀基本公共服务协同发展的保障机制

一、强化组织保障

推动京津冀的发展需要一个领头羊带领发展，而这个领头羊建议由三地相关部门联合组成一个领导小组，包含如教育部、人力资源部、财政部等国家直属单位，对于雄安新区，也要由三地协同发展小组设置委员会，发现目前在京津冀地区出现的问题，针对这些问题尽快研究制定《京津冀基本公共服务均等化专项规划》《推进京津冀基本公共服务均等化工作方案》《推进京津冀基本公共服务均等化行动计划方案》等。这些方案的制定应从整体角度出发，合理拟定方案，确定规划，根据实际发展情况设立均等化发展的目标，并以此作为促进均等化发展的依据。

二、加强财政保证

财政保证是推进基本公共服务均等化的首要条件，也是首要问题，创新引领发展，这个道理同样适用于财政建设方面，建议创新当下基本公共服务均等化的财政模式，并利用先试点后推广的方式精确普及新的财政政策。推动京津冀三地的基本公共服务均等化需要大量的资金支持，因而建立专门的京津冀协同发展基金，由中央政府与三地政府共同出资，投入到各种公共服务的项目建设中来，例如公共教育、公共医疗卫生服务领域，这些跨省的产业建设与升级改造都可以有效促进基本公共服务均等化。

三、构建制度保障体系

构建制度保障体系并非一朝一夕的小工程，这里面包含各种项目的衔接，因为仅仅依靠三地政府无法将效率最大化，需要由国家相关部门牵头，三地部门协同推进，之后完善中央与三地部门之间的信息建设平台，自上而下建立沟通体系，明确各个部门的工作任务与工作目标，构建横向联系与纵向联系，一一清除在政策方面的障碍。

四、建立跨区域的信息支撑体系

精确的信息沟通可以高效率的对接服务对象的需求，在互联网时代的背景下，建立网络信息发展平台，各个部门通过网络平台进行交流与沟通，可以大大提高工作效率，该平台也可以最大限度储存信息共享资源，也可以在之后的部门协作沟通中进行信息反馈，更进一步推动基本公共服务领域在社会保险、医疗保障、人力资源等方面的信息融合。

五、创建公共服务重点领域衔接保障机制

创建公共服务重点领域衔接保障机制包含各种服务项目的衔接，首先推动社会保障相关领域的政策衔接，以医疗保险为例，河北省内的各个区域的医保政策可能也存在差异，那么和京津两地的差异定会更加明显，这对于跨区域流动人口的就医十分不方便，需要进一步完善信息的对接，实现异地就医的直接结算。其次，推动教育资源的衔接，不仅仅是中小学，更多是高等院校的跨区域对接，推进三地区的教育资源联盟，促进学术交流，进行科研协作。再次，医疗卫生服务领域的衔接，支持京津两地的医疗资源外迁至河北地区，支持整院托管、专科协作、远程诊疗、派驻专家、交流进修等方式开展区域医疗合作。最后，推进养老服务产业的衔接，利用政策红利吸引京津两地的企业流入河北地区，在河北区域内协同发展，促进河北经济发展的同时，也增进了自身的利益，进一步探索一体化养老服务模式。

本章小结：习近平总书记指出“不能继续扩大京津冀发展的差距”，为京津冀协同发展提出了更高要求。故此，必须通过国家的统筹协调，尽快构建起三地公共服务一体化的政策体系，缩小与京津经济发展差距、补齐河北发展“短板”，进而稳步化解三地协同发展的深层次矛盾。所以本章从河北视域出发，在宏观视角上提出了加快京津冀公共服务均等化进程的思路、原则和目标，从微观视角上提出了医疗、教育、养老、社保等领域的具体协同策略和预期目标，并探索性提出了较为系统的保障机制，以期为相关部门决策提供参考。

后记

本书撰写的动意起始于2016年初，当时京津冀协同发展战略刚刚提出不久。2015年初我承担了河北省协同办委托的关于京津冀公共服务协同发展的研究课题，当年主笔完成的调研报告《关于缩小非首都功能疏解核心承载地公共服务水平差距的思路与对策》获得时任省委主要领导的肯定批示，并直接以文件形式转发，在院内产生了一定影响。之后又在《河北省社会发展蓝皮书》和京津冀协同发展国家级学术研讨会上发表了一些关于三地公共服务均等化发展的相关成果。随着对相关问题研究的深入，内心深处越来越觉得非常有必要从理论和现实两个维度，运用定量和定向分析两种方法对京津冀公共服务均等化问题进行深入研究，尤其是应从三地公共服务能力最弱的河北视角出发，对公共服务各领域发展差距的具体表现、差距原因、相关影响等进行系统的深入探讨，并对国内外理论与典型经验进行梳理，为三地的公共服务均等化进程提供借鉴和指导。

经过深入的思考，并征询相关专家意见，笔者将该书的名称定为《协同发展战略下的京津冀公共服务均等化问题研究——基于河北省视角》，通过理论与时间的结合，以更好的推动三地公共服务均等化进程为目标，以实现医疗卫生、教育、养老、社保、文体旅游等领域更深入协同为手段，从中央、京津和河北三个层面提出了系统性的对策思路。该书共由绪论和九章组成：“区域协同发展与公共服务均等化问题概述”“京津冀协同发展进入新时代及其三地公共服务均等化问题的提出”“京津冀基本公共服务均等化发展现状评价”“河北与京津公共服务差距的现实表现”“京津冀公共服务发展不均衡的根源探究”“协同发展以来京津冀公共服务均等化进行的有益探索”“河北视域下未来京津冀公共服务均等化面临的隐忧与现实问题”“国外区域公共服务均等化的先进经验比较与借鉴”“河北视域下加快京津冀基本公共服务均等化进程的思路目标与政策选择”，力求各章节按照一定逻辑有序展开和推进。

在该书的撰写过程中，作者一直秉承着贯穿全书的几个核心观点，从而形成了该书的独有特点：一是尽可能谋求可读性。写作过程中，秉承理论性与可读性相结合的理念，希望通过大量的图标和实例描述将理论和政策问题具体化、表层化，通过深入浅出地描述，最大限度地增强可读性，进而拓展读者的适应群体；二是最大限度保障数据的准确与真实。本书撰写过程中，写作团队为了保障书中所用数据的真实准确，多次发函或直接到省协同办、交通、民政、卫健、文旅、人社和医保等相关部门进行最新数据的求证，还采用社会学调查方法，通过问卷和访谈形式掌握了大量第一手调查资料，并通过不同形式运用到了各个章节之中；三是力求将该书写成京津冀公共服务均等化领域相关著作的典范，甚至在某种意义上具有工具书意义。为此，在本书撰写过程中笔者从纵向的历史梳理，到横向的国内外比较、从理论的深入剖析，到详细的公共服务各领域数据展示、从全面的情况描述到深刻的政策解读，都力求做到精益求精，力求呈现出深度与厚度的完美结合。

京津冀公共服务均等化问题是一项系统工程，不仅涉及医疗卫生健康、人社、医保、民政、教育、文旅、体育诸多部门，还牵扯到京津冀三地党委政府、中直各相关部委、乃至中央层面的统筹协调，由于作者的专业、能力以及篇幅限制，论述地全面详实定无法完美，书中也难免有瑕疵支出，请各位读者朋友批评指正。最后，愿这本书中的粗浅认识能给京津冀公共服务均等化贡献些许力量，能给相关研究同行点出一些思考，能给相关领域的后来研究者提供有用的参考，作者的初衷当以圆满。

在概述动议、调研、资料搜集和撰写过程中，我们得到了河北省京津冀协同发展办公室、河北省教育厅、河北省卫生健康委、河北省民政厅、河北省交通运输厅、河北省人力资源和社会保障厅等相关处室人员的大力支持与帮助；我单位的路瑞红、李伟、刘鹏、常思琳、王晨阳等同志给予了非常必要的协助；在具体调研和资料搜集中，河北经贸大学公共管理学院的梁立忠、赵萌、孔鑫鑫、黑瑞泽四位同学付出了艰辛的劳动。本人再次对以上各单位和人员的帮助表示衷心的感谢，并对院内各位专家对书稿提出的宝贵修改意见致以最诚挚的谢意。

李茂

2021 年 11 月 6 日于石家庄